研究生学术生涯导航

吴子牛　著

科学出版社

北京

内 容 简 介

本书是作者在给清华大学研究生新生做读研生涯报告的基础上创作而成的，涉及研究生需要达到的标准、读研前的准备、如何做研究、学位论文写作、学术交流与交道、如何面对读研的各个阶段，以及如何更开心地读研等七个主题，探讨了研究生级别的学问，讨论了开展研究的范畴式方法，归纳了学位论文写作的模块化分层结构法，分析了学术交道与交流的多样性与技巧，解析了研究生各培养环节的衔接与可规避的陷阱，指出了快乐读研的可能性与途径，目的是给研究生顺利度过学术生涯提供某种形式的导航，让读研拥有值得回味的过去、值得庆幸的今天和值得期待的未来。

本书可用于在读硕士生、在读博士生、有志读研的本科生或其他人群参考，也可以供已毕业研究生、研究生导师和研究生管理层参考，对科研机构和企业研发人员也有一定的参考价值。

图书在版编目（CIP）数据

研究生学术生涯导航 / 吴子牛著. —北京：科学出版社，2024.4
ISBN 978-7-03-078182-6

Ⅰ.①研… Ⅱ.①吴… Ⅲ.①研究生–学术研究 Ⅳ.①G644

中国国家版本馆 CIP 数据核字（2024）第 056484 号

责任编辑：孙伯元 / 责任校对：崔向琳
责任印制：师艳茹 / 封面设计：无极书装

科学出版社 出版
北京东黄城根北街 16 号
邮政编码：100717
http://www.sciencep.com
保定市中画美凯印刷有限公司印刷
科学出版社发行　各地新华书店经销
*
2024 年 4 月第 一 版　开本：720×1000　1/16
2024 年 8 月第二次印刷　印张：18
字数：360 000

定价：120.00 元
（如有印装质量问题，我社负责调换）

作者简介

吴子牛，法国居里大学博士、清华大学教授、长江学者。清软易创实验室负责人。曾获得国家杰出青年科学基金和中国青年科技奖。在学术研究、工程服务和人才培养方面形成了独特的风格。

在学术研究方面重视基础性研究。在国际刊物上发表论文近百篇，前后担任三份重要学术期刊副主编。在并行计算早期研究中，探讨了双曲型方程分区算法解的唯一性、收敛性和稳定性分析理论。发现了火旋风产生的一种自发机制，被《科学美国人》关于科学家能否预测火旋风的文章介绍。在高速飞行器气动分析方面有较为系统的工作，被剑桥大学应用数学与理论物理系主任以"在高速流动和激波方面的世界级工作"为理由邀请为流体力学顶级期刊 *Journal of Fluid Mechanics* 的副主编。因原始数据有限而无法确定关键参数是许多问题难以获得答案的原因，在可采用对数正态分布等方法描述的增长-耗散问题中，通过使用熵极值假设给出了确定此类问题关键参数的一个思路，得出了熵极值原理成立时对数正态分布的标准偏差这一关键参数为根号六分之一的结论。相关工作被天文学家估算类地行星数量时参考，也可用于估计包括人口增长和流行病传播在内的许多问题所关注的极值点与拐点之间的关系。

在工程服务方面面向行业需求。在"十五"计划末期参与临近空间领域的发展战略与论证工作，相关工作获得军队科学技术进步奖。在"十一五"计划期间成为国家 863 计划临近空间专家组成员。长期给多个领域的企业和研究机构提供理论与技术支持，给多类飞行器与发动机提供独特的气动分析软件和仿真分析。组织学生成功开发出包括软件自定义框架在内的清软易创系列软件。

在人才培养方面突出覆盖面。撰写的专业教材与专著销量万余册，其中，《空气动力学》教材约八千册。指导的毕业生在国内外高校和国家重点企业等单位担任要职，部分担任型号总师或副总师。自 2014 年以来负责清华大学力学、航空宇航科学与技术两个一级学科的学位工作，制定了包含 18 个指标的研究生创新成果认定标准，被清华大学部分学科采纳。在写作方面服务于社会，开设的以学位与写作为主题的公众号，发表文章数百篇，目前关注人数 20 余万。给清华大学研究生和本科生开设论文写作课，多次应邀在高校、中学和企业做写作讲座。连续四年给清华大学全校研究生新生做如何顺利度过读研生涯的报告。

前　言

研究生有硕士研究生和博士研究生两种基本类型。他们在读研期间需要掌握坚实甚至宽广的基础理论和系统乃至深入的专门知识，做出一定贡献甚至创造新的知识，获得从事甚至独立从事科学研究的能力，为未来学术或非学术职业发展打下基础。为了实现这样的目标，研究生需要在有限时间内完成高质量的课程学习和大量文献阅读，开展研究与学术交流，获得论文写作能力并掌握学术规范，通过各种考核，尤其需要提交带来贡献甚至新知识的学位论文。不难想象，研究生学术生涯并不轻松，可能会遇到各种各样的困难和挑战。因此不难理解，如何顺利度过读研生涯是每一位研究生所关心的重要话题。

自 2015 年以来，作者通过担任分学位主席和校学位评定委员会委员参与清华大学的学位管理工作。从 2020 年开始至 2023 年，每年应邀给清华大学全校研究生新生做如何顺利度过读研生涯的报告，这让笔者获得了思考上述话题的机会和条件。本书正是在这些思考的基础上通过阅读大量文献[①]撰写而成的。

本书共分为 7 章，每章都涵盖研究生学术生涯的重要方面。第 1 章介绍研究生相比于本科生需要实现的跨越，需要达到的境界与高度，需要积累的能力和所肩负的使命，重点阐述了什么是研究生级别的学问。第 2 章讨论读研前的准备，以帮助了解读研的必要性、价值与目标，导师的重要性，提高被录取概率的途径，被录取后需要做的准备。第 3 章讨论开展研究的范畴式方法，介绍研究的沙漏模型和基本特征，指出我们一般需要掌握哪些有助于顺利开展研究的技能与方法。第 4 章用模块化分层结构法概述学位论文多级结构的划分、逻辑、形态和要求，围绕如何解决读编冲突，介绍布置论文基本元素的七项基本原则，介绍顺利撰写学位论文的经验。第 5 章介绍学术交流和交道的方方面面，指出在学术报告、论文发表、学术服务和其他学术场合打交道时可能需要注意的礼节，引入研究生学问与学术礼仪相结合的人物特征。第 6 章介绍研究生培养的各个环节，强调各个环节之间的联系以及可以避免的陷阱。第 7 章介绍如何快乐地面对学术生涯，克服坎坷，将科学研究的平凡过程转变成一次卓越非凡的、快乐的发现之旅，因为读研而拥有值得回味的过去、值得庆幸的今天和值得期待的未来。

本书主要读者对象为在读研究生（含硕士研究生和博士研究生）和有志读研

[①] 本书引用的许多建议、观点和数据来源没有发表在期刊、会议、书籍或报告等正式出版物上，但书中还是会标注作者或机构名称以示来源。书中有一些内容曾发表在作者的写作公众号之中，对于这种内容，不再标注来源。

的本科生等。部分内容看似只针对博士研究生，实际上对硕士研究生也有参考价值，因为硕士研究生也可以自愿达到博士研究生的标准，或为以后从事研究工作或读博做准备。本书许多内容也适合已毕业研究生、研究生导师和研究生管理层参考，对科研机构和企业研发人员也有一定的参考价值。

研究生学术生涯在不同类别、不同学科、不同时间、不同地点、不同导师和不同个人等不同情形下的差异是如此之大，以至于任何能够将其统一起来的讨论要么由不可能完成的描述性细节组成，要么由过于平凡的概括或无用的套话组成，因此撰写这样一部试图面向所有研究生的著作是一个挑战，一些内容在许多读者看来难免属于不必要的细节或属于空洞乏味的概括。又由于作者本人的经历、见识的局限性以及所从事的学科的单一性，本书许多内容难免主观、片面、多余、存在不足甚至有失误，因此本书对读者是否有作用主要看读者如何理解本书的主旨和如何参考本书。

本书的主旨是，给研究生在符合国家政策和法律法规的前提下更顺利地度过自己的学术生涯提供某种形式的导航资料，而不是手册或指南。手册是官方的，是需要严格遵守的，研究生各培养单位都有自己的研究生手册。指南则是教人们如何做，就像说明书或操作手册。相反，导航只是一种参照，如同我们的城市导航系统。这种系统会给出步行、骑车、自驾、公交和地铁的一些可行的路线，具体如何选择，由自己定夺，而且还需要依据临时路况和自己的偏爱做出选择与实时调整。研究生学术生涯导航也是如此。相信读者不会把本书相关内容仅仅当作教条，更不会产生有悖于国家政策和法律法规的歧义，而会把它们当作自己未及寻找和整理的具有纵向维度和横向维度的原始素材，遴选出或补充令国家放心的话语和给自己带来希望的信息，并用个人的分析能力构建出有利于拥有独特特征、条件、专业和环境的自己的个性化和动态化的导航图，辩证地引导自己在符合国家政策和法律法规的前提下更顺利地度过研究生学术生涯。

清华大学研究生院邀请作者做关于如何度过研究生学术生涯的报告，这启发了本书的撰写。作者的部分学生试读并且处理了一些数据。还有许多其他人也提供了各种各样的支持和帮助。在此一并感谢。

限于作者水平，书中难免存在不妥之处，恳请读者批评指正。

目　　录

第 1 章　我们需要什么样的研究生

本章涉及学历、学科、学位、学业标准、研究生与本科生的区别、读研的附加值，以及研究生的稀缺性与重要性等内容。学历的介绍可以让我们了解研究生所在的位置，专业与学科的多样性分析让我们理解每位研究生的有限价值，学位授予的高规格让我们能看到学位的神圣地位，研究生的学业标准、学问与学术道德的介绍让我们知道研究生需要达到的境界与高度，研究生与本科生区别的介绍让我们了解读研需要实现什么样的跨越，读研附加值的介绍让我们了解研究生需要为未来积累哪些能力，最后，研究生的稀缺性和重要性让我们看到研究生所肩负的使命。

1.1　学历知识地图与学历基本知识

从小学到研究生，我们会经历各种学历阶段。用学历知识地图可以形象地显示各学历阶段的区别。国内外相关部门或机构对不同学历阶段的划分和要求进行了规定。由这些区别和规定可以看出研究生所在的位置。

1.1.1　从学历知识地图看什么是研究生

阿拉巴马大学伯明翰分校希尔辛克医学院内科学和计算机科学教授马特·迈特（Matt Might）为了形象地解释什么是研究生，使用了一张涵盖从小学到研究生各个阶段的学历知识地图。稍做改动的学历知识图见图 1-1。

假设当前的已知知识正好填满一个圆，其圆周是当前知识的边缘。圆周内的已知知识被写入了教科书，或者以论文形式发表，前者可以通过课程学习掌握，后者可通过阅读文献掌握。高中学习能到达的区域一般是那些已经写成教科书的知识，但在远离圆心的地方，更多知识可能只能从其他文献中找到。学历知识地图以外的未知知识则需要创造。通过读研，我们会加入到创造知识的学者群之中。

小学阶段能掌握的是有限知识，处在圆中心附近的一个小圆内。初中学习所获得的知识在小学知识的外围加了一个同心圆，高中知识更进一步在初中知识的外围加了一个同心圆。

本科阶段知识，不仅在高中知识的外围加了一个同心圆，而且在这个同心圆的某个位置向外突出了一个小鼓包，这个小鼓包被称为专业。

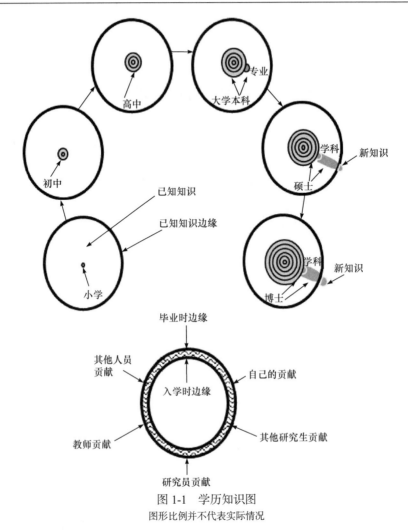

图 1-1　学历知识图

图形比例并不代表实际情况

在研究生阶段，本科对应的鼓包被加长了，也就是专业得到了深入。阅读文献会把我们带到人类知识的边缘。

边缘就像一个硬壳，我们在那里花几年时间聚焦于一个点。当我们努力捅破外壳，用自己创造的知识在外面添加一个新的鼓包后，我们就可能获得研究生学位，小一点的鼓包对应硕士学位，大一点的鼓包对应博士学位。因此，相比于大学本科之前的学习，研究生尤其是博士研究生的学习通常会到达人类知识的边缘，进入未知世界并创造出新的知识。

我们和其他研究人员一起，共同向外拓展，使得知识地图的半径随时间推移越来越大。因此，到了研究生毕业阶段，刚入学时对应的知识边缘被放大了，放大部分包含了我们自己的贡献。

高学历不仅对个人重要，对社会发展也很重要。据蒙大拿大学校长瑟斯·博德纳尔（Seth Bodnar）的文章援引的一项研究，一个国家的成年人口每增加一年就学时间，该国人均国内生产总值就增加 9%～10%。世界银行官网也有类似描述："在全球范围内，每多上一年学，每小时收入就会增加 9%"。

1.1.2 学历基本知识简介

求学经历用学历来区分不同阶段。小学学历、初中学历、高中学历、本科学历和研究生学历是我们常见的几种学历，其中在高中和本科之间还设置有专科学历，但追求本科学历和研究生学历的学生不必拥有专科学历。据《中华人民共和国高等教育法》第十六条，高等学历教育分为专科教育、本科教育和研究生教育。因此，专科学历、本科学历和研究生学历统称为高等学历。与硕士和博士相关的学历称为研究生学历。

2011 年 11 月通过的《2011 年国际教育标准分类法》将教育分成 9 个级别：幼儿教育、初等教育、初中教育、高中教育、中学后非高等教育、短周期高等教育、学士或同等水平、硕士或同等水平、博士或同等水平。国际教育标准分类（international standard classification of education，ISCED）如图 1-2 所示。

经历硕士培养并最终获得硕士学位的人才称为硕士。不同硕士项目对硕士的要求和培养周期不一样。一些课程硕士可能只需要 1 年即可以完成学业。本书针对的硕士则需要 2～3 年才能完成培养，除课程学习外还需要开展研究，并撰写一篇学位论文，为相关课题带来一定的贡献。

历经博士培养并最终获得博士学位的人才称为博士。马克·班尼特（Mark Bennett）指出，博士学位是通过博士研究得到的学位，也是我们能达到的最高学位资格，需要开展研究并撰写一篇学位论文，为相关课题提供原创性贡献。

1.2 学科、专业与学科门类，树与林

学科是知识的分支。在中学阶段我们把数学当作一门课。到了大学，数学不仅是一门课，还是一个专业甚至一个学科，相当多的大学还设有数学系，甚至数学学院。如图 1-3 所示，作为一个学科，数学还有许多分支，就像一棵树长出许多树枝一样，这体现了其作为一个学科的丰富度和发展状况。在中学阶段我们把物理当作一门课。类似于数学，在大学，物理学也是一个学科，也有许多分支，科普作家多米尼克·瓦里曼（Dominic Walliman）也给出过类似于图 1-3 的物理学分支树。另外，还有许多其他类似于数学和物理学这样的学科。

等级1　幼儿教育/ISCED0/

指具有有意教育成分的幼儿计划，旨在培养参与学校和社会所需的认知、身体和社会情感技能，这一级别的方案往往因年龄而异。

等级2　初等教育/ISCED1/

旨在提供良好的阅读、写作和数学基础教育，和对其他一些科目的基本理解。入学年龄：5至7岁。典型期限：六年。

等级3　初中教育/ISCED2/

完成国民基础教育，通常以更注重学科的方式，配备更多的专业教师。课程可能因方向、普通课程或职业课程而有所不同，尽管这比高中课程更不常见。完成初等教育后入学，通常为期三年。在一些国家，这一阶段的结束标志着义务教育的结束。

等级4　高中教育/ISCED3/

专业化程度高于初中。所提供的课程按方向区分为：普通课程或职业课程。通常持续时间为三年。

等级5　中学后非高等教育/ISCED4/

有助于扩展而不是加深在高中阶段获得的知识、技能和能力。可以制定方案，增加劳动力市场参与者、继续进行高等教育或二者兼而有之等选项。这一级别的课程通常以职业为导向。[①]（可能与国内中专对应）

等级6　短周期高等教育/ISCED5/

通常旨在为参与者提供专业知识、技能和能力。通常情况下，这些课程以实际为基础，针对具体职业，为学生直接进入劳动力市场做好准备。它们还可以为进入其他高等教育课程（《国际教育标准分类法》第6级或第7级）提供途径。最短期限为两年。[②]

等级7　学士或同等水平/ISCED6/

旨在为参与者提供中级学术和/或专业知识、技能和能力，获得第一学位或同等资格。典型期限：三至四年全日制学习。此级别称为学士。

等级8　硕士或同等水平/ISCED7/

与学士学位相比，专业化更强，内容更复杂。旨在为参与者提供先进的学术和/或专业知识。可能有大量的研究成分。如果等级7所说的第一学位或同等资格的课程的复杂性和内容与硕士课程相当，则学士或同等水平包括至少五年的课程。该级别称为硕士。

等级9　博士或同等水平/ISCED8/

旨在获得高级研究资格。这一级别的课程致力于高级研究和原创研究，并存于学术和专业领域。该级别称为博士。

图1-2　国际教育标准分类给出的9个等级

---

① 可能与国内中专对应。

② 可能与国内大专对应。

图 1-3　数学分支树示意图

参考史丹森大学哈勒(Hale M.)制作

一些学科之间可能有层级关系。图 1-4 针对两组学科，分别给出了学科之间的层级关系（由序号区分层级）。这种层级关系揭示了一个学科可能是另外一些学科的基础，例如物理化学是材料科学的基础，心理学是社会学的基础。

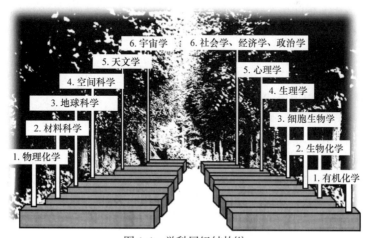

图 1-4　学科层级结构[1]

如果一个学科的各个分支能挂在一棵树上，那么所有学科可以构建一小片森林。研究生在这片森林中寻找自己的学科专业，就像小鸟选择自己的位置筑巢一样。

研究生按学科专业体系培养，按学科门类或专业学位类别授予学位。按照国务院学位办、教育部印发的《研究生教育学科专业目录管理办法》（2022

年），研究生教育的学科专业体系分为学科门类、一级学科与专业学位类别、二级学科与专业领域。

学科门类是对具有一定关联的学科的归类，其设置符合学科专业发展规律和人才培养需要，并兼顾教育统计分类惯例。当前有 14 个学科门类，其代码和名称分别为：01 哲学、02 经济学、03 法学、04 教育学、05 文学、06 历史学、07 理学、08 工学、09 农学、10 医学、11 军事学、12 管理学、13 艺术学、14 交叉学科。各学科门类下有数目不等的一级学科和专业学位类别。

按照《研究生教育学科专业目录管理办法》（2022 年）规定，一级学科的设置须体现知识分类，应符合以下基本条件：①具有确定的研究对象，已形成相对独立、自成体系的理论、知识基础和研究方法，研究领域和学科内涵与其他一级学科之间有比较清晰的界限；②一般具有多个明确的二级学科；③已得到学术界的普遍认同，在构成本学科的领域内，有一定数量的学位授予单位已开展了较长时间的人才培养和科学研究工作，已形成较为系统的课程体系、一定规模的师资队伍及其他培养支撑条件；④社会对本学科培养的人才有较稳定和一定规模的需求。

与一级学科近似平行的是专业学位类别。硕士专业学位类别设置应符合以下基本条件：①具有明确的职业指向，主要服务国家战略、区域经济、社会发展和行业发展重大需求，培养高素质、应用型、技术技能人才；②所对应职业领域人才的培养规格已形成相对完整、系统的知识结构和实践创新能力的要求；③具有比较广泛的社会需求。博士专业学位类别设置应符合以下基本条件：①主要服务国家重大发展战略需求，培养某一职业领域的高层次应用型未来领军人才；②所对应职业领域对知识、技术、创新能力有较高要求；③具有较大且稳定的博士层次人才需求；④原则上具有硕士专业学位类别人才培养与学位授予的基础。

二级学科与专业领域，由学位授予单位按有关规定在一级学科或专业学位类别学位授权权限内自主设置与调整。

2022 年，教育部颁发的《研究生教育学科专业目录（2022）》中给出了各学科门类下的一级学科和专业学位类别名称和代码。其中一共有 117 个一级学科和 67 个专业学位类别（图 1-5）。另外，在交叉学科门类下，一些学校可能会申请设置目录外一级学科和专业学位类别。工学门类下的一级学科和专业学位类别最多，分别高达 38 个和 11 个，两者合计 49 个。由此可见，至少在当前，工学门类对研究生的需求最大。

图 1-6 汇总了各学科门类下一级学科和专业学位类别名称，每个名称都有相应代码。学科门类代码为两位阿拉伯数字，一级学科和专业学位类别代码为四位阿拉伯数字（其中的前两位是学科门类代码），代码第三位从"5"开始的为专业学位类别。名称后加星号的仅可授硕士专业学位，其他可授硕士、博士专业学位。注意，目前 0834 和 1010 两个代码空缺。

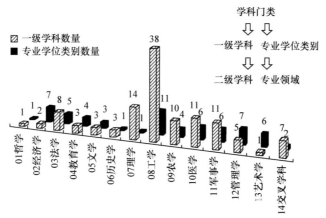

图 1-5 不同学科门类下的一级学科与专业学位类别数量

1.3 学位的一些标准知识

按《中华人民共和国学位法（草案）》，国家实行学位制度，学位分为学士、硕士和博士三级，分为学术学位、专业学位等类型（图 1-7）。因此，硕士学位和博士学位是按国家正式法律法规授予的。

除交叉学科门类外，学术学位按学科门类（的名称）授予，专业学位按专业学位类别名称授予。部分一级学科可以授予其他学科门类的学位，交叉学科门类下的一级学科"集成电路科学与工程"可授理学、工学学位。大部分专业学位类别可同时授予硕士、博士专业学位，少部分只能授予硕士专业学位。

2022 年前入学的研究生使用《学位授予和人才培养目录（2011）》，当时主要考虑学术学位，因此一级学科数量远高于专业学位类别数量。近年，中国的发展导致企业对专业学位的需求激增，于是，《学位授予和人才培养目录（2022）》替代了《学位授予和人才培养目录（2011）》。与 2011 年版以学术学位为主相比，2022 年版扩充了不少专业学位类别，目的是向企业输送更多的对口人才。

《中华人民共和国学位法（草案）》对学位管理体制、（各单位）学位授予权的取得、学位授予条件（学士学位、硕士学位、博士学位的授予条件）、学位授予程序、学位质量保障与监督进行了规定。以学位管理体制为例，管理部门含国务院学位委员会、国务院教育行政部门、省级学位委员会、学位授予单位（如清华大学），以及学位评定委员会、学位评定委员会分委员会等（图 1-8）。例如，在学位质量保障与监督条例中，规定研究生指导教师应当为人师表，履行立德树人职责，关心爱护学生，指导研究生开展研究和实践，遵守学术道德和规范，提高学术或者专业能力。

教育部通过《研究生教育学科专业目录》来分类管理博士、硕士的学位授予、招生培养、学科专业建设和教育统计、就业指导服务等工作。

01 哲学
- 0101 哲学
- 0151 应用伦理*

02 经济学
- 0201 理论经济学
- 0202 应用经济学
- 0251 金融*
- 0252 应用统计*
- 0253 税务*
- 0254 国际商务*
- 0255 保险*
- 0256 资产评估*
- 0258 数字经济*

03 法学
- 0301 法学
- 0302 政治学
- 0303 社会学
- 0304 民族学
- 0305 马克思主义理论
- 0306 公安学
- 0307 中共党史党建学
- 0308 纪检监察学
- 0351 法律
- 0352 社会工作
- 0353 警务*
- 0354 知识产权*
- 0355 国际事务*

04 教育学
- 0401 教育学
- 0402 心理学(可授教育学、理学学位)
- 0403 体育学
- 0451 教育
- 0452 体育
- 0453 国际中文教育
- 0454 应用心理

05 文学
- 0501 中国语言文学
- 0502 外国语言文学
- 0503 新闻传播学
- 0551 翻译
- 0552 新闻与传播*
- 0553 出版

06 历史学
- 0601 考古学
- 0602 中国史
- 0603 世界史
- 0651 博物馆

07 理学
- 0701 数学
- 0702 物理学
- 0703 化学
- 0704 天文学
- 0705 地理学
- 0706 大气科学
- 0707 海洋科学
- 0708 地球物理学
- 0709 地质学
- 0710 生物学
- 0711 系统科学
- 0712 科学技术史(可授理学、工学、农学、医学学位)
- 0713 生态学
- 0714 统计学(可授理学、经济学学位)
- 0751 气象

08 工学
- 0801 力学(可授工学、理学学位)
- 0802 机械工程
- 0803 光学工程
- 0804 仪器科学与技术
- 0805 材料科学与工程(可授工学、理学学位)
- 0806 冶金工程
- 0807 动力工程及工程热物理
- 0808 电气工程
- 0809 电子科学与技术(可授工学、理学学位)
- 0810 信息与通信工程
- 0811 控制科学与工程
- 0812 计算机科学与技术(可授工学、理学学位)
- 0813 建筑学
- 0814 土木工程
- 0815 水利工程
- 0816 测绘科学与技术
- 0817 化学工程与技术
- 0818 地质资源与地质工程
- 0819 矿业工程
- 0820 石油与天然气工程
- 0821 纺织科学与工程
- 0822 轻工技术与工程
- 0823 交通运输工程
- 0824 船舶与海洋工程
- 0825 航空宇航科学与技术
- 0826 兵器科学与技术
- 0827 核科学与技术
- 0828 农业工程
- 0829 林业工程
- 0830 环境科学与工程(可授工学、理学、农学学位)
- 0831 生物医学工程(可授工学、理学、医学学位)
- 0832 食品科学与工程(可授工学、农学学位)
- 0833 城乡规划学
- 0835 软件工程
- 0836 生物工程
- 0837 安全科学与工程(可授工学、管理学学位)
- 0838 公安技术
- 0839 网络空间安全
- 0851 建筑*
- 0853 城乡规划*
- 0854 电子信息
- 0855 机械
- 0856 材料与化工
- 0857 资源与环境
- 0858 能源动力
- 0859 土木水利
- 0860 生物与医药
- 0861 交通运输
- 0862 风景园林

09 农学
- 0901 作物学
- 0902 园艺学
- 0903 农业资源与环境
- 0904 植物保护
- 0905 畜牧学
- 0906 兽医学
- 0907 林学
- 0908 水产
- 0909 草学
- 0910 水土保持与荒漠化防治学
- 0951 农业
- 0952 兽医
- 0954 林业
- 0955 食品与营养*

10 医学
- 1001 基础医学(可授医学、理学学位)
- 1002 临床医学(同时设专业学位类别，代码为1051)
- 1003 口腔医学(同时设专业学位类别，代码为1052)
- 1004 公共卫生与预防医学(可授医学、理学学位)
- 1005 中医学
- 1006 中西医结合
- 1007 药学(可授医学、理学学位，同时设专业学位类别，代码为1055)
- 1008 中药学(可授医学、理学学位)
- 1009 特种医学
- 1011 护理学(可授医学、理学学位)
- 1012 法医学
- 1053 公共卫生
- 1054 护理*
- 1056 中药*
- 1057 中医
- 1058 医学技术
- 1059 针灸

11 军事学
- 1101 军事思想与军事历史
- 1102 战略学
- 1103 联合作战学
- 1104 军兵种作战学
- 1105 军队指挥学
- 1106 军队政治工作学
- 1107 军事后勤学
- 1108 军事装备学
- 1109 军事管理学
- 1110 军事训练学
- 1111 军事智能
- 1152 联合作战指挥*
- 1153 军兵种作战指挥*
- 1154 作战指挥保障*
- 1155 战时政治工作*
- 1156 后勤与装备保障*
- 1157 军事训练与管理*

12 管理学
- 1201 管理科学与工程(可授管理学、工学学位)
- 1202 工商管理学
- 1203 农林经济管理
- 1204 公共管理学
- 1205 信息资源管理
- 1251 工商管理*
- 1252 公共管理*
- 1253 会计
- 1254 旅游管理*
- 1255 图书情报*
- 1256 工程管理*
- 1257 审计

13 艺术学
- 1301 艺术学(含音乐、舞蹈、戏剧与影视、戏曲与曲艺、美术与书法、设计等历史、理论和评论研究)
- 1352 音乐
- 1353 舞蹈
- 1354 戏剧与影视
- 1355 戏曲与曲艺
- 1356 美术与书法
- 1357 设计

14 交叉学科
- 1401 集成电路科学与工程(可授理学、工学学位)
- 1402 国家安全学(可授法学、工学、管理学、军事学学位)
- 1403 设计学(可授工学、艺术学学位)
- 1404 遥感科学与技术(可授理学、工学学位)
- 1405 智能科学与技术(可授理学、工学学位)
- 1406 纳米科学与工程(可授理学、工学学位)
- 1407 区域国别学(可授经济学、法学、文学、历史学学位)
- 1451 文物
- 1452 密码

图 1-6 各学科门类下的一级学科和专业学位类别

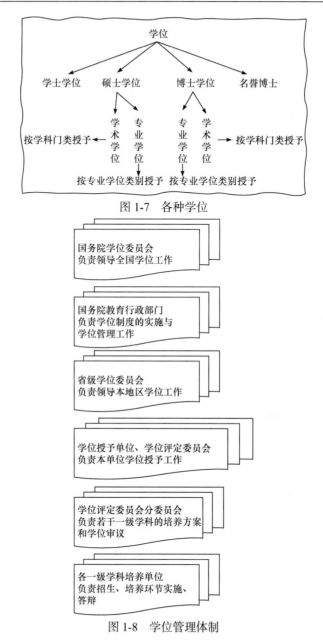

图 1-7 各种学位

图 1-8 学位管理体制

学位授予与学位证的关系将在 6.7.2 节通过一些实际例子介绍。

虽然学位一般能得到全球承认,但有时需要注意不同国家或不同时期的学位制度的差异或变化。以法国为例,1964 年,法国设立了第三阶段博士学位(doctorat de 3e cycle),以与"1808 博士"进行区别。然后出现了国家博士(doctorat d'Etat)一词。与第三阶段博士相比,国家博士需要更长年限(科学领域的准备时间通常为

4～7 年），而且需要具备高水平原创科学研究的能力。当时，获得国家博士的研究人员具备了进入大学担任教授的资格。然而，国家博士随着 1984 年的重大改革而消失，之后只剩下一个与 1808 年法令设立的博士学位相对应的博士学位，这种新的博士学位与通常意义下的博士学位接近，但为了获得高校的正式教职，还需要获得指导研究的资格认证文凭 HDR(l'habilitation à diriger des recherches）。

1.4　研究生学业标准与要求

在讨论标准时，我们会关注两类标准，即行为标准和能力标准。学术道德标准是一种行为标准，能力标准则由学业标准描述。各学位评定委员会分委员会针对相关学科或专业学位类别的研究生制定相应的培养方案，要求研究生按培养方案完成培养。培养方案将研究生培养分成第 6 章将要介绍的几个培养环节。由于培养方案制定的具体标准与要求，和科学方向或专业类别方向等有关，因此无法在这里讨论。这里仅探讨通常意义下的学业标准和一些包括学术诚信在内的行为标准。

1.4.1　通常意义下的学业标准

学业标准有官方的基本要求。例如，《中华人民共和国高等教育法》第十六条对高等学历教育的学业标准进行了规定（图 1-9）。

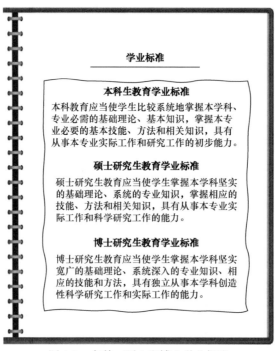

图 1-9　本科、硕士和博士学业标准

研究生学位有学术学位和专业学位两个类别。表面上看，两者有很大差异，但对两者的要求，包括专业基础和思维能力，应当是一致的，只是面向的问题不一样，前者更多面对学术问题，后者更多面对专业应用问题。

各学位授权点会对研究生学业标准进行细化。有的通过内部文件细化，有的如康奈尔大学一样公开在校园网站上。康奈尔大学要求研究型硕士学位的候选人应展示所选学科的知识，并综合和创造新知识，在适当的时间段内对该领域做出贡献；要求博士学位候选人应该表现出能掌握所选学科的知识，并能综合和创造新知识，在适当的时间范围内对该学科做出创造性的实质性贡献。部分要求见图 1-10。

图 1-10 康奈尔大学对硕士生和博士生的要求

不难看出，硕士生和博士生都需要具有综合现有知识和创造新知识的能力，硕士生需要在适当的时间段内对领域做出贡献，而博士生需要在适当的时间范围内对该学科做出创造性的实质性贡献。其他大学的学业标准也应该相似。

不难想象，关于研究生的各种学业标准的评价其实很难量化。通过细分后可以降低难以量化带来的困难。明尼苏达大学德卢斯分校针对研究生选题报告提出的等级评价规则，将整体科学质量、对学科的贡献和写作能力三个方面纳入评价之中，且对每个方面又细分出一些更好把握的条目：

（1）整体科学质量涉及论证能力、明确目标的能力、批判性思维能力、掌握主题和文献的能力、理论功底、原创能力、洞察力和创造力、成功完成研究的潜力。

（2）对学科的贡献涉及科学发现的重要性、对以前研究扩展的丰富程度、研究的理论或应用意义、发表能力或潜力。

（3）写作能力包括可与出版物相比的写作质量、语法和拼写能力、内容组织能力、文档的排版质量。

论证能力是一种逻辑推理能力，在分析问题和讨论问题时需要使用的能力，这种能力有助于证明一个已知的或假设的观点的有效性或者正确性，推断出一个新的结论或归纳出新的理论。

明确目标能力是指提出研究问题、研究假设和明确研究内容的能力。

批判性思维是确定价值、肯定真实性和评估有效性的一种思维方式。要求拥有澄清事实、质疑没有得到确证的理论并得出开放性的结论的独立思考问题的意愿。

掌握主题和文献的能力是依据主题从文献掌握相关基础理论和专门知识的能力。可从常识性知识的熟练程度、专业理论与概念的掌握深度和使用知识的能力等方面衡量。

洞察力是看穿事物本质的能力，是从观察中发现问题、提出问题的能力。从数据图像中看到现象、从现象看到本质并联想到现有理论就是一种洞察力。

原创能力是指原始创新能力，即带来新东西的能力，也就是我们常说的从 0 到 1 或从无到有的能力。通过洞察力看到了现象和本质，但尚不存在描述本质的理论，于是提出一种理论来描述，这就是原创能力。

创造力是一种创造知识数量的能力。例如，首次提出使用二进制来编写程序属于原创能力，但在一年内能够编写多套软件的能力属于创造力。

可以说，勤于观察有助于培养洞察力，在洞察力基础上勤于思考有助于培养原创能力，勤于动手（研究）有助于培养创造力。相比于洞察力，原创能力更多来自思考和想象。

一般要求，至少对于博士生，在给现有知识带来新的知识的同时，能表现出具备一定的创造力和原创能力[2]。带来新知识是对学科的贡献。以博士论文为例，玛丽安·彼得（Marian Petre）和戈登·鲁格（Gordon Rugg）在专著 *The Unwritten Rules of PhD Research* 中指出，一个不成文的规定是，要求博士论文是给现有知识带来适当水平的重大贡献（significant contribution）的原创工作。这种贡献可以是带来原创知识、完善现有知识和拓展现有知识，三种类型各种可能包含的情形将在 3.5.1 节介绍。

对于每一个学科和每一个专业方向，以上各条细化标准不存在一种可复制的尺度，一般会在培养环节的各个阶段（见第 6 章），用某种主观尺度对每一条或者针对更为综合的条目进行弹性评判。

1.4.2　学问、学术行为与学术诚信

由于研究生需要开展学术研究，因此需要遵守学术界的规则，达到进入学术圈所需要的学术行为标准，并在学术界建立个人信誉——学术诚信。本节从学问这一通俗的品质开始，分别介绍学术行为（含学术得当、学术不当和学术不端等概念）、非主观学术不端自查流程、常识和引述等概念。

1. 学问

学问是既含糊又通俗的概念。

社会肯定期待研究生有很深的学问。虽然不一定有十分确切的方法可用来定义研究生级别的学问，但不难理解，除了知识的渊博程度和科研能力，满足前面所说的学业标准，学问还应该包括治学态度和治学精神。

以治学态度为例，人们应该会期待有学问的人能做到言之有物、言之有据、言之有序、言之有趣和言之有度，这五项特征既融汇于学术研究和写作之中，也会流露于举止言谈之中。

（1）言之有物。

言之有物是指谈论的是实实在在的对象，而不是虚构的事物，尤其不会凭空说话。例如，随着研究的深入，我们谈论的是独一无二的研究方向，独特的研究思路和越来越重要的研究结果，而不是虚无缥缈的见解。

（2）言之有据。

言之有据是指讲证据，讲根据。提出问题时有依据，进行评价时有根据，确认一项研究发现时有证据。说到一个答案，要么是问人问书问文献问出来的，要么是经过自己研究得出来的。

（3）言之有序。

言之有序是指讲话和推理时有逻辑，顺序合理，条理清晰，或由浅入深，或承前启后，能通过正确使用归纳、演绎和反演等逻辑常识来进行推理，写论文时既遵守既定规范，又考虑自己的内部逻辑。

（4）言之有趣。

言之有趣是指考虑的问题有难度，解决问题的思路有独特性，提出的见解有说服力等，说话著文言到即止，不拖泥带水，能简洁地回答问题是什么、方法是什么、结果是什么、结论是什么和重要性是什么等。

（5）言之有度。

言之有度是语出严谨，实事求是，不夸大自己的工作和贡献，不以任何方式

贬低他人的工作。对研究发现和结论不做过多推广，甚至会声明其局限。不发表与自身专业领域无关的学术意见也属于言之有度的范畴。

再以治学精神为例，人们也许还期待有学问的人有想法、讲逻辑、懂常识、明事理、持理性、讲道理、守规则。这些用在普通人身上，我们不难理解其意义。人们肯定希望研究生除了能达到普通人的标准，还能有所升华，即达到下面介绍的要求：

（1）有想法。

有想法可以是有自己的思想、主意和思路，有自己的见解。这些想法看起来或者执行起来具有其自身的价值，能被大多数人接受，有助于解决问题。

（2）讲逻辑。

讲逻辑的人条理清晰，思维缜密，能交代清楚问题的来龙去脉。既具有解释能力，又具有论证分析能力。归纳一般性结论时很谨慎，进行演绎时能明确大小前提和结论，有时还能通过复杂的反演追溯原因。

（3）懂常识。

常识包括生活常识、工作常识、普通受教育者就拥有的常识类知识以及与自己研究相关的基础与专门知识类常识。懂常识的人显得概念清晰、基础扎实、知识渊博。比如说，他们知道如何安排起居、饮食和锻炼来改善自己的身体状况，了解与人打交道的常识性礼节，知晓开展研究所需要的基础知识和思维常识，熟悉基本工具的使用等。

（4）明事理。

事理涉及我们遇到的各种事务处理的原则和流程，例如，研究生的注册与各个培养环节，与学术界打交道的方式，论文投稿与审稿方式，完成项目所涉及的一系列从开题到验收的过程和步骤。所谓明事理是指了解这些原则的存在与重要性，并熟悉相关流程。

（5）持理性。

竞争与不公是一种我们可能都会遭遇的环境。例如，我们应聘读研资格、历经各个培养环节的考核、投稿、评审、找工作和申请奖励时，是否百分之百公正？持理性不仅是指在遇到不同意见和不公正时能冷静对待，也指自己本人能够公正对待别人，例如在批判别人时采取建设性意见（诸如，给吵闹的小朋友提建议时，用"如果能降低说话的声音那么会更招人喜欢"等理性语言替代"你说话声音大很令人讨厌"等不理性语言）。

（6）讲道理。

日常争执之中的讲道理是我们从小就熟悉的态度。我们都清楚给小朋友讲道理的方式与效果。凡事以理服人就是讲道理的表现。当然，作为研究生，学术层面的讲道理是需要有条件有专业能力的。当我们在论文答辩被无端质疑时，除了考虑前面提到的持理性外，我们需要通过讲道理来辩解，这种讲道理的行为方式是多年研究积累的知识、能力和反应的结果。

（7）守规则。

守规则既涉及交通出行、排队买票等校园以外的一般性社会行为规则，也涉及学生手册规定的校园基本规则，更涉及学术界公认的学术行为准则。后者是下面要展开讨论的。

2. 学术行为，学术得当、学术不当、学术不端

学术行为是指学生在教育环境中展示的行为和行动。它不仅包括定期上课、按时提交作业、积极参与课堂讨论、尊重教师和同伴，以及遵守学校规定和政策等常识性行为，还包括学术诚信。满足学术诚信是重要的学术行为。

麻省理工学院在其官网上对学术诚信的介绍中给出了相关内容，并指出：

"偶尔，你可能会因为需要完成的工作量而感到不知所措。你可能时间紧张，在同一天完成几项作业，或者准备资格考试或论文演示。压力可能很大……然而，无论你处于何种程度的压力下……都希望你诚实正直地对待工作。诚实是良好学术工作的基础。无论你是在做问题集、实验室报告、项目还是论文，都要避免抄袭、未经授权的合作、作弊或助长学术不诚实。"

除了对个人有益，良好的学术行为还有助于为每个人营造积极和有成效的学习环境，是学生教育之旅中重要的方面，对于研究生的整体成功起着重要作用。

各培养单位均会通过研究生手册或其他形式对研究生的一般性学术行为进行指导。除此之外，研究生会自然而然地遵守具有普适意义的、全球通用的学术道德行为标准。

学术道德行为，如避免抄袭和正确引用来源以保持学术诚信，对于学术成功至关重要，这也反映了学生对教育的承诺和奉献程度。

研究生的学术行为需要满足学术界公认的针对整个学术界的学术道德标准，满足这种标准是获得学位的必要条件之一，如果事后被查出未能严格满足标准，已获得的学位还有被撤销的可能性。下面以学术道德中的科研行为为例进行进一步介绍。

据赵姝靖发表在清华新闻网上的文章，朱邦芬院士在世纪讲堂上将科研行为简单分为学术得当行为、学术不当行为和学术不端行为三种（图1-11）。

由于学术诚信的重要性，一些学校提供相关指导课程，例如麻省理工学院的指导课程。学术不当被认为是介于学术得当行为与学术不端行为之间的行为。缺乏学术经验可能会导致学术不当。然而，当主观上已经认识到属于学术不当但还

是故意保留这种行为，也可以认为是学术不端。

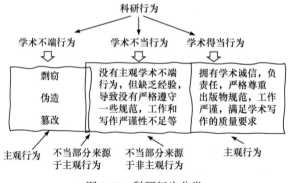

图 1-11　科研行为分类

学术不端行为是一种故意的缺乏学术诚信的行为。康奈尔大学研究生院和中国学术出版规范[3]都对学术不端行为进行了描述和界定。总结而言，学术不端行为主要包括：

· 歪曲（intentionally misrepresenting）——故意误报个人或他人的工作；
· 伪造（fabrication）——编造或虚构数据、事实；
· 篡改（falsification）——故意修改数据和事实使其失去真实性；
· 剽窃（plagiarism）——采用不当手段，窃取他人的观点、数据、图像、研究方法、文字表述等并以自己名义发表。

3. 避免非主观剽窃的自查流程

不经意的学术不当也可能被判定为学术不端。最容易出现这种情况的情形是，在使用别人的资料或观点时忘记引用，或者未区分常识与非常识，对引语未加合适的标注。

剽窃本来是指未加引用地使用别人的作品（例如写作、演讲、视频、图像、绘画或图表）并将其充作自己的作品。按照 Easybib 提供的剽窃自查流程图（图 1-12）检查自己的论文初稿，可以避免不小心触及了剽窃：

（1）如果使用了别人的信息、主意或工作，需要引用，否则就算剽窃。

（2）如果使用了自己的一项之前的工作（如论文），那么也需要引用（自引），否则犯了自我剽窃错误。

（3）如果逐字使用了别人的一行文字，那么需要采用引述的方式引用，否则即使引用了也算抄袭。

（4）如果将别人的一段话用自己的语言重新组织，那么至少需要用常规方法引用（可以不采用引述的方式），否则算剽窃。

（5）如果复制使用了别人的图像、流程图或其他形式的非文字形式的作品，也需要引用，否则算抄袭。

（6）即使你没有上述剽窃现象，也需要将引用的别人的信息与自己的写作与分析相结合，而不能只复制别人的信息。例如，你不能全部使用别人的材料并进行规范引用和引述，而没有自己的东西。

所引用的正式文献按理均需要列在参考文献列表中。有一种情况需要特殊考虑：一些信息来源于网站，如果目标出版物要求不能将网站文章列进参考文献列表之中，那么应当与出版机构协商，尽量在正文中说明来源，指出作者或机构等必要信息。以本书为例，许多资料来源于网络，但作者经过与出版机构协商，在正文中声明了不能列入参考文献目录的来源，如在 1.1.1 节起始位置指明学历地图概念来自于马特·迈特（Matt Might），在本节指明自查流程是Easybib 提出的。

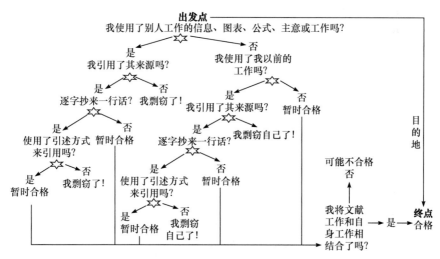

图 1-12　学术规范自查流程图

本图参考了 Easybib 的 "Am I plagiarizing？"

4. 常识与引述

在写论文时，需要使用大量常识，为此需要掌握常识与非常识的区别，这些区别在麻省理工学院学术诚信的文章（Academic Integrity at MIT，"What is common knowledge？"）中有详细介绍。使用常识时一般不需要引用。需要注意的是，一些知识对某个学科是常识，但对另外一个学科可能不是常识。麻省理工学院学术诚信的文章给了这样一个例子："根据大爆炸模型，最初的爆炸是在一个无限热的稠密中心开始膨胀，是在生成那些最终形成我们的宇宙的粒子时产生的。"这条知识对物理专业是常识，对其他专业则不是常识。

我们都熟悉，如果用了文献中的工作，那么需要引用文献。进一步，如果复制文献的一段话呢？那就需要使用比引用更强的引述（quote）。被抄来的一段话简称"引语"。通过引述，明确将其来源归功于原话的作者。引述的目的是借用别人的话来支持自己的论点，或帮助定义概念、提供证据或分析语言。在4.3.4节中，我们将进一步提及与引述相关的一些概念。

1.5　研究生与本科生的一些区别

研究生与本科生有各种各样的区别，这里介绍其中的一些区别。

如果需要用几句话简单归纳本科生和研究生的区别，那么可以说，本科生主要在学习知识，而研究生既需要学习知识，还需要创造知识。为了创造知识，研究生需要从根本上改变自己的思维方式，在以导师为主的学术圈子重塑自己，让自己思考问题更有条理、更有逻辑、更有高度。

富兰克林大学发布的一篇文章"Key differences between undergraduate and graduate school"提到了硕士生与本科生的一些区别，这些区别的一部分列在图1-13中，其中援引了不少富兰克林大学艺术、科学与技术学院院长科迪·库恩（Kody Kuehnl）的观点。在这些区别中，最后一条提到读研会很难。其实，有难度正是读研的特征之一。《大西洋月刊》的一篇文章提到，村上春树认为，在小说中如果只放进去喜欢的、感兴趣的或者能轻易理解的，那你的小说最终会缺乏某种广度。类似地，如果读研不难，仅做些容易的事情，那么硕士论文和博士论文就不会有广度和深度，读研就不会带来新的价值。我们去读研，不是因为读研很容易，而是因为读研很难。

研究生教育与本科生教育最根本的区别体现在培养目标上。培养目标的一般性差异在 1.1.2 节已经介绍的教育标准以及在 1.4.1 节介绍的学业标准中可以看到。各学校对自己的本科生和研究生的培养目标均有明确定位，我们可以获取相关规定来比较两者的详细区别。无论具体的目标有哪些区别，研究生与本科生的区别都会体现在最终能力方面：本科生初步具有从事本专业实际工作和研究工作的能力，硕士生具有从事本专业实际工作和科学研究工作的能力，博士生具有独立从事本学科创造性科学研究工作和实际工作的能力。

还可以从知识获取、学位论文及学术环境等三个方面了解研究生与本科生的一些重要区别。

（1）知识获取的一些区别。

课堂学习是我们都熟悉的获取知识的途径。本科生要求通过课程学习掌握本学科或专业的基础理论、基础知识和基本技能，在完成具有一定的通识意义的课程学习后，会在某个专业方向学习一些专业课程。研究生尤其是博士生需要至少在某一级学科掌握坚实宽广的基础知识并在某研究方向掌握系统深入的专门知

研究生和本科生的区别

1.你会被志同道合的人包围

传统的本科生没有专业工作经验或关系。研究生有更有经验的同龄人。与普通的本科生分数竞争策略不同，研究生的工作是根据其自身的优点来考虑的，同学们经常准备好提供见解、想法和支持。

2.课堂互动性更强

本科生教师通常提供信息和指导，而研究生教师可能更专注于促进辩论和讨论。本科生课堂讨论可能不那么集中，而研究生讨论往往是聚焦的，个人想法不仅会增强自己的学习和理解力，还会增强你同龄人的学习和理解力。

3.你必须从不同的角度思考

本科重点是学习信息，是关于记忆和理解概念，为了对一个主题有一个广泛的理解。研究生需要对这个领域的复杂性进行更深入的研究，更多地关注你如何构建论点，你的信息来源是什么，以及你如何在解决一个真正的问题时应用这些。当你进入研究生级别的课程时，重点从学习信息转向应用信息。你会花更多的时间从多个不同的角度看待一个主题，然后找到自己的观点。

4.花在研究和写作上的时间更多

研究生学位的获得更像是一场马拉松，将大量阅读和研究，学习习惯需要更严格、更聪明，准备好更多的东西。你不是在记忆，而是在训练你的大脑以一种新的方式使用信息。

5.更少的结构和更多的自由度

教师通常会给本科生详细的阅读清单、有组织的笔记、时间表、项目登记表和大量详细的指导，这样你就会知道对你的期望。在硕士课程中，你会有更多的自由，需要管理自己的截止日期。

6.教授对待你更像同龄人而不是学生

硕士研究生应做出贡献，这是教授们对你的感觉、在与你交谈和对待你时所考虑的重点。你的教授希望并计划让你成为一个积极的贡献者，同时学习和分享。

7.这会很难

研究生工作不是在公园里散步。一些考虑读研究生的人实际上会怀疑自己是否足够聪明。但获得硕士学位并不是为了聪明。成功获得研究生学位的一个主要因素是毅力。这需要下定决心，知道自己想要什么，有专注力，有条理，花时间和精力去做这项工作。

图 1-13 研究生和本科生的区别

识，课程学习需要考虑对自身思维体系形成的推动作用，并为开展科学研究提供必要的知识。课堂以外也是获取知识的重要途径。虽然本科生也需要阅读文献，但本科生阅读文献可能不要求有系统性。研究生需要系统寻找、遴选并阅读文献，以便能提出问题完成选题，为开展研究获得系统的专门知识和坚实的理论基础（如研究方法）。知识可以分为显性知识和隐性知识。从本科生到研究生，需要关注知识形式的转变。一般情况下，本科阶段注重的是显性知识，无论是作业还是课程论文，解决的问题一般是有明确答案的问题。研究生阶段一方面继续积累显性知识，另一方面开始重视隐性知识，因为要面对答案不明确甚至不一定有答案的探索和研究。研究生阶段的学习不仅包括从课程、文献和学术交流中获取显性知识，同时还需要通过个人研究、与导师和学长的交流与共事等方式，不断积累和沉淀隐性知识（见 3.2.4 节）。

（2）学位论文的一些区别。

本科生学位论文是一种综合训练，其时间周期一般按照统一的规定进行安排，由于时间相对较短，通常无法充分开展探索和研究，因此难以要求创造新的知识。在撰写论文时，除了需要遵循一般的写作规范和学术规范，并不要求论文达到出版物的质量标准。研究生则需要完成一篇硕士论文或博士论文工作，且需要发表研究论文，给现有知识带来贡献或本质性的原创贡献。研究生学位论文工作是一种创造性工作，用已知的和未知的知识去寻求研究问题，寻找未知答案，创造新的知识，研究周期长、影响因素多且实现目标的周期不确定。研究生论文在写作上需要有深度，达到出版物质量要求；需要说清楚问题的来龙去脉，对研究结果的合理性进行深入分析，形成对学科与行业有价值的结论。部分有价值的研究结果需要以公开出版物的形式发表，或达到可发表的程度。

（3）学术环境的一些区别。

同在一个校园，研究生与本科生可以拥有不一样的环境。以与人的关系为例，本科生与老师的关系可能是短暂的，与同学的关系不属于同事关系，与外界打交道相对较少；而研究生有一位固定的长期打交道的导师，同时与实验室同门和学术界打交道，与研究组的其他研究生构成同事关系。通过学术交流、课题研究、开题、论文评审和答辩等，研究生有机会广泛接触学术同行。能接触到的学术同行甚至社会关系的层次，从很大程度上依赖于自己导师的影响力、个人工作能力与贡献，以及与导师的关系。研究生还需要系统地参加学术交流，学会传播自己的知识，锻炼口头交流能力和训练制作演讲稿的能力，适应被质疑和被激励的双面环境，从学术交流获取新知识，从学术交流结识学术界等。

1.6　读研的附加值：可转移技能

可转移技能是在研究生阶段经历各种培养环节发展而来的适用于各种工作、组织和行业的技能。这种可转移技能，正是社会对研究生的基本要求。布利克利（Blickley J L）等[4]在给研究生的指南中提到了获得可转移技能（transferable skill）的重要性（图 1-14）。可见，读研不仅是为了获得做本方向研究的能力，还需要获得可转移技能，以便在毕业后既能步入学术生涯，也能步入非学术生涯。

密歇根州立大学研究生院列出了研究生可积累的 27 种可转移技能。通过在研究生阶段积累的这些技能，不仅可以有效地应对未来职业生涯中的各种挑战，尤其是非学术型职业发展，而且这些技能对于研究生阶段的学习和研究也具有重要意义。

事实上，以上提到的 27 种可转移技能可以归纳为 10 大类：分析与解决问题的能力、人际交往能力、组织能力、沟通能力、研究能力、使用技术工具与

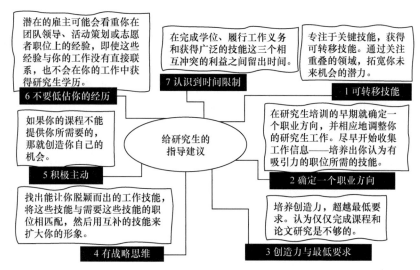

图 1-14　布利克利等给研究生的指导建议

方法的能力、智慧能力、面对困难和化解危机的能力、职业道德能力、批判性思维能力。

（1）分析与解决问题的能力。

在工作中，我们需要不断面对新的和旧的问题。这些问题需要通过分析才能得到解决，因此需要拥有分析和解决问题能力的人才。具体而言，分析与解决问题的能力包括：①能够收集现有结果，分析数据，解读新信息并寻找解决复杂问题的独特方法；②能够综合和理解复杂的内容，在处理细节时考虑全局；③运用先进的研究方法解决复杂问题；④对抽象信息做出一致的决策，并具有良好的判断力。

（2）人际交往能力。

人际交往能力涉及领导力，尤其是与不同性格和背景的人一起工作的能力。为此，需要接受建设性的批评，积极倾听以在团队中建立共识；需要掌握激励队友的技巧，例如通过换位思考，掌握指出别人的不足时的技巧；需要在独立工作和突出自己价值的同时，顾及他人的作用和感受，共同分享成果。

（3）组织能力。

组织能力是指项目管理能力、事件计划能力、时间管理能力、委派任务的能力和多任务处理的能力。为此，需要发展与不同的利益相关者协商和解决冲突的技巧，以推进使命；锻炼及时有效地管理和完成多个项目的协调能力。

（4）沟通能力。

沟通能力包括演讲能力、书面交流能力、语言和非语言交流能力等。以下是对各种沟通能力的要求：具备演讲能力，能够在不同级别的论坛上有效地发言，向不同的受众传达复杂的信息，并能在各种规模的群体面前进行演讲；具有书面交流技巧，能够以简洁凝练的文笔写作，可撰写并校对各种类型的文章；在技术类文章中揭示问题的来龙去脉、清晰地交代方法、总结主要结果、讨论结果并形成结论；掌握语言表达和非语言沟通相结合的技巧，这些非语言沟通包括肢体语言、眼神交流和手势。

（5）研究能力。

经过研究生阶段的培养，学生能够切实发展从事研究的能力，这也是研究生教育的重要目标之一。例如，博士研究生要求具备独立从事科学研究的能力。这些能力包括：①基本研究能力，即从背景问题提出需求的能力，调研文献的能力，提出研究内容、目标和研究思路的能力，运用研究方法解决问题获得有意义结果的能力，形成结论的能力；②特殊研究能力，即依据任务性质定义问题、识别相关资源、确定影响因素、综合和引用现有的工作；③团队研究能力，即划分优先级和分配任务的能力，与其他研究人员和员工有效协作的能力。

（6）使用技术工具与方法的能力。

不同的学科方向往往会使用一些特有的技术工具和研究方法，但也需要面对一些通用的技术工具和方法，例如：①文字排版工具的使用，表格与图形和其他多媒体元素的制作；②科学计算或分析软件的使用，统计和分析数据；③一般性仪器设备和工具的使用；④文献检索与管理能力，信息分析能力。

（7）智慧能力。

我们在研究生阶段可能会具备学习和获得有用信息的能力，获得提出智慧问题的能力。需要进一步注意的智慧能力有：①面对艰巨任务时，通过思考、咨询和推演，寻找代价最小化的途径；②重视并利用周围各种资源的独特价值，并在必要时，合理利用身边具备相应能力的人来协助自己解决问题；③懂得尊重他人的时间，例如，在发言时，尽可能缩短自己的发言时间；④通过淡化短期利益追求长远价值，忽视负能量的干扰，以一致的方式尊重所有人。

（8）面对困难和化解危机的能力。

在实际工作中，我们可能需要面对一些艰巨的任务，中间困难重重，有时甚至会面临危机。为此，需要锻炼以下能力：①完成艰巨任务所需的坚韧、毅力和专注力；②主动担责任；③遭遇挫折时表现冷静，合理寻找解决困难和化解危机的途径；④在遇到冲突时，具备化解矛盾的主动意愿和技能。

（9）职业道德能力。

在研究生阶段需要通过掌握学术规范等方式来锻炼部分职业道德能力，但职业道德能力包含更多：①对帮助自己的人具备致谢和感恩艺术；②具备引用别人工作的技巧，在工作中学会承认他人的贡献；③有自律能力，记录业绩，高期望，关心工作表现，努力工作；④同情他人。

（10）批判性思维能力。

批判性思维能力是指确定价值、肯定真实性和评估有效性的思维能力。据Academic English UK网站，不同大学定义批判性思维能力的视角可能有些区别（图1-15）。按照洛亚尔卡（Loyalka P）等的文章[5]，批判性思维能力可以从发展合理和有效的论点的能力、评估证据及其使用的能力、理解含义和后果的能力、区分因果关系并解释的能力这四个方面测试。如果我们拥有足够的批判性思维能力，那么我们就能识别不同来源的信息，避免被误导，我们也能具备这样的艺术——依据解释、理解、应用和综合，来对从观察、阅读和实验中收集到的证据做出清晰的、理性的判断，我们还能使用建设性语言指出他人或现有工作的不足，如使用先肯定再指出不足的方式。

利兹大学	斯坦福大学	英国开放大学	哈佛大学	普利茅斯大学	爱丁堡大学
批判性思维是一项应该用于学习的各个方面的关键技能。作为一名大学生，你需要能够批判性地思考你工作中使用的资源和信息。在阅读他人的作品时，你需要提出正确的问题；你的写作需要表明你有能力权衡不同的论点和观点，并使用证据来帮助你形成自己的观点、论点、理论和思想。批判性思维是以开放的心态提问和学习。	批判性思维是系统地评估其他人的论点、思想和理论。批判性思维的基本思想是通过质疑，对其他人的论点、思想和理论是否可信形成一种有根据的观点。	批判性思维就是审视想法、凭借你已经知道的知识评估这些想法，并且就这些想法的价值做出决定。批判性思维的目的是努力保持"客观"的立场。当你批判性地思考时，你要权衡争论的方方面面，并评估其优缺点。	批判性思维包括三个要素：发现其他论点的弱点的能力，对良好证据有热情的能力，以及反思——且留意可能去改变——自己的观点和价值观的能力。	批判性思维意味着提出疑问。与其赤裸裸地接受读到的和听到的表象，有批判性思维的思想家在接受它们之前会寻找证据和好的理由。这是成为任何领域的科学家、研究员、学者或专业人士的核心。无论你在学习什么，批判性思维都是学习和进步的关键。	批判性思维是依据解释、理解、应用和综合，来对从观察、阅读和实验中收集到的证据做出清晰的、理性的判断的艺术。

图1-15 六所大学批判性思维能力的不同视角

提高可转移技能的途径有：有效完成学位论文工作、参与研究室项目研究、撰写报告和发表论文、参加和组织学术交流活动、担任助教、尽心参与指导学弟学妹、协助导师完成集体事务、与同行密切交流等。

1.7 研究生的稀缺性与重要性

研究生是否稀缺并不取决于其绝对数量，而应关注其在总人口中的比例以及相对于需求的供应情况。研究生的重要性并非仅在于他们在攻读研究生期间对学术界和社会做出的贡献，更重要的是他们未来将有能力承担更为重要的职责，甚至可能是不可替代的角色。

1.7.1 研究生的稀缺性

我们熟悉这样一句话：物以稀为贵。我们可能感觉身边到处都是研究生，从而觉得自己不珍贵。其实我们只是聚集在一起显得多而已，从整个人群来看，我们属于很稀缺的人才。

据德尔法·齐曼（Delpha Ziemann）2022 年的文章，自 2000 年以来，全球 25 岁及以上获得硕士学位的人数翻了一番，达到 2100 万，博士学位获得者的数量增加了一倍多，达到 450 万人。单从这样的数据看，研究生规模显得很大，而且在不断扩大，但如果考虑到全世界有数十亿人，那么我们就会得出结论：世界上只有千分之三左右人口拥有硕士或博士学位。

即使在发达国家，拥有研究生学历的人口比例也非常小。以博士学位为例，按古尔德（Gould J）给出的数据[6]，2003 年，美国有 21343 名理科研究生获得博士学位，到 2013 年，这一数字增长了近 41%，另据 2014 年的一份调查，经济合作与发展组织（Organization for Economic Co-operation and Development，OECD）34 个国家在过去 17 年中，拥有博士学位的高等教育毕业生比例从 0.8% 翻了一番，达到 1.6%。据经济合作与发展组织发布的 2022 年教育概览[7]，2021，经合组织国家 25～64 岁的年轻人中，平均只有 1.3% 的人拥有博士学位或同等学力。

我国 25～64 岁的人口如按 8 亿计算，若博士学位获得者的比例要达到经济合作与发展组织约 1% 的水平，那么我国应有约 800 万名博士。然而，目前所能看到的数据表明，中国当前拥有博士学位的人口数量可能只有不到 100 万。如果按当前招生规模，每年能新培养 10 万名左右的博士，那么需要 100 年才能达到 1000 万量级的博士。可见，相比于发达国家水平，中国博士人才还有巨大的发展空间。类似分析可能也会表明硕士人才发展空间也很巨大。

以体现大学综合实力的全球大学排名为例，著名的 QS 世界大学排名系统将学科（subject）归为五个综合类（图 1-16）：人文与艺术类、工程技术类、生命科学与医学类、自然科学类、社会科学与管理类。每一综合类包含一定数目的学科，总数约 50 个。如果每年毕业 5 万名博士生，那么平均每个这样的学科只有 1000 人，再平均到各个省直辖市，只有小几十人。这显得不是很多。

可以从发文统计来看各行各业对不同学科规模的需求。美国国家科学与工程统计中心（National Center for Science and Engineering Statistics，NCSES）发布的

1.人文与艺术类
Arts & Humanities

① 考古学(Archaeology)
② 建筑学(Architecture)
③ 艺术与设计(Art & Design)
④ 古典与古代史(Classics & Ancient History)
⑤ 英语语言与文学(English Language & Literature)
⑥ 历史(History)
⑦ 语言学(Linguistics)
⑧ 现代语言(Modern Languages)
⑨ 表演艺术(Performing Arts)
⑩ 哲学(Philosophy)
⑪ 神学和宗教研究(Theology, Divinity & Religious Studies)

2.工程技术类
Engineering & Technology

① 计算机科学与信息(Computer Science & Information)
② 系统工程(Systems Engineering)
③ 化学工程(Chemical Engineering)
④ 土木与结构工程(Civil & Structural Engineering)
⑤ 电气与电子工程(Electrical & Electronic Engineering)
⑥ 机械、航空与制造工程(Mechanical, Aeronautical & Manufacturing Engineering)
⑦ 矿产与采矿(Mineral & Mining)

3.生命科学与医学类
Life Science & Medicine

① 农林(Agriculture & Forestry)
② 解剖学和生理学(Anatomy & Physiology)
③ 生物科学(Biological Sciences)
④ 牙科医学(Dentistry Medicine)
⑤ 护理(Nursing)
⑥ 药学和药理学(Phamacy & Pharmacology)
⑦ 心理学(Psychology)
⑧ 兽医学(Veterinary Science)

4.自然科学类
Natural Science

① 化学(Chemistry)
② 地球和海洋科学(Earth & Marine Sciences)
③ 环境科学(Environmental Sciences)
④ 地理学(Geography)
⑤ 材料科学(Materials Science)
⑥ 数学(Mathematics)
⑦ 物理和天文学(Physics & Astronomy)

5.社会科学与管理类
Social Science & Management

① 会计与金融(Accounting & Finance)
② 人类学(Anthropology)
③ 商业与管理研究(Business & Management Studies)
④ 传播与媒体研究(Communication & Media Studies)
⑤ 发展研究(Development Studies)
⑥ 经济与计量经济学(Economics & Econometrics)
⑦ 教育与培训(Education & Training)
⑧ 招待与休闲管理(Hospitality & Leisure Management)
⑨ 法律(Law)
⑩ 图书馆与信息管理(Library & Information Management)
⑪ 政治与国际研究(Politics & International Studies)
⑫ 社会政策与管理(Social Policy & Administration)
⑬ 社会学(Sociology)
⑭ 体育学(Sports-related Subjects)
⑮ 统计与运营研究(Statistics & Operational Research)

图 1-16　QS 世界大学排名系统使用的学科目录

近年统计数据表明，不同国家地区在不同学科方向（健康科学、工程学、物理学、社会科学、生物学和生物医学、计算机与信息科学、化学、材料科学）上发文数量所占比重有差异。在美国、欧盟、英国和日本，健康科学出版物的产量远远超过任何其他领域。在图 1-17 给出的六个国家或地区中，美国、英国和欧盟 27 国的社会科学文章比例高于其他国家。在中国，最大的研究领域是工程学（24%），其次是健康科学（15%）和计算机与信息科学（12%）。印度出版产出最大的科学领域是计算机与信息科学（18%）。日本的健康科学（32%）位居榜首，其次是生物学和生物医学（13%）以及工程学（13%）。这种按科学领域、地区、国家或经济分布的出版物可以表明研究的优先事项和能力。

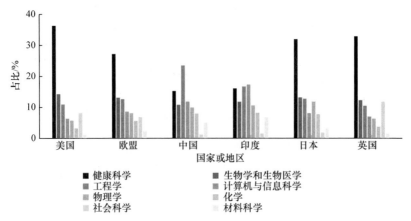

图 1-17　世界主要国家或地区近年在各学科方向发文比重（数据来源：NCSES）
对于每幅子图，由左到右分别是健康科学、生物学和生物医学、工程学、计算机与信息科学、物理学、化学、社会科学、材料科学

　　对研究生规模的需求可以从行业的多样性看出。依据《研究生教育学科专业目录管理办法》（2022 年），社会对各一级学科培养的人才有较稳定和一定规模的需求；对于各硕士专业学位类别，国家战略、区域经济、社会发展和行业发展有重大需求；对于各博士专业学位类别，国家有重大战略发展需求。因此，各行各业对研究生学位需求的多样性可以从前面介绍的一级学科和专业学位类别的多样性得到体现。

　　前面我们看到，当前我们的一级学科总数为 117 个，同时还有 67 个专业学位类别。如果将每个一级学科下的二级学科方向的数目的平均值估计为 10，那么总的二级学科方向的数目是 10^3 量级，各行各业有人才需求的二级学科方向之广可见一斑。

　　教育部每年发布全国教育事业发展统计公报，例如，2023 年 7 月 5 日发布的 2022 年统计数据显示，2022 年研究生招生 124.25 万人，其中，博士生 13.90 万人，硕士生 110.35 万人。在学研究生 365.36 万人，其中，在学博士生 55.61 万人，在学硕士生 309.75 万人。2022 年毕业研究生 86.22 万人，其中，毕业博士生 8.23 万人，毕业硕士生 77.98 万人。

　　现在做一个可能不是特别准确但至少可以想象的估计。从目前的数据看，中国高校每年招生千万量级的本科生、百万量级的硕士生和十万量级的博士生。由于一级学科和专业学位类别的数目是 10^2 的量级，二级学科专业方向数目可能是 10^3 的量级，因此，每年下来，平均每个一级学科或专业学位类别培养 10^4 量级的硕士和 10^3 量级的博士，平均每个二级学科专业方向是 10^3 量级的硕士和 10^2 量级的博士。一个大型行业所拥有的国企和民企的数目可能是 10^2 的量级，如果每个企业对一些重要的专业方向都有需求，那么平均每家企业每年只有一名博士毕业生可以招聘。可见，相比于社会对研究生的需求，研究生规模可能还有较大的缺口。

1.7.2　研究生的重要性

研究生之所以重要，是因为研究生本身的工作具有不可替代性，并且研究生毕业后将肩负重要使命。

首先看研究生本身工作的不可替代性。

通过读研经历，我们会掌握一定的知识并获得一定的能力。前面已经指出，硕士生在某一级学科范围掌握坚实的基础理论和系统的专门知识，毕业后具有从事本专业实际工作和科学研究工作的能力；博士生在某一级学科范围掌握坚实宽广的基础理论和系统深入的专门知识，毕业后具有独立从事本学科创造性科学研究工作和实际工作的能力。

据国内多家媒体援引英国广播公司 2023 年 5 月 9 日的报道（作者为凯特·摩根），能生成内容的人工智能将可以完成人类所做工作的四分之一。那么，研究生的工作，尤其是毕业以后的工作是否也可以被替代？

摩根援引 *Rule of the Robots: How Artificial Intelligence Will Transform Everything* 一书[8]的作者马丁·福特（Martin Ford）的说法，有三类工作目前的人工智能无法替代，第一是真正的创造性工作，第二是需要包含互动性在内的复杂人际关系工作，第三是在不可预测的环境中需要机动性、灵活性和解决问题能力的工作。

研究生的学位论文工作以及未来从事的大多数职业主要是创造性工作，需要互动性（如在第 5 章介绍的交流与交道），需要面对的问题具有不可预测性且需要解决复杂问题的能力。正因为如此，研究生以及研究生学位获得者从事的工作，至少在目前来看，属于那种不能轻易被人工智能替代的工作。即使是未来的人工智能能替代当前的一些研究工作，但研究生培养的能力会让他们在更高层次上完成那些无法被取代的工作。

其次看研究生毕业后所肩负的使命。

研究生的使命可从其毕业后的职业选择中体现。除与学科密切相关的学术领域及企业外，还存在其他选择。研究生的职业规划包括所有可能的工作领域，即各行各业的新员工。

《自然》杂志 2019 年针对博士生的调查报告中调查了全球博士生的未来职业规划[9]。调查结果指出，就业意愿为学术界的高达 56%，就业意愿为工业界的约 28%，就业意愿为医疗界的 11%，就业意愿为政府部门的 10%，就业意愿为公益事业的 7%。

我们使用相同问卷，分别针对不同性别博士生和硕士生进行了初步调查。结果初步表明，博士生选择学术界的最多，男女几乎没有区别，其次为国企或央企，第三是政府部门。硕士生选择国企或央企的最多，其次为政府部门，排第三的是民企。可见，绝大部分研究生未来希望去企业与学术界工作。

研究生创造知识的能力不仅仅是研究生本身的特征，更重要的是，有了研究生学历，我们可望在未来成为各行各业的杰出人才。

如果进入政府部门，我们有可能成为优秀的领导者和管理者。

如果继续留在学术界，我们有能力做博士后以开展进一步研究，甚至通过担任讲师、副教授和教授等职位来加入培养人才尤其是培养研究生的行列之中。

如果进入工业界，我们有机会成为某个行业的工程师甚至总工程师。作为工程师，我们同样可以进行创造，甚至可以将各个学科的知识和贡献引入到作品之中。

我们在毕业后履行我们所肩负的使命时，到底能走多远？本书7.6.4节给出留在学术界和工程界的例子，从那里我们将看到我们有可能做出多么重要的贡献。社会尤其需要我们在未来能带来概念级别的基础研究成果，或颠覆现有技术的应用研究成果。

参 考 文 献

[1] George E. Top-down causation and emergence: Some comments on mechanisms.Interface Focus, 2012, 2: 126-140.

[2] Ana B, Liezel F, Karri H, et al. The doctorate as an original contribution to knowledge: Considering relationships between originality, creativity, and innovation. Frontline Learning Research, 2015, 3(3): 51-63.

[3] 国家新闻出版署. 学术出版规范——期刊学术不端行为界定(CY/T 174—2019), 2019.

[4] Blickley J L, Deiner K, Garbach K, et al. Graduate student's guide to necessary skills for nonacademic conservation careers. Conservation Biology, 2013, 27(1): 24-34.

[5] Loyalka P, Liu O L, Li G, et al. Skill levels and gains in university STEM education in China, India, Russia and the United States. Nature Human Behavior, 2021, 5: 892-904.

[6] Gould J. How to build a better PhD. Nature, 2015, 528: 22-25.

[7] OECD. Education at a Glance 2022: OECD Indicators. Paris: OECD Publishing, 2022.

[8] Martin F. Rule of the Robots: How Artificial Intelligence Will Transform Everything. New York: Basic Books, 2021.

[9] Chris W. PhD poll reveals fear and joy, contentment and anguish. Nature, 2019, 575: 403-406.

第 2 章　读研前的准备

本章通过介绍读研的理由，帮助确定读研的必要性与目标；通过介绍如何寻找合适的导师，帮助了解导师的重要性；通过介绍如何联系潜在导师，如何应对面试，帮助了解存在提高被录用概率的可能性；通过介绍被录取后的注意事项，帮助做好读研的准备。

2.1　读研前的思考

我们在出去旅行前，肯定会有所思考，例如思考此次旅行的必要性、旅行的目的地、自己的身体状况与经济能力、旅行规划和旅行目的等。读研也是如此，我们需要对读研进行思考与规划。图 2-1 归纳了人们在读研前可能会思考与准备的一些事情。

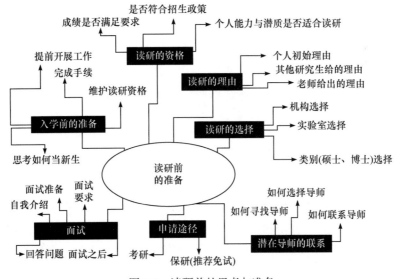

图 2-1　读研前的思考与准备

研究生招生情况各种各样，很难综合比较。以下给出的分类可能只是其中一部分：

（1）按时间管理，研究生有全日制和非全日制两大类型。

（2）按学历，有硕士和博士之分。博士有直博生和普博生之分，前者是获得本科学位后就读的学位，后者是获得硕士学位后就读的学位。有的直博生最后会申请博转硕，由直博生转为硕士生。

（3）按学位，有学术学位（按学科门类授予）和专业学位（按专业学位类别授予）之分。

（4）按招生途径，有推荐免试和统考两种基本形式。

（5）按计划，有公开的常规研究生招生计划、可能不对外公开的专项（或特殊）研究生计划，以及针对特殊群体的研究生计划。

首先，需要拥有读研的资格才能考虑读研的事情，例如目前的成绩是否符合读研要求，是否有资格推荐免试到本单位或外校，或参与统一招生考试。相关政策、报名与申请方式需要在所在单位教务、拟读研单位招生公告，或者教育部学生服务与素质发展中心网站等渠道了解，有的需要注册才能了解。

接下来，需要明确读研的理由，2.2 节会介绍一些其他人建议的读研理由。可以参考其他人的理由来判断自己读研理由的合理性。

还需要考虑读研的选择，例如是留在原单位还是去其他单位；选择实验室；选择读硕还是读博。

需要寻找、选择和联系潜在导师，这个将在 2.3 节和 2.4 节介绍。

需要准备面试甚至考试。与推荐免试相关的面试注意事项见 2.5 节。与统招考试相关的要求一般会由单位通知规定。

如果被初步录取了，还需要维护读研资格并为入学前做准备，本章 2.6 节会有一些介绍。

2.2　事先了解读研的理由

尽管每个人选择攻读研究生的初衷可能相对单纯，例如仅仅出于对知识的探索欲望或积极向上的心态，然而了解其他人的不同动机有助于我们做出更全面、更客观的决策，判断自己是否需要或应该继续深造，也有助于为即将到来的研究生生涯做好充分准备。

我们能够寻找到大量分享研究生学习动机的文章，但在此，我们只分享其中的部分观点。

2.2.1 读硕的理由

这里分享两篇文章介绍的读硕理由，一篇文章的理由比较综合，另一篇则比较具体。

2017 年 9 月 13 日，美国东北大学发表了其研究生招生管理团队成员之一塔玛尔·舒尔辛格（Tamar Shulsinger）的文章，从开发新技能、发展网络到增加收入指出了读硕的五个理由[1]。这里介绍其中的四条理由（第五条涉及提高盈利能力）。

（1）发展新技能——可转移技能。

通过获得硕士学位，可以发展适用于各种工作、组织和行业的可转移技能，包括分析能力、人际交往能力、组织能力、沟通技巧。我们在 1.6 节介绍了更多的可转移技能。

（2）有利于职业发展。

在企业，硕士学位可以帮助我们进入更高级的职位，包括管理职位和领导职位。

（3）获取专业知识。

研究生学习期间一般能获得所在行业的专业知识。通过专注于特定的研究领域来做到这一点，这有助于在行业中更具竞争力。也可以获得转换行业所需要的技能。

（4）更大的专业网络。

在读研究生时，同学们来自不同的背景和行业。这样我们能与广泛的专业人士网络紧密相连，其中许多同学在职业生涯中已经取得了成功。在读研时，还有机会向具有相关行业专业知识的教授学习，将现实世界的知识与有价值的网络相结合。与我们联系的人越多，我们就越有机会结识其他有才华的专业人士，发现新的职位空缺，并在自己的职业生涯中取得进步。

Thebestschools 网站于 2022 年 8 月 29 日刊登的托马斯·布罗德里克（Thomas Broderick）的文章给出了更多理由，例如转换职业、提高竞争力、为读博做准备、提高个人可信度等，见图 2-2。

2.2.2 读博的理由

由于需要付出更大的精力和更长的修业年限，读博比读硕更具有挑战性。因此，在决定攻读博士学位之前，一些问题值得思考，例如，读博是否符合自己的期望，对读博期间遇到的挑战是否有所准备。确切地说，读博一定需要有更充分的理由。以下汇集了一些学者给出的读博理由。

彼得·本特利（Peter Bentley）给出的理由是[2]：①想取得重大成就；②想发现或学习新的东西；③想提升自己或改善自己的生活；④与生俱来适合读博。

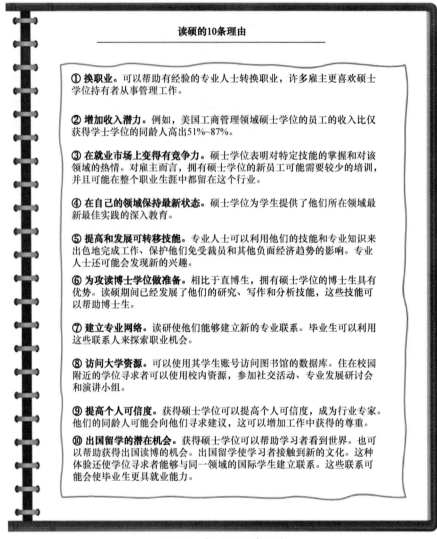

图 2-2　读硕的 10 条理由

　　本·泰勒（Ben Taylor）给出的理由为：①完成自己的职业目标；②获得可转移的技能；③对研究有热情；④想对学科做出独到的贡献。这些理由的详细解读见图 2-3。

　　露辛达·博雷尔（Lucinda Borrell）给出了五条读博理由：①为你选择的领域做出贡献；②追求长期职业目标；③改进和挑战知识；④享受主题；⑤展示智力潜力。这些理由的详细解读见图 2-3。

　　里沙布·杰恩（Rishabh Jain）也给出了五条读博理由：①你对研究有一种非理性的热爱；②你喜欢挑战假设；③你很清楚自己为什么想要博士学位；④你

有发明的欲望；⑤你喜欢教与学的过程。这些理由的详细解读见图 2-3。

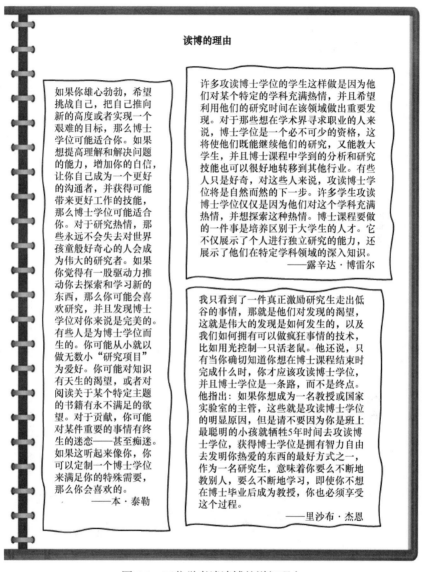

读博的理由

如果你雄心勃勃，希望挑战自己，把自己推向新的高度或者实现一个艰难的目标，那么博士学位可能适合你。如果想提高理解和解决问题的能力，增加你的自信，让你自己成为一个更好的沟通者，并获得可能带来更好工作的技能，那么博士学位可能适合你。对于研究热情，那些永远不会失去对世界孩童般好奇心的人会成为伟大的研究者。如果你觉得有一股驱动力推动你去探索和学习新的东西，那么你可能会喜欢研究，并且发现博士学位对你来说是完美的。有些人是为博士学位而生的。你可能从小就以做无数小"研究项目"为爱好。你可能对知识有天生的渴望，或者对阅读关于某个特定主题的书籍有永不满足的欲望。对于贡献，你可能对某件重要的事情有终生的迷恋——甚至痴迷。如果这听起来像你，你可以定制一个博士学位来满足你的特殊需要，那么你会喜欢的。
——本·泰勒

许多攻读博士学位的学生这样做是因为他们对某个特定的学科充满热情，并且希望利用他们的研究时间在该领域做出重要发现。对于那些想在学术界寻求职业的人来说，博士学位是一个必不可少的资格，这将使他们既能继续他们的研究，又能教大学生，并且博士课程中学到的分析和研究技能也可以很好地转移到其他行业。有些人只是好奇，对这些人来说，攻读博士学位将是自然而然的下一步。许多学生攻读博士学位仅仅是因为他们对这个学科充满热情，并想探索这种热情。博士课程要做的一件事是培养区别于大学生的人才。它不仅展示了个人进行独立研究的能力，还展示了他们在特定学科领域的深入知识。
——露辛达·博雷尔

我只看到了一件真正激励研究生走出低谷的事情，那就是他们对发现的渴望，这就是伟大的发现是如何发生的，以及我们如何拥有可以做疯狂事情的技术，比如用光控制一只活老鼠。他还说，只有当你确切知道你想在博士课程结束时完成什么时，你才应该攻读博士学位，并且博士学位是一条路，而不是终点。他指出：如果你想成为一名教授或国家实验室的主管，这些就是攻读博士学位的明显原因，但是请不要因为你是班上最聪明的小孩就牺牲5年时间去攻读博士学位，获得博士学位是拥有智力自由去发明你热爱的东西的最好方式之一，作为一名研究生，意味着你要么不断地教别人，要么不断地学习，即使你不想在博士毕业后成为教授，你也必须享受这个过程。
——里沙布·杰恩

图 2-3　三位学者谈读博的详细理由

也有些人会给出比较功利的理由，例如，图沙尔·乔汉（Tushar Chauhan）给出的读博的 11 条理由中，除了培养解决问题的能力、学习新事物的能力、开箱即用的分析思维、更多职业选择、改变世界的力量和发展专业知识，还包含了如下功利性内容：这对我而言是一项荣誉，我乐意别人称呼我为博士，获得更高的地位、更多收入、更舒适的生活方式。

2.3　如何寻找合适的潜在导师

每名研究生，尤其是博士研究生，至少需要一名导师长期指导。一般情况下，申请读研需要最终获得潜在导师（即意向导师）的同意。一个值得考虑的问题是，需要了解什么样的导师适合自己，包括导师的研究方向、导师的团队构成、导师实验室拥有的资源，以及导师指导学生的风格。无论我们怀有多大的激情去读研，都需要将自身需求与导师能提供的条件进行结合。于是，获得理想的读研机会需要重视对潜在导师的了解和有效联系。

然而，选择导师并非一件容易的事情，因为大多数情况下，这是一个双向选择的问题，有时甚至没有选择。当我们自身条件较好时，选择的空间会大一些。

下面介绍寻找导师时可能会考虑的一些因素。

亚利桑那州大学的扎卡里·霍尔曼（Zachary C. Holman）为正确选择博导写出的指南中，给出了可以考虑的五个因素（图2-4）。

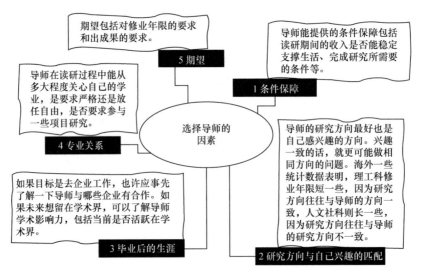

图 2-4　选择导师的几个因素

霍尔曼指出，通过五个途径可以对这五个因素有所了解：①阅读导师的最新出版物；②至少参加一次导师小组的会议；③与导师的在读学生交谈；④与导师的毕业生联系；⑤在实验室进行短期实习。通过阅读导师的最新出版物可以了解到导师是否活跃在学术界。通过与毕业生交谈可以了解到毕业后的一些机遇，通过与在读学生的交谈可以了解到导师实验室如何运作。霍尔曼进一步指出，导师在你身上下的赌注和你在他身上下的赌注一样多，因此让你尝试在一个小组工作一个月，然后宣布不适合你，这看起来当然很尴尬，但这对每个人来说都比（读博）五年的挫折要好得多。

大多数情况下，人们会在需要提交资料前广泛地联系潜在的导师。相比于半个世纪前，这已经变得非常容易。各高校的招生网一般会公开各个学科、各个研究方向的导师的基本信息。通过上课、科创活动或者学术报告等也会获得认识一些潜在的导师的机会。例如，本科生参加老师发起的各种形式的科创活动，这有利于直接进入实验室了解情况。在读硕士生们可以通过参加各种学术交流活动来认识潜在博士生导师、其他实验室的同学，甚至毕业生。这些活动增加了了解潜在导师的机会。

作为学生，我们期待最终能找到理想的导师，这如同导师希望找到理想的学生一样。Dissertation Genius 网站发布的 "The six laws of Ph.D. failure" 指出，北美地区只有大约一半进入博士项目的学生能够完成学业，且英格兰地区的数字也类似。该文指出了与博士生失败最相关的六个因素，其中第一个因素是错误地选择了导师。按照该文的说法，优秀老师与优秀导师不一定能画等号，优秀老师往往发表文章好；相反，优秀导师易接近、反馈周转时间短。霍尔曼指出，一个好的导师会为你提供稳定的资金，教你新的技能，启发你的最佳潜能并指导你走向未来的职业生涯；相反，一个不尽如人意的导师可能会有不切实际的期望，在实验室里与你产生摩擦，让你靠助教奖学金来养活自己，甚至推迟你的毕业。不幸的是，你和你的导师通常只有一次选择的机会。中途更换导师对你来说是一个很大的挫折，另外，导师也几乎没有权力"解雇"学生。

最后需要指出的是，正确选择仅仅是成功的第一步，这是因为，即使"正确地"选择了符合我们目标期望的导师，还面临该导师是否选择自己的不确定性。即使跟上了事先认为理想的导师，读研过程是否一定是自己期待的那样，还与环境、个人能力、发挥和导师的发展等多个因素有关。

有时，我们还需要关注潜在导师的一些个人变化。例如，部分学校规定，还有几年就退休的导师不能再招直博生（例如，如果 65 岁退休，那么 60 岁开始就可能不允许招直博生），年龄更大一些的导师甚至失去招普博生的资格。对于那些与本校导师建立了联系并明确了意愿的学生，由于自身条件较优，他们可能认为无须再联系其他老师。然而，如果到了来不及再联系其他导师的时间，或者其他导师都已有明确的候选人，这时才发现意向导师并无招收直博生或普博生的资格，那么将出现无法挽回的结局。

2.4　如何联系潜在导师

在许多情况下，本科生通过上课时的表现和进入实验室参加实践活动等能获得潜在导师对读研的许诺，此时，如果不想有别的选择，就可以直接关注如何参加面试。在更一般的情况下，如果想联系一名潜在导师，可能需要考虑六个方面的问题：①如何了解导师的相关信息；②如何着手准备；③是否可以同时联系多名导师；④给导师的第一封联系邮件有什么讲究；⑤导师不回复怎么办；⑥会面时要注意什么。英国伦敦大学学院医学院和帝国理工学院的三名教师发表了一篇如何面对这些问题的文章[3]，从中可见这些问题的重要性。部分问题已经在 2.3 节有所讨论，本节主要介绍如何联系导师和与导师见面。

2.4.1　需要准备一封让潜在导师能轻松打开和阅读的邮件

劳拉·布法迪（Laura Buffardi）指出，写给潜在导师的第一封邮件十分重要。首先要求邮件的主题明确，指出邮件的目的是申请读硕、读博还是两者可选。

据罗伯特·希基（Robert Hickey）的文章，对导师的称谓也有值得讲究的地方，甚至需要依据导师的职称和导师的荣誉区分潜在导师的称谓。如果导师是院士，可以称谓某院士，如果是教授，则无论是正教授、副教授还是助理教授，都可以称谓某教授，其他不确定情况下，可以简单称谓某老师。

落款时写上自己的真实姓名。最好在邮件主题行以自己的姓名开始。

尽量使用正规单位的邮箱，以避免邮件被送入到垃圾邮箱。

在邮件的正文部分，尽可能用短的篇幅，提供最必要的信息，介绍与申请做学问相关的意愿、自身条件与潜质。

如果有简历等附件，也可在正文中简要提及。应避免悬挂大型附件，切忌将附件使用压缩包形式发送。每份附件的文件名以附件内容对应的标题命名（如简历），尽可能用 pdf 格式。因为，潜在导师如果使用手机阅读邮件，那么太大的附件、被压缩的附件和特殊格式的附件都会导致第一次打开的尝试失败或者耗费很长的时间，不利于在同等情况下被优先考虑。对于一些作品类附件（如发表的论文），本身就比较大，可以在第一封邮件提及，指出如果需要再另行发送。

邮件正文可按功能需求分成四个部分内容，分别涉及个人基本信息、个人特长与兴趣点、询问潜在导师的意向和结尾。

个人基本信息：用几行字介绍自己的基本情况，如学习和（或）研究经历的介绍，更详细的基本信息应放到由附件提供的简历之中。

个人特长与兴趣点：指出自己有什么专业特长，接着可以关联到自己感兴趣的潜在导师的研究方向。

询问潜在导师的意向：询问潜在导师是否愿意接纳自己的申请。顺便询问潜在导师有什么建议，比如说，如果不能被考虑，是否愿意推荐到其他导师。

结尾：先致谢潜在导师抽时间阅读你的邮件，接着指出期望成为其学生或者获得进一步沟通的机会，最后可以给出自己的手机等快速联系方式，并交代你提供了什么附件。虽然手机号会在简历中提供，但在正文邮件中给出有利于潜在导师从手机直接复制号码来与你联系。

各段的措辞需要来回斟酌，要求言简意赅、表述准确。

可以按以上方式把四部分内容分成四段，也可以按需要把四部分内容组合成其他段落形式，最主要的可能是如何将自己的特长和兴趣关联到潜在导师的研究方向。哥伦比亚大学心理学系提供了五份邮件模板，图 2-5 是其中第三封邮件主要部分的译文（按中文习惯做了适当修改，一些辅助信息，如邮件日期等没有写进去）。

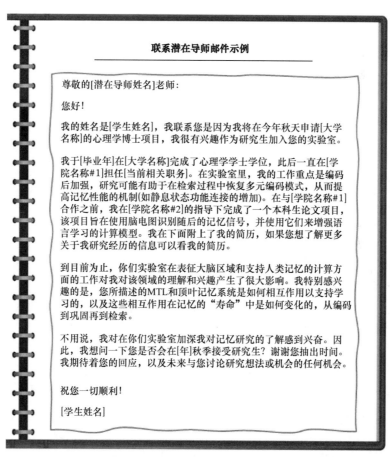

联系潜在导师邮件示例

尊敬的[潜在导师姓名]老师：

您好！

我的姓名是[学生姓名]，我联系您是因为我将在今年秋天申请[大学名称]的心理学博士项目，我很有兴趣作为研究生加入您的实验室。

我于[毕业年]在[大学名称]完成了心理学学士学位，此后一直在[学院名称#1]担任[当前相关职务]。在实验室里，我的工作重点是编码后加强，研究可能有助于在检索过程中恢复多元编码模式，从而提高记忆性能的机制(如静息状态功能连接的增加)。在与[学院名称#1]合作之前，我在[学院名称#2]的指导下完成了一个本科生论文项目，该项目旨在使用脑电图识别随后的记忆信号，并使用它们来增强语言学习的计算模型。我在下面附上了我的简历，如果您想了解更多关于我研究经历的信息可以看我的简历。

到目前为止，你们实验室在表征大脑区域和支持人类记忆的计算方面的工作对我对该领域的理解和兴趣产生了很大影响。我特别感兴趣的是，您所描述的MTL和顶叶记忆系统是如何相互作用以支持学习的，以及这些相互作用在记忆的"寿命"中是如何变化的，从编码到巩固再到检索。

不用说，我对在你们实验室加深我对记忆研究的了解感到兴奋。因此，我想问一下您是否会在[年]秋季接受研究生？谢谢您抽出时间。我期待着您的回应，以及未来与您讨论研究想法或机会的任何机会。

祝您一切顺利！

[学生姓名]

图 2-5 联系潜在导师邮件示例

2.4.2 如何等待答复和准备第一次拜会导师

如果收不到答复，通常情况下是因为联系邮件撰写不妥，或者个人情况缺乏足够竞争力。潜在导师不回应，不能完全理解为缺乏基本诚意。事实上，大部分导师有许多事情要做，有时会漏看任何邮件或者看了会忘记回应。

短信、电话、微信、邮件等是获取信息的主要来源。当一名导师每日收到的信息和通知太多后，不去看一些信息（邮件）是自然的事情。

然而，也不排除有一些其他情形导致没有看到，例如，邮件被送到了垃圾邮箱，邮件被"掩埋"在收件人最近收到的电子邮件里面，邮件没有到达对方邮箱，对方邮箱满了。

无论出现何种情形，正常做法是，在自己设定的最后期限内如果没有得到回复，再发封邮件提醒。

如果能收到潜在导师的答复，那么就需要考虑第一次接触。如果导师对自己感兴趣，那么可能会表现出比较大的热情，如安排第一次会面或要求提供补充材料。也有可能先电话沟通以了解一些情况。有的老师可能会提供一个实习机会供相互了解。

大多数情况下，导师一般会比较谨慎，因为是否能成功招收一名学生还有很多路要走，甚至还需要权衡不同候选人。

2.4.3　从一位博导的遭遇看需要注意什么

2015 年 4 月 1 日，布拉德肖（CJA Bradshaw）教授有感于一些学生求学信写得令他愤怒，专门写了一篇如何联系潜在博士生导师的文章，刊登在 Conservationbytes 网站上。

布拉德肖教授是位于南澳大利亚州的弗林德斯大学全球生态学教授和全球生态学实验室主任。他关心森林砍伐、污染、疾病、栖息地丧失、灭绝、过度放牧、过度捕捞或气候变暖对人类财富、健康和福祉的影响。他发表了 300 多篇同行评议的科学文章和 3 本论著，包括《有效科学家》（剑桥大学出版社）和《杀死考拉和毒害草原》（芝加哥大学出版社），而且是高被引作者。

布拉德肖教授指出，大多数大学学者经常收到世界各地希望被视为未来研究生（大多数是博士生）的人的请求。布拉德肖教授本人通过电子邮件每周平均收到 3~4 个这样的请求，他的许多合作者也是如此。不幸的是，他几乎立刻将大多数人的请求扔到垃圾邮箱。他认为这样处理并不是自己有问题，相反，恰恰是求学者没有认真思考他们的求学申请，尤其是没有考虑他们的求学信如何被别人看待。他收到的 90%左右的求学信就是短短的一句话："尊敬的教授，我想写信给你寻求博士学位的指导。如果你不感兴趣，帮我找其他导师。"

如果遇到语言不好、不礼貌或者缺乏必要细节的求学信，他还没有阅读完就会删除邮件。他说，有的学生甚至直呼其名，他甚至纳闷有些人为何连面对电脑的最基本（的礼节性）常识都没有。

布拉德肖教授提出了如何联系潜在导师的几条建议，图 2-6 列出了部分具有一般参考意义的建议。

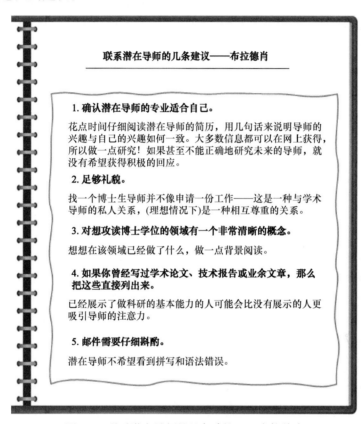

联系潜在导师的几条建议——布拉德肖

1. 确认潜在导师的专业适合自己。

花点时间仔细阅读潜在导师的简历，用几句话来说明导师的兴趣与自己的兴趣如何一致。大多数信息都可以在网上获得，所以做一点研究！如果甚至不能正确地研究未来的导师，就没有希望获得积极的回应。

2. 足够礼貌。

找一个博士生导师并不像申请一份工作——这是一种与学术导师的私人关系，(理想情况下)是一种相互尊重的关系。

3. 对想攻读博士学位的领域有一个非常清晰的概念。

想想在该领域已经做了什么，做一点背景阅读。

4. 如果你曾经写过学术论文、技术报告或业余文章，那么把这些直接列出来。

已经展示了做科研的基本能力的人可能会比没有展示的人更吸引导师的注意力。

5. 邮件需要仔细斟酌。

潜在导师不希望看到拼写和语法错误。

图 2-6　联系潜在导师的几条建议——布拉德肖

布拉德肖教授还要求第一封邮件主要用于初步建立在线联系。他说，只有满足他提出基本准则的求学邮件才有可能得到回复。他还指出，从最初接触到自由自在地活跃于实验室的整个过程可能需要数年时间。

布拉德肖教授最后指出，我不想给人留下这样的印象，即我们这些学者都是自恋的人，除了要求不值得的学生恳求之外，别无他事可做。其实我们（导师们）也绝对依赖好学生，就像好学生依赖我们来引导他们实现学业独立一样。"如果你像你所说的那样优秀，那么很有可能有人会很乐意接受你成为一名学生。在你有机会说'你好'之前，不要错过机会。"

2.5　如何参加面试

自我介绍和回答问题一般是面试的两个基本环节。特殊情况下，可能有笔试来补充面试。面试分为线上面试和线下面试两种情况。如果是线上面试，可能会需要提前足够长的时间做准备，确保面试时有一个网络环境好的地方。可以邀请同学扮演线上面试官，测试视频和音频效果，据此进行调整。如果是线下面试，那么需要在着装上显得正式，包括穿鞋。无论何种情形，需要做好实际面试时间与计划时间有较大误差的准备。

2.5.1　自我介绍的要点

我们一般会提前了解到自我介绍的形式，包括自我介绍的时长规定，是用 PPT 演讲还是口头介绍。

考虑到现在要面对一个委员会，而不只是一名潜在导师，因此，自我介绍会要求更全面，按照 Gradschools 网站上的文章，可以提及五个方面的内容：

（1）我是谁、从哪里来：我的姓名、年龄等，我有什么适合做研究的个性特征，我来自哪所大学、哪个院系、哪个专业等。如果觉得有必要，也可以简要介绍能证明我良好经历的其他证据。

（2）我要来哪里、为什么要来这里：指出期望进入哪个研究室，跟随哪位老师，从事哪个方向的硕士或博士研究，必要时简要介绍要来这里读研的原因。在介绍原因时，可以指出这里的方向、氛围和研究特色等符合自己的兴趣、特长、目标与理想等。

（3）证明自己能来这里的基本条件是什么：介绍在读学历的课程成绩（必要时给出排名），学习过哪些基础与专业课程，参加过或者正在参加什么研究工作，必要时指出发表了什么文章，设计了什么产品，获得过什么奖励等。

（4）证明应被优先考虑的特长是什么：介绍基础知识是否具有深度或广度，介绍是否有一些专业与工作技能，如编程能力、动手能力、写作与阅读能力，介绍是否具备其他与目标研究方向相关联的特长，如研究能力、深入理解专业知识的能力。如果开展过研究，对研究的问题的深入程度和产出进行介绍。如果仅仅只有课程学习可以介绍，则对核心专业课程的重点知识进行描述，以表明理解问题的深度。

（5）读研的目标是什么：简要介绍读研期间希望有什么成绩，毕业后是否期望从事与目标研究方向相关的学术研究或应用研究，是否想在学术界谋职，是否想为某个方向某个领域做出贡献等。

自我介绍时尽量避免自设陷阱。一些学生为了展示自己多才多艺，在面试时可能会介绍自己拥有实际上并不熟悉的知识或业余爱好。其实这样做有可能给自己设置了不必要的陷阱。例如，如果刻意提到自己爱好足球，这会给面试小组追问与足球相关的知识的机会，如果自己根本就不能回答与足球相关的知识，就会造成不好的印象。因此，尽量避免节外生枝，不提那些自己根本没有参与和没有亲身体验的活动。如果一定需要介绍一些业余知识与爱好，那么可以挑那些有经历和擅长的，以便被追问细节时能较好地回答。

2.5.2　面试常见的问题与准备

由多人组成的面试小组想到的问题难免具有多样性，据 Gradschools 网站上的文章，有时可以多达 10 个类型的问题，但综合起来看，一般归属于四个方面：课程知识类、研究经历与能力类、选择来这里的原因、未来有何打算。虽然在自我介绍中已经给出了部分答案，但被问及时应当作新问题回答，因为面试小组通常面对许多学生，他们无法记住我们的每一句介绍。

（1）课程知识类问题。

面对尚未开展本科毕设工作的本科生，课程知识问题是最常见问题。面试前复习一些重要课程有助于回答此类问题。

如果问到没有学过的课程问题，简单回答没有学习过。

如果问到学习过但一时答不出来的问题，可以先说一声“请允许我思考一下”，再依据情况进行回答，确定答不出来后可以简单回答说“对不起，我可能需要进一步学习才能回答这个问题”。

（2）研究经历与能力类问题。

对于已经参与过科研的学生，尤其是硕士生，一般会被问到与以前或正在开展的研究相关的问题。可能会被问到针对的是什么问题、用了什么方法、得到了什么结果、结果有什么意义、是如何解决问题的，还可能会被问到积累了什么能力。

对于期望开展的工作，可能会被问到有什么想法，或者在获知这项工作会关联到什么知识（如某方面的数学知识）和技能（如编程能力）的基础上，被询问是否具备相关的知识和技能。

面试前应梳理一下之前开展的研究工作，重点梳理最突出的方面，以便被问到时能展开回答。如果被问到的相关知识和技能有欠缺，可以表示将选修这方面的课程来加强。

（3）选择来这里的原因。

有可能被问到为何要来这个学校、这个院系、这个研究室，甚至为何要找这位导师。此类问题需要提前预备好如何回答。回答时可以指出：

① 自己已经对这里有了解。

② 对这里的研究方向感兴趣。

③ 这里的研究特色（如基础研究、开发研究等）很符合个人特长。

④ 这里的氛围和在学术界的影响符合自己的长远目标。

（4）读研期间的打算和未来职业规划。

可以指出自己期望从事什么样的研究，获得什么样的能力和实现什么样的目标。未来职业规划是指获得目标学位后有什么打算，是期望在学术界谋职位、在企业谋职位，还是有其他打算。

2.6　被录取之后

通过面试后一般会收到预录取通知。接下来需要维护读研资格。如果有条件，可以提前开展一些工作并做好当新生的准备，因为这有助于顺利进入正式的读研生涯。

2.6.1　读研资格的维护

以推荐免试途径获得的读研资格为例，我们首先得到的只是初步录取资格。以国内读研为例，目前，在获得初步录取资格后，需要在教育部研究生推免服务系统（全称为"全国推荐免试攻读研究生信息公开管理服务系统"）完成报名，由初步录取学校给完成报名的学生发送相关信息，以维护读研资格直至被正式录取。

除了维护信息，按通知及时提交材料，还需要避免因其他原因失去读研资格。

以本科生申请读研为例，最终丢失读研资格的原因可能有：

① 本科毕业论文答辩不通过。

② 获得学位所需要的学分不够。

③ 最后一学期有课程挂科。

④ 被发现有学术不端行为。

⑤ 在学校违反有可导致取消读研资格的纪律。

2.6.2　提前开始工作的重要性

从联系导师到通过面试需要数月时间，被录取或与潜在导师确认潜在意向的时间距读研开始时间会有一年左右。提前熟悉潜在实验室的工作，甚至开展预先工作，对未来顺利读研会有积极推动作用。因此，可以与潜在的尤其是已经落实的未来导师商量，以什么方式开展一些前期工作。

首先，在至少还要等待半年以上才能入学的情况下，可以由导师建议选学甚至自学那些有利于进入实验室工作的课程。这对于跨校或跨专业录取的学生尤其重要，因为不同学校或专业的课程体系与深度往往不一样。即使对于本校学生，在潜在导师指导下选修一些与未来研究方向相关的课程也有必要。

其次，是基本技能的培养。可以咨询潜在导师需要提前训练哪些基本技能，必要时可请示安排学长指导自己。有一些通用技能是所有人都需要掌握的，例如搜集资料的技能和文档排版的技能。

再次，请导师推荐一些专著和学术论文进行学习，尤其是与潜在研究方向相关的论著。对于本科生而言，这往往有难度，但可以请示潜在导师，可以从哪些更容易的地方入手。有时翻阅已毕业学长的硕士论文和博士论议，也会增加自己的好奇心，看到自己离获得研究生学位有多远，激发自己向前的动力。

同时，可以申请跟着潜在实验室的学长一起做些力所能及的事情。一个好的学长可以起到半个导师的作用，尤其能部分代替导师传授那些不需要导师传授的技能。给他们做做帮手，是熟悉研究生工作的一个极佳途径。

最后，有条件的话可以提前开展科研工作，由潜在导师安排能做的事情作为起步。任何人都有起步的那一天，不如提早开始。

2.6.3　如何当新生

显然，被录取不是终点，而是新学历的起点，由毕业生或待毕业角色切换到了新生角色。

作为新生，我们会有自己的优势和劣势。一个典型的优势是，新生容易得到关照，因为遇到任何问题时寻找帮助会显得很自然。主要劣势是，因为还不熟悉刚进入的环境，因此难以识别什么对自己有益，什么没有。

拥有足够的判断力是我们利用优势以及避免劣势带来不利影响的关键，避免受任何传闻类的言论左右也是减少不利影响的关键，另外，作为新生听取一些书面的建议，可避免在高速路上走错出口。

朴次茅斯大学博士生斯蒂芬妮（Stephanie L）给新入学的博士生提出了 8 条书面建议。这些建议也可供硕士新生参考。图 2-7 汇总了这些建议的一些要点。

以建议 4 为例，读研期间需要上课、查找和阅读文献、积累基本能力、开展研究、整理结果和分析数据，这么多事情容易变得一团糟。以文献为例，过去看过的文献不知道丢在哪里了，甚至都忘记是否看过。更麻烦的是，我们看过一篇文献，记下了一个观点，到时写下这个观点时误以为是自己产生的，忘记了引用而导致被视为剽窃。为了避免一团糟，需要学会有条理地记录与管理工作。

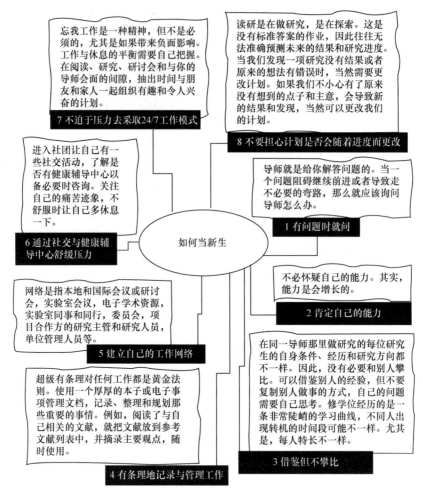

忘我工作是一种精神，但不是必须的，尤其是如果带来负面影响。工作与休息的平衡需要自己把握。在阅读、研究、研讨会与你的导师会面的间隙，抽出时间与朋友和家人一起组织有趣和令人兴奋的计划。

7 不迫于压力去采取24/7工作模式

读研是在做研究，是在探索。这是没有标准答案的作业，因此往往无法准确预测未来的结果和研究进度。当我们发现一项研究没有结果或者原来的想法有错误时，当然需要更改计划。如果我们不小心有了原来没有想到的点子和主意，会导致新的结果和发现，当然可以更改我们的计划。

8 不要担心计划是否会随着进度而更改

进入社团让自己有一些社交活动，了解是否有健康辅导中心以备必要时咨询。关注自己的痛苦迹象，不舒服时让自己多休息一下。

6 通过社交与健康辅导中心舒缓压力

如何当新生

导师就是给你解答问题的。当一个问题阻碍继续前进或者导致走不必要的弯路，那么就应该询问导师怎么办。

1 有问题时就问

网络是指本地和国际会议或研讨会，实验室会议，电子学术资源，实验室同事和同行，委员会，项目合作方的研究主管和研究人员，单位管理人员等。

5 建立自己的工作网络

不必怀疑自己的能力。其实，能力是会增长的。

2 肯定自己的能力

超级有条理对任何工作都是黄金法则。使用一个厚厚的本子或电子事项管理文档，记录、整理和规划那些重要的事情。例如，阅读了与自己相关的文献，就把文献放到参考文献列表中，并摘录主要观点，随时使用。

4 有条理地记录与管理工作

在同一导师那里做研究的每位研究生的自身条件、经历和研究方向都不一样。因此，没有必要和别人攀比。可以借鉴别人的经验，但不要复制别人做事的方式，自己的问题需要自己思考。修学位经历的是一条非常陡峭的学习曲线，不同人出现转机的时间段可能不一样。尤其是，每人特长不一样。

3 借鉴但不攀比

图 2-7　给新生的 8 条建议

参 考 文 献

[1] Tamar S. 5 reasons to go to graduate school. Boston: Northeatern University, 2017.

[2] Peter B. Why Do a PhD? in the PhD Application Handbook. London: Open University Press, 2006.

[3] Daniyal J J, Katharine W, Shivanchan R. How to approach supervisors for research opportunities. Annals of Medicine and Surgery, 2016, 10: 110-112.

第 3 章　如何开展研究

本章首先介绍研究的一些基本概念，并为本章其余部分的安排提供依据，通过介绍如何获取知识让我们知晓获取知识的途径和知识的特征，通过介绍如何提出研究问题增加我们及时和正确找到研究方向的机会，通过强调研究方法和科学思维让我们意识到如何才能高质量开展科学研究，通过介绍什么是研究生级别的研究成果让我们知晓学位论文工作需要达到的高度，通过介绍主意或想法是如何诞生的，让我们了解诞生主意或想法的重要性、难度与技巧，最后通过介绍什么是科学研究来拓宽我们的视野。

3.1　看待研究的范畴式方法：沙漏模型及其特征

离开具体的概念和理论去谈研究，未免不切要害。然而，据埃米莉·里尔（Emily Riehl）于 2021 年 10 月发表在《科学美国人》上的文章 "Infinity category theory offers a bird's-Eye view of mathematics"，各个学科的研究早就发展出了庞杂的概念和丰富的理论，这又限制了我们去讨论具体概念与理论的可能性，但类似于里尔在《科学美国人》上的文章中提到的数学中的"范畴论"做法，我们可以通过不断增加的抽象程度，来对如何做研究获得"鸟瞰视野"。

据 DiscoverPhDs 网站 2020 年 9 月题为 "What is research? - Purpose of research" 的文章，研究是一种系统的信息收集和分析工作，旨在发展或促进一般知识，另外，研究是一个过程，是发现新知识的过程。新知识包括全新概念的发展，也包括现有知识和理论的进步、新的理解。进行探索，以发现未知世界，发明促进人类进步和探索未知世界的技术。进行描述，以回答"是什么"和"如何"等问题，例如黑洞是什么、黑洞由什么构成。进行分析或论证，以回答为什么等问题，例如确定黑洞形成的原因。除了进一步了解世界，还需要了解如何将这些知识应用于更好的日常生活。

研究通常遵循一种被称为科学方法的系统方法，该方法使用图 3-1 所示的沙漏（hourglass）模型进行。威廉·特罗奇姆（William Trochim）在 Coinjointly 网站发表的题为 "Structure of research, in research methods knowledge base" 的文章中指出，大多数研究都遵循这样的沙漏模型。按照他的介绍，研究过程通常从最初广泛的兴趣领域开始。但最初的领域太广泛了，在某一个研究项目中完成研究是不现实的（甚至可能在一生的研究中都无法解决）。研究人员必须将这个问题缩小为一个研究项目范围内的问题。这可能涉及制定一个假设或焦点问题。在研究沙漏的最窄点，研究人员直接开展研究。一旦得到研究结果，研究人员就开始通过各种方式进行分析。最后，研究人员通常会试图通过将这项具体研究的结果推广到其他相关情况，来解决最初广泛的兴趣问题。

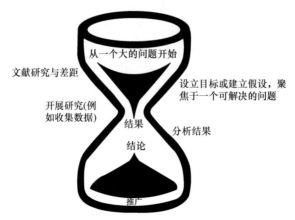

图 3-1　研究的一种沙漏模型（简化版）

沙漏模型对应的研究首先从更宽更广的问题开始。随后进行文献综述，找出现有研究存在的差距。接着提出研究目的，为了让目标可以实现，往往会建立一个初始假设，以提出可以证实或反驳的具体问题。以上过程是一个由宽到窄的过程，对应沙漏的上半部分。

接下来，研究人员选择或创建一个研究方法开展研究，得到研究结果。这对应沙漏模型最窄的部分。

再往下是一个由窄到宽的过程，对应沙漏的下半部分。有了研究结果，使用各种方法对结果进行分析，形成结论。在结论中，要么接受初始假设，要么抛弃初始假设，或者说要么达到了预期目标，要么没有达到。在分析和形成结论时，需要与其他研究的结果和结论进行关联，因此研究结果的意义被扩大了。

如果结论是初始假设得到证实或预期目标得以实现，那么可以将结果应用到更广阔的问题。最终的研究及其结论都会被正式写成报告或研究论文，并可能以此提出新的研究问题。最后，报告或研究论文被分享给更广泛的研究界。

如果初始假设被证伪或者预期目标未能实现，则进一步修改假设或目标，重新开展研究。

按照 DiscoverPhDs 网站于 2020 年刊登的文章，所有研究都具备八个如图 3-2

所示的核心特征。实证性是指采用基于真实观察和实验得出的经验证的科学方法。逻辑性是指遵循基于有效原则的顺序过程。循环性是指研究从一个问题开始，以另一个问题结束，即研究应该引出一条新的问题线。变量可控是指研究一个变量的影响时，要求保持其他变量保持不变。基于假设是指研究设计产生的结果足以满足研究目标，并能够证明或反驳假设，使研究具有可重复性，并使结果具有可信度。分析性是指使用经验证的技术生成、记录和分析结果，以确保高精度和可重复性，同时最大限度地减少潜在的误差和异常。客观性是指研究人员使用客观合理的判断来确保研究结果的有效性。规范性是指可用数据被转换为更有意义的数据，从中可以获得知识。

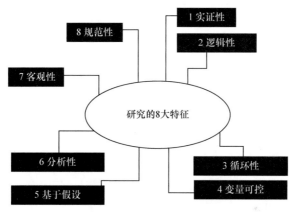

图 3-2 研究的八大特征

不难想象，图 1-16 所示的五个学科群（人文与艺术类、自然科学类、工程技术类、社会科学与管理类、生命科学与医学类）的研究方式有很大差异，图 1-6 给出的学术学位与专业学位类别之间的研究也会有不小的差异。不管差异有多大，一般会要求研究生近似按沙漏模型走完一个完整的研究过程。

研究生在经历沙漏模型暗示的完整研究过程中，需要获取必要知识，提出研究问题、研究目标或研究假设，掌握研究方法，了解研究结果的形式与要求。另外，为了顺利开展研究，需要重视想法和主意，并了解科学研究的一些基本概念或要求。我们将在下面几节中分别讨论这些问题。

3.2 如何获取知识

研究生获取知识不仅仅只是为了拥有知识，而且需要为自己的研究和写作提供支撑，这就需要知道知识是使用什么方法得到的，且让自己掌握的知识具有系统性和专门性。我们从课堂学习知识时，能从授课老师那里了解到知识是怎么得到的，因为研究生授课老师一般都从事一线研究。另外，我们还会从文献补充知识，因为经过选择的文献中展示的知识能补充我们的课堂知识，让我们的知识具有系统性和专门性，并且文献中介绍的知识会强调用什么方法得到的。

3.2.1　知识的四个象限与研究生何时进入四个象限

研究生掌握知识的目的是为使用知识和创造知识做准备。为此，需要区分什么是已知的，什么是未知的。

唐纳德·拉姆斯菲尔德（Donald Rumsfeld）有一条关于已知与未知知识的语录，可以用图 3-3 所示的四个象限来理解。第一象限的一个例子是，人们已经知道宇宙中有黑洞这样一个事实。第二象限几个例子是：费马大定理已经被证明，第九位戴德金数已经被发现，约 10 万年以来的全球日平均气温极大值约为17.23 摄氏度，然而普通受教育者并不知晓这些已知知识。第三象限无法举例，因为我们无法说出我们什么都不知道的东西。第四象限的一个例子是，我们已经

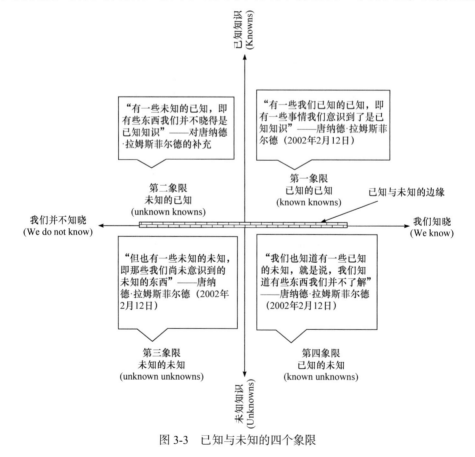

图 3-3　已知与未知的四个象限

知道存在暗能量这种我们并不真正了解的东西。

2005 年，迈克尔·舍默（Michael Shermer）在《科学美国人》上刊登的文章指出，虽然拉姆斯菲尔德的逻辑可能令人费解，但他的认识论足够健全，以至于他的语录在世界进化峰会（World Summit in Evolution）上得到部分学者的关注。例如，加州大学洛杉矶分校的古生物学家威廉·绍普夫（William Schopf）在一次关于生命起源的讲座上发表评论时借用拉姆斯菲尔德的语录提问："我们知道什么？还有什么未解决的问题？我们没有考虑到什么？"这篇文章还提到，关于已知和未知的争论是一门稳健科学的核心。文章由此得出结论，已知与未知相遇的地方，即图 3-3 上的横轴，是科学（研究）的起点。

在实施一项重大工程时，人们往往会借用拉姆斯菲尔德的说法：为了完成重大工程，我们已经清楚要用到哪些已知知识和哪些未知知识，同时不清楚还要用到哪些已知知识和哪些未知知识。研究生学习和探索知识的过程可能也是如此。

第 1 章已经指出，硕士生要求掌握坚实的基础理论和系统的专门知识，博士生要求掌握坚实宽广的基础理论和系统深入的专门知识，拥有这些特征的知识才能开展研究。

研究生课程可能会按公共基础课、基础理论课、专业课和任选课归类。一部分课程强调基础，一部分课程强调专门知识。公共基础课和基础理论课大多在一级学科范围内开设。部分课程可能面向多个一级学科，这类课程提供的知识面有利于研究生拓展视野，帮助他们从更广义的角度看待问题。需要在导师指导下选择的专业课和任选课往往聚焦于某个二级学科方向，便于研究生深入地掌握进行科学研究所需要的基础和专门知识。如果研究方向会跳出现有二级学科方向的束缚，那么还需要选修一些跨学科课程，通常可以跳到其他一级学科甚至跳到其他学科门类选课。

课程学习只是研究生知识来源的一部分，不足以为开展科学研究提供相对完整的知识体系。

由于研究生必须站在知识的前沿开展研究，而课程知识具有选择性和滞后性，因此需要从文献中获取更多与自己研究相关的知识。这些知识既包括正在不断更新的研究方法以及承前启后的研究结果，又包括研究问题的思路、发现问题的技巧，以及分析问题的策略。

研究生开展研究时，并不清楚需要用到哪些已知知识，更不清楚能够创造哪些未知知识。随着研究往前推进，他们会逐渐清楚要用到哪些已知知识，能够创造哪些未知知识。

3.2.2　熟悉获取和更新文献的方式

罗伯特·大卫·西格尔（Robert David Siegel）指出，站在一般角度，有九种基本方式获得所需要的文献：文章的参考文献列表，可靠的学术期刊，大众报刊，同事、教授和朋友，当前文献汇编（current contents），摘要汇编，引文索引（citation index），本地存储了文献信息的电脑检索，网络检索。

如果想了解一个主题的主要文献，一个不错的方式是寻找一篇近期的综述论文，因为综述论文一般会按研究主题、研究方法或理论分类给出重要文献及其主要发现，并指出已经解决的问题和尚未解决的问题。另一个办法是使用数据库进行检索，如 Web of Science 或其他搜索引擎。以文献检索系统 Web of Science 为例，可以通过输入一个或多个主题词来筛选主题词对应的文献列表。列表清单会列出论文标题、部分作者名单、发表日期（必要时含在线发表日期）、出版物名称、摘要、被引频次和参考文献数目。还可以查到每篇文章的详细作者列表、文章在出版物中的位置（卷和页码等）、关键词、作者单位信息、基金资助信息等。

如果想跟踪当前研究有哪些新的进展，最积极的方式是参与期刊审稿，或者主动与当前活跃的学者进行学术交流。通过这种方法，我们能提前看到待发表、即将刊登和刚刊登的论文。

查找文献可以分解为几个步骤：第一，找到文献的必要信息；第二，了解文献的主要思想；第三，获取文献。

必要信息包括论文作者、论文标题、出版物、出版年、卷与页码范围。这些必要信息会出现在一篇文章的参考文献目录之中，也会出现在检索系统之中。

主要思想是指对研究问题或背景、研究目的、研究方法、研究结果和研究结论的概括。这些信息会出现在一篇文章的摘要之中。与必要信息不同，摘要不会出现在论文末尾的参考文献目录之中，但会出现在检索系统之中。

获取文献有不同途径供选择。一些文献只有印刷版，一些文献只有电子版，也有一些文献既有印刷版也有电子版。对于电子版，除开放获取（open access）论文可以免费下载外，大多数文献需要付费（图书馆可能交付了费用），因此获取文献之前，应该确认有必要阅读哪篇文献。在下面介绍掌握阅读文献技巧时会进一步提到这个方面。

3.2.3　掌握有效面对文献的方法

为了提高阅读文献效率，需要掌握文献与教科书的区别，明确阅读文献的目的，评估文章的价值，掌握阅读文献的技巧，提升阅读重要文献的高度，用笔记来记录需要详细参考的文献中的要点。

读文献与看教科书往往有较大的区别。教科书承前启后地介绍相关知识，因此，我们从头到尾学习不会遇到不熟悉的内容。然而，每篇学术论文往往由我们熟悉的内容和不熟悉的内容构成。熟悉的内容包括常识、属于自己方向的专业知识，以及一些早期的研究结果和研究方法；不熟悉的可能是其他方向的专业知识、近期的研究结果和研究方法，以及论文作者带来的新的贡献。作为研究生，刚开始对部分常识性知识或专业知识并不熟悉。此时应从课程、教科书或专著去了解，而不是翻阅文献。对于本来不熟悉的内容，如果需要了解，那么从文献引用的文献去了解。

对于大多数文献，我们阅读的目的是找到并关注其中与自己相关的内容，而不是事无巨细地去了解去阅读每篇文献的所有细节。也就是说，对于每篇文献，需要限定阅读它的目标是什么。例如，如果阅读某篇文献的目标是熟悉其中的某个自己将要用到的研究方法，那么该文献中关于其他研究方法的介绍就不是重点阅读对象，甚至都不需要去理解它们。明确自己看某篇文献的目的，然后重点看其中相关的内容，除非跳过其他内容时会影响理解直接相关的内容。

为什么需要评估文章的价值？因为我们面对的文章太多了，只能阅读那些对自己有价值的文章。如何评估价值？罗伯特·大卫·西格尔指出可以从七个方面评估文章的价值：①文章是否足够有趣；②文章是否与自己的工作相关；③文章是否具有一般的重要性；④文章是否质量高且准确无误；⑤文章是否写得很清楚，是否至少经过合理的努力就能看懂；⑥文章是否内容丰富；⑦文章是否简短。

我们还需要掌握阅读文章的技巧，而不能像读小说或报纸文章那样去读期刊文章。按西格尔的说法：①学术论文的信息太过密集，以致无法通过简单阅读就能理解；②我们可能只对文章的某一方面感兴趣，而不是对整篇文章感兴趣（这类文章的特殊结构可以使人更容易找到所需的部分）；③对文章某一部分的理解往往需要向后或向前参考文章的另一部分。由于没有足够的背景知识、论文太复杂等原因，阅读文献往往有一定的难度。为此，在阅读文献过程中，需要准备字典来理解不熟悉的单词，需要阅读教科书补充必要的知识，需要从参考文献列表中给出的文献查找用到的新知识，甚至需要咨询专家（包括作者本人）。作为阅读文献的技巧，西格尔提出了阅读一篇文献的五阶段法则：在第一阶段，快速预览文章；在第二阶段，找准并理解关键词；在第三阶段，理解论文处理问题的方式；在第四阶段，首次初步阅读全文，理解其中的图和表；在第五阶段，加强理解。

2016 年，《科学》职业栏目发表了伊丽莎白·佩恩（Elisabeth Pain）就如何阅读论文的采访稿 "How to(seriously)read a scientific paper"。采访邀请了 12 位处于不同职业阶段和不同专业领域的科学家介绍他们是如何阅读文献的。采访提纲包括以下几点。①你如何阅读论文？②当有些东西你不明白时，你会怎么做？③你是否曾觉得阅读论文不堪重负，你如何应对？④你还有其他想分享的建议吗？从 12 位科学家的回答，我们可以了解人们在阅读文献时会碰到哪些问题，如何有效地面对，也就是如何掌握阅读文献的技巧。图 3-4 针对每个提纲挑选了一个答复。

阅读文献技巧

你如何阅读论文？

我的阅读策略取决于是哪篇文章。有时候我会先浏览一下，看看文章有多少内容是与我所进行的研究相关。如果它直接适用于我当前的主题，除了可能已经熟悉的引言我会仔细阅读这篇论文。但我总是想弄清楚是否有特别的地方或数字需要我密切关注，然后我去阅读结果和讨论中的相关信息。我也会检查是否有我感兴趣的参考资料。有时我好奇地想看看这个领域中有谁或者更有可能没有被引用，看看作者是否选择忽略研究的某些方面。我经常发现补充图形(supplementary figures)实际上提供了最令人好奇和有趣的结果，特别是如果结果涉及作者没有提及的领域的部分，或者如果他们不清楚或无助于他们对整个故事的解释。——Gary McDowell

你是否曾觉得阅读论文不堪重负，你如何应对？

如果这篇论文与我正在努力解决的问题有关，你可以肯定论文中有一些关键的东西我不明白。这种混乱不是麻烦，而是机会。我是无知的，我需要变得不那么无知。这篇论文可能对我有所帮助。同时，有些论文写得很糟糕，不值得费力去读。其他人肯定已经把概念写得更清楚了，这样我就可以把我的困惑集中在理解实质而不是糟糕的语法上。——Nosek

你还有其他想分享的建议吗？

如果有一篇我想彻底理解的开创性论文，我会想办法做一篇关于它的杂志俱乐部式（journal club-style）的介绍。谈论特定的论文和回答问题是我学习资料的最好方式。此外，还需要找到一个好的参考文献管理工具。"Mend-eley"这个软件可以很好的帮助我做研究，阅读文献，以及写论文。——Colucci

当有些东西你不明白时，你会怎么做？

这取决于不可理解的部分在多大程度上阻止了我去关注主要论点。我通常不会在第一次看文章时试图理解所有章节的所有细节。如果不可理解的部分对我的研究很重要，我会试着问同事，甚至直接联系主要作者。因为时间有限，所以回到最初的参考文献获取所有的背景信息是最后的手段。合作或个人直接联系作者在解决具体问题时效率更高。——Tubiana

图 3-4　阅读文献技巧选择性回复

对于重要论文，Papermasters 网站指出，可以从 11 个方面提高阅读文献的高度。①了解这本书或这篇文章与我正在写的具体论文或问题有什么关系。②检查论文是否提出了问题，检查目标是否明确，作者是否给主题带来了新的知识。③检查论文是否对主题给出了明确的定义，阐明了其意义（范围、严肃性、相关性），是否采取了适当的措施来确保研究的意义和目的明确。④思考是否可以从另一个角度更有效地处理这个问题，论文给出的方法真的是解决这个问题的最好方法吗？⑤了解作者的侧重点（orientation）是什么，例如，论文侧重于解释、批判还是组合。⑥了解作者的理论框架是什么。⑦了解理论视角和研究视角之间的关系是什么。⑧作者是否评估了与问题相关的文献？⑨观察研究设计的基本组成部分(如数据可靠性、分析的理论深度和下结论的客观性）有多好。⑩推理是否有客观依据。⑪作者是如何构造论点的，可以试探"解构"论点的流程，看看它在逻辑上是否或在哪里崩溃（例如，在建立因果关系时）。对这 11 个方面的思考，可以帮助我们了解这本书或这篇文章在哪些方面有助于我们理解所研究的问题，在哪些方面对实践有用，优势和局限是什么。

对于需要详细使用的文献，可以按利兹大学的玛丽·普鲁甘南（Mary Purugganan）和简·休伊特（Jan Hewitt）的建议记笔记，以记录图 3-5 所示的内容。

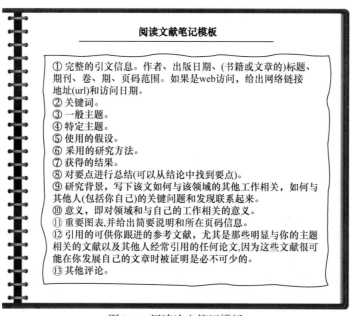

阅读文献笔记模板

① 完整的引文信息。作者、出版日期、(书籍或文章的)标题、期刊、卷、期、页码范围。如果是web访问，给出网络链接地址(url)和访问日期。
② 关键词。
③ 一般主题。
④ 特定主题。
⑤ 使用的假设。
⑥ 采用的研究方法。
⑦ 获得的结果。
⑧ 对要点进行总结(可以从结论中找到要点)。
⑨ 研究背景，写下该文如何与该领域的其他工作相关，如何与其他人(包括你自己)的关键问题和发现联系起来。
⑩ 意义，即对领域和与自己的工作相关的意义。
⑪ 重要图表，并给出简要说明和所在页码信息。
⑫ 引用的可供你跟进的参考文献，尤其是那些明显与你的主题相关的文献以及其他人经常引用的任何论文，因为这些文献很可能在你发展自己的文章时被证明是必不可少的。
⑬ 其他评论。

图 3-5　阅读论文笔记模板

记下的笔记可供日后查阅和写文章时拷贝，这样以后引用文章时就可以避免意外抄袭。

有目的性的文献阅读不仅能补充我们欠缺的知识，也能给我们带来一些其他东西，例如：

(1) 一篇文章在介绍某个问题研究时引用了另外一篇文献，被引用的文献涉及的内容也可能对自己工作有所帮助。

(2) 研究中遇到了一些术语、概念和方法等不熟悉的知识，一些文献会提供解答。

(3) 现有文献会明确或暗示已有工作的不足，因此可以从阅读文献找到新的研究问题。

(4) 现有文献会介绍有哪些研究方法和哪些研究结果，可以被自己使用或借鉴。

(5) 现有文献会针对相似或相近问题介绍研究思路，可以给自己解决问题带来灵感。

(6) 阅读不熟悉的主题的文章，了解相关问题的定义、研究方法和主要研究结果，有可能给自己的研究工作带来启发。

(7) 通过阅读文献，可以了解到一些课本内和课本外的通用知识如何与研究相结合，如何用于整理和讨论研究结果。

3.2.4　知识的理解与隐性知识，理解力

如果把知识看成是一门语言，那么理解知识就如同我们理解书面语言和口语一样。然而，就像到了不同阶段我们理解语言的能力会提高一样，当我们进入研究生学习，我们理解知识的能力会有升华，就像本·奥林（Ben Orlin）在 *Popular Science* 上的文章所指出的，数学家看待数学有不一样的视角一样。首先，我们会对知识形成智力图像（mental image），在阅读新的知识时，在所阅读的内容和我们已知的东西之间建立联系。知识本身表面上对谁都一样，但不同人理解的深度和准确度可能有差异。作为研究生，我们学习新知识的很重要一条就是加强理解知识的深度和准确度，以便为创造新的知识做准备。

以上所说的是关于显性知识的理解。显性知识是那些从课堂、图书馆和数据库得到的可以通过媒介记录和传播的知识。我们熟悉的显性知识的例子有：1 小时有 60 分钟，水的沸点是 100℃，物体沉入水中会受到水的浮力，直角三角形的三条边长满足勾股定理。现实世界中的任何东西都存在可以用显性知识表达的元素。这些显性知识很容易分享、储存、表达和学习。

除了以不一样的深度和准确度理解显性知识，研究生会逐渐理解到积累自己隐性知识的必要性和重要性。隐性知识是隐含在个人头脑中的知识，是人们头脑中掌握的经验、技能和想法等。隐性知识往往没有被编纂或记录下来，因此很难分享和学习。

史密斯（Smith M K）在 "The encyclopedia of pedagogy and informal education" 上关于隐性知识的词条中指出，对科学哲学和社会科学都做出了深刻的贡献的迈克尔·波拉尼（Michael Polanyi）于 1956 年提出了隐性知识（tacit knowledge）的概念，其思想的核心是相信创造性的行为特别是发现行为是一种洞察力行为，这种行为一针见血，或充满强烈的个性化特征。往下我们从史密斯、伊曼·拉斯特加里（Iman Rastegari）、TacitKey、亚历山大（Alexander），以及乌代米（Udemy）

等的文章总结出关于显性与隐性知识的更多概念。

书本上可以写清楚许多音乐知识，但如何像贝多芬那样谱写交响曲，则很难从书本上学来。书本上的音乐知识是显性知识，贝多芬则掌握了独一无二的谱写交响曲的隐性知识。推销员的销售技巧、医生的临床经验和科学家的创新思维等都是隐性知识。

据瓦妮莎·洛布（Vanessa Lobue）的文章，我们通过观测、学习和经历，会产生各种记忆，除了自然产生的自传式记忆外，还有语义记忆和程序式记忆。语义记忆也称为事实记忆，例如苹果的颜色、大小、口感、生成季节等。程序式记忆是过程记忆，例如，苹果下落过程。有的程序是有普适规律的，例如任意物体自由下落的速度越来越快，且加速度是恒定的。有的程序是不唯一的，例如不同人上学的经历。语义记忆和有普适规律的程序性记忆属于显性知识，从过程不唯一的程序形成的程序记忆属于隐性知识。

我们读研的最重要目的是创造，创造性张力来自于理性和批判性的审视，以及其他更"默契"的认知形式。这种知识就是隐性知识。之所以称之为隐性，是因为隐性知识难以表达和交流，是隐藏起来的知识。

现在归纳一下显性知识与隐性知识的特征。显性知识往往是确定的、概念清晰的。隐性知识则很含糊，更像是种能力。每条显性知识属于全世界，每条隐性知识则属于个人或少数人。一个人的隐性知识来源于言传身教和自我体验与思考，但完全复制别人的隐性知识是不可能的。例如，一名音乐家的弟子可以从音乐家那里吸收灵感，但他不会成为音乐家的复制品。弟子从音乐家那里可以吸收一部分隐性知识，但最终属于自己的隐性知识是与自身悟性相结合的混合体。隐性知识的作用依赖于发挥。显性知识最大的特征是可以量化。虽然当今是知识大爆炸的时代，但显性知识的数量是有限的。人在一生中掌握的显性知识更是有限的。隐性知识则无法量化。例如，骑自行车的技能属于隐性知识，遇到各种情况有自己的处理方式。也许可以把这种隐性知识看成是由无限多个显性知识组成，但临场发挥时只用到了有限多个，而且不知道如何表述当时是如何用到的。

做研究时，只有诞生主意，才能达到目标。但诞生一个主意需要隐性知识。作为研究生，主意可能首先来自于导师，但随着隐性知识的积累，终有诞生自己主意的一天。我们首先不知道如何诞生主意，如何完成研究工作，因为书本和文章不会介绍如何获取隐性知识。

一名学者越资深，其隐性知识就越有价值。注重隐性知识的学者更容易获得成功。那么，如何更有效地积累隐性知识呢？这很难说清楚，因为这个问题本身就是隐性知识，并且每人的经历不一样。虽然如此，以下一些建议似乎有一些道理。

（1）从阅读中启发隐性知识。

阅读文献时注重别人对研究过程和分析过程的描述。因此，需要多阅读那些有研究过程交代的文献。虽然文献作者无法准确地表述隐性知识，但文章的字里行间还是会透露出一些信息。我们在阅读中可以想象自己在完成同样工作，并吸收灵感。比如说，在阅读文献中方法介绍时，注重理解其中的步骤，甚至想象自己如何重复这一过程。

（2）通过打交道吸收隐性知识。

导师拥有许多与自己经历相关的隐性知识，与导师交流、讨论是一种吸收隐性知识的有效途径。导师如何管理文献，如何组织一篇文章的内容，如何启动一项研究，如何处理一件事情，如何解决一个关键技术，如何渡过一个难关等，都会展示隐性知识，都有值得自己吸收的细节。

（3）通过将独自思考与密切交流相结合来产生自己的隐性知识。

有一种说法，澡堂是所有科学家最擅长思考的地方；还有一种说法，饮水机边上的讨论最容易擦出火花。沐浴可以让人安静思考，饮水机边则是良好的互动场所。这两个说法结合起来，就是应将独自思考与交流相结合。静与动的有效结合会让自己吸收隐性知识的过程有节奏感。

研究生阶段最重要的乐趣是见证主意的诞生。反映隐性知识最高境界的主意的诞生过程应当是神秘的。有的主意使得问题得以解决，有的主意不仅使得本来的问题得以解决，还会引起意外的发现。

3.3　提出研究问题

研究问题是想要研究的特定问题或关注点。有了研究问题才能开展研究。研究生需要具备开展研究甚至独立开展研究的能力，其中，提出研究问题也是研究的一部分。

3.3.1　研究问题的定义、要求与选择

研究问题是可以通过研究解决的问题，并且应该足够窄，可以管理。穆罕默德·哈桑（Muhammad Hassan）在 researchmethod 网站上刊登的文章"Research problem-types，example and guide"中指出，研究问题由主题、目的、研究内容和假设组成，提出研究问题时，需要考虑问题是否能够通过研究来解决，能从该问题的研究给出什么有意义的信息，以及有哪些可用资源来解决研究问题。

哈桑还指出，一个好的研究问题应该具备以下品质：它会引起研究人员的兴

趣；它对一个领域很重要；它足够复杂，需要详细的解答；它能够考虑到你可用的资源；它应该是可以管理的，并且在你完成研究的时间范围内是可行的。

有趣问题的有趣性可以从相关理论的有趣性得到反映。默里·S·戴维斯（Murray S. Davis）在其论文[1]中指出，否定读者的一些已有假设的理论属于有趣理论，证实一些已有假设的理论则可能不有趣。提出有趣的问题才能建立有趣的理论。

马茨·阿尔维森（Mats Alvesson）和约尔根·桑德伯格（Jörgen Sandberg）也指出[2]："人们越来越认识到，一个理论之所以有趣和有影响力，是因为它以某种重要的方式挑战了我们的假设。然而，找到研究问题的既定方法意味着发现或构建现有理论中的差距，而不是挑战它们的假设。"为此，他们提出了一种称之为问题化（problematization）的提出研究问题的方法，用于识别和挑战现有文献中的假设，并在此基础上制定可能导致更具影响力的理论的研究问题。

正确地定义和简化问题对解决问题非常重要。找到问题的正确答案必须以找对问题为出发点。凯蒂·哈芙纳（Katie Hafner）于 2022 年发表在《科学美国人》上的文章 "NASA's Satun V rocket, the moon rock box and the woman who made them work properly" 中提到，被誉为 "阿波罗计划" 故障清理者（troubleshooter）的科学家伊冯·Y·克拉克（Yvonne Y. Clark）在解决 F-1 火箭发动机过热问题方面有杰出贡献。她解决问题的逻辑是：一个问题若看起来无法解决，很可能是因为人们并没有正确地提出问题。她认为，正确的答案必须以正确的问题为起点。由于对问题的重视，她得到了这样的赞许——能把一个看似复杂的问题简化为本质性问题。她解决的不是问题（problem），而是问题中的疑问（question）。

研究问题有大小之分、难易之分，这就涉及研究问题的选择问题。

桑托·福尔图纳托（Santo Fortunato）等在 "Science of science" 一文中，专门介绍了研究问题的选择[3]。他们把研究问题分成两大类：传统研究问题和创新问题。文章援引其他研究指出，科学家对研究问题的选择是由这样一种博弈决定的——是进行保守的传统研究，还是承担风险，开展创新研究。下面是他们文章的一些要点。

传统研究问题趋于保守，用于巩固现有知识。坚持自己领域的研究传统的科学家通常会通过源源不断的贡献来推进一个领域的研究。传统研究是富有成效的。随着领域的成熟，研究人员往往越来越关注已建立的知识。传统研究思路会限制研究人员的创新能力，即限制提出有助于增长该领域知识所必需的创新想法的能力。

发表创新问题研究成果往往比保守问题产生更大的影响，但也带来更高风险，因为创新更容易失败，这种失败很难因为只颁给这种创新研究的奖励得到弥补。与既定假设不符的负面结果很少被发表，这导致已发表研究中可能会出现系统性偏见，甚至将薄弱的、虚假的事实奉为经典。几代科学家可能已经对更具风险的假设进行了测试，但我们只知道那些成功到足以发表论文的假设。

研究生修业年限有限，选择创新性强的问题（如挑战现有假设的问题）需要具有冒险精神。

3.3.2　共性问题举例：悖论与理解力

不同领域的问题往往有一些共性的子问题，悖论（paradox）就是这样的共性问题。依据 *Oxford Learn's Dictionaries*，悖论是一种看似荒谬或自相矛盾的陈述或命题，经研究或解释后可能被证明是有充分根据或正确的；悖论也可以是一种陈述或命题，尽管从可接受的前提出发进行了合理（或表面上合理）的推理，但却得出了一个似乎毫无意义、逻辑上不可接受或自相矛盾的结论。

在我们开展研究的过程中，如果得到一个结果或结论看似符合悖论的一般性定义，那么有可能将其转换成一个新的可研究的问题。

悖论广泛存在于各个学科之中，也吸引了大量研究者的关注。我们可以从相关论文发表数据来理解悖论问题的普遍性。

在 Web of Science 数据库中，当前能搜索到的以悖论为主题词的文章接近 10 万篇（2023 年 7 月 15 日为 98504 篇），且近期每年增加 5000 篇以上。图 3-6 是在数据库中按学科方向排名前 25 个学科，使用悖论作为主题词搜到的文章数量。数学方向 11373 篇，商业经济学 11286 篇，物理学 9316 篇，心理学 9044 篇，生物化学分子生物学 8987 篇，行为科学 8734 篇，计算机科学 7653 篇，心血管系统心脏病学 7259 篇，环境科学生态学 7070 篇，科学技术其他主题 6688 篇，社会学 6521 篇，哲学 6140 篇，工程 5826 篇，政府法 5688 篇，力学 5684 篇，生理学 5667 篇，遗传学与遗传 5455 篇，营养饮食学 5326 篇，卫生保健科学服务 5205 篇，社会科学其他主题 5102 篇。其中，数学和商业经济学占比均超过 11%。

悖论问题往往是反直觉的，下面举两个例子。

生日悖论。查尔斯·Q·崔（Charles Q. Choi）介绍了生日悖论。针对"一个随机的人群必须有多少人，才能有 50% 的机会让至少两个人同一天分享生日？"这样一个问题，许多人直觉地猜测是 183 人，因为这是所有可能的生日的一半，并且因为一年中通常有 365 天。然而，依据统计学家弗罗斯特（Jim Frost）的计算，正确的答案是 23 人。

性别代表性悖论[4]。女孩和女性在科学、技术、工程和数学（science technology engineering mathematics，STEM）领域的代表性不足，虽然她们在科学方面的表现与男孩相似或优于男孩。于是性别不平等（或歧视）被认为是女性

论文数超过2000	论文数500~2000	论文数小于500
Mathematics 11373 11.546	Astronomy Astrophysics 1920 1.949	Urban Studies 499 0.507
Business Economics 11286 11.457	Optics 1919 1.948	Ophthalmology 491 0. 498
Physics 9316 9.457	Toxicology 1845 1.873	Biomedical Social Sciences 483 0.490
Psychology 9044 9.181	Religion 1777 1.804	Forestry 461 0.468
Biochemistry Molecular Biology 8987 9.123	Anatomy Morphology1767 1.794	Film Radio Television 456 0.463
Behavioral Sciences 8734 8.867	Materials Science 1580 1. 604	Rehabilitation 449 0.456
Computer Science 7653 7.769	Agriculture 1576 1.600	Substance Abuse 447 0.454
Cardiovascular System Cardiology 7259 7.369	Food Science Technology 1523 1.546	Music 426 0.432
Environmental Sciences Ecology 7070 7.177	Information Science Library Science	Virology 421 0.427
Science Technology Other Topics 6688 6.790	1489 1.512	Crystallography 402 0.408
Sociology 6521 6.620	Biodiversity Conservation 1442 1.464	Development Studies 401 0.407
Philosophy 6140 6.233	Ethnic Studies 1410 1.431	Spectroscopy 391 0.397
Engineering 5826 5.914	Plant Sciences 1410 1.431	Parasitology 388 0.394
Government Law 5688 5.774	Microbiology 1384 1.405	Microscopy 374 0.380
Mechanics 5684 5.770	History Philosophy Of Science 1340	Biotechnology Applied
Physiology 5667 5.753	1.360	Microbiology 364 0.370
Genetics Heredity 5455 5.538	Linguistics 1263 1.282	Medical Informatics 363 0.369
Nutrition Dietetics 5326 5.407	Geology 1261 1. 280	Anesthesiology 354 0.359
Health Care Sciences Services 5205 5.284	Developmental Biology1259 1.278	Veterinary Sciences 353 0.358
Social Sciences Other Topics 5102 5.179	Gastroenterology Hepatology 1257 1.276	Dentistry Oral Surgery Medicine 347
Literature 4961 5.036	Biophysics 1251 1.270	0.352
Pharmacology Pharmacy 4910 4.985	Medical Laboratory Technology 1191	Transplantation 347 0.352
Endocrinology Metabolism 4810 4.883	1.209	Theater 334 0.339
Neurosciences Neurology 4484 4.552	Meteorology Atmospheric Sciences	Robotics 333 0.338
Education Educational Research 4429 4.496	1159 1.177	Architecture 326 0.331
Cell Biology 4167 4.230	Radiology Nuclear Medicine Medical	Entomology 324 0.329
Public Environmental Occupational Health	Imaging 1120 1.137	Acoustics 313 0.318
4077 4.139	Physical Sciences Other Topics 1077	Physical Geography 311 0.316
Pathology 3941 4.001	1.093	Paleontology 309 0.314
Geriatrics Gerontology 3608 3. 663	Women S Studies 1048 1.064	Critical Care Medicine 306 0.311
Chemistry 3364 3.415	Thermodynamics 1040 1.056	Rheumatology 280 0.284
Public Administration 3240 3.289	Urology Nephrology 1035 1.051	Legal Medicine 259 0.263
Immunology 3181 3.229	Marine Freshwater Biology 1033 1.049	Allergy 242 0.246
Zoology 3180 3.228	International Relations 1013 1.028	Archaeology 220 0.223
Demography 3159 3.207	Obstetrics Gynecology 978 0.993	Asian Studies211 0.214
Life Sciences Biomedicine Other Topics	Cultural Studies 971 0.986	Emergency Medicine 202 0.205
3116 3.163	Geochemistry Geophysics 907 0.921	Mycology 195 0.198
General Internal Medicine 3074 3.121	Family Studies 852 0.865	Polymer Science 190 0.193
History 2977 3.022	Area Studies 846 0.859	Construction Building Technology
Respiratory System 2948 2.993	Energy Fuels 838 0.851	155 0.157
Hematology 2826 2.869	Telecommunications 804 0.816	Otorhinolaryngology 151 0.153
Social Issues 2602 2.642	Art 792 0.804	Women Apos S Studies 145 0.147
Oncology 2496 2.534	Orthopedics 766 0.778	Fisheries 135 0.137
Communication 2477 2.515	Operations Research Management	Imaging Science Photographic
Arts Humanities Other Topics 2456 2.493	Science 716 0.727	Technology 132 0.134
Pediatrics 2399 2.435	Dermatology 695 0.706	Metallurgy Metallurgical
Research Experimental Medicine 2388 2.424	Instruments Instrumentation 689 0.699	Engineering 128 0.130
Anthropology 2371 2.407	Sport Sciences 688 0.698	Nuclear Science Technology 126 0.128
Mathematical Computational Biology	Nursing 681 0.691	Integrative Complementary
2284 2.319	Water Resources 607 0.616	Medicine 119 0.121
Evolutionary Biology 2281 2.316	SocialWork 601 0.610	Audiology Speech Language
Reproductive Biology 2269 2.303	Automation Control Systems 578 0.587	Pathology 114 0.116
Geography 2195 2.228	Criminology Penology 538 0.546	Classics 114 0.116
Surgery 2152 2.185	Medical Ethics 526 0.534	Electrochemistry 94 0.095
Infectious Diseases 2114 2.146	Oceanography 524 0.532	Mining Mineral Processing 94 0.095
Psychiatry 2099 2.131	Transportation 517 0.525	Mineralogy 66 0.067
	Mathematical Methods In Social	Tropical Medicine 66 0.067
	Sciences 514 0.522	Dance 54 0.055
		Remote Sensing 42 0.043

图 3-6　以悖论作为关键词的论文数量以及百分比（截止到 2023 年 7 月 15 日）

代表性不足的原因。然而，矛盾的是，研究发现，如果一个国家的性别越平等，那么代表性不足的情况反而会越严重，即在相对学术实力和 STEM 学位追求者数量的性别差异就越大。

　　布洛克（Brock S）和格拉斯哥（Glasgow J）对悖论的普遍性、悖论的各种概念以及悖论引出的问题进行了讨论，并发现悖论问题本身就存在悖论[5]。他们考虑了三个命题。

命题一是本体论命题（the ontological thesis）：存在悖论。

命题二是概念性命题（the conceptual thesis）：悖论是这样一组相互矛盾的主张，从理性上也可以允许这种情况出现，即使意识到这组主张作为一个整体是相互矛盾的，但其中一组相互不矛盾的子集同时发生是有可能的。

命题三是规范性命题（the normative thesis）：如果 A 会牵引出 B，那么从理性上不可能出现这种情况，一个了解这一牵引关系的行为主体，遇到 A 比 B 更有可能发生的情况。

关于悖论的悖论是这样的：这三个命题共同构成了悖论的悖论——它们中的任何两个的结合都是合理的，但概念性命题和规范性命题一起意味着不存在悖论，这一结论直接与本体论命题相矛盾。

我们知道，一些著名的作家或演说家会在他们的作品中使用悖论。原来，悖论也是一种有效的文学工具，可以用来检验或挑战一个人理解力的极限。在文学作品中引入悖论，会对喜欢思考和理解的读者产生意想不到的效果。对于学术研究问题，悖论问题的理解和研究同样需要理解力。如果面对悖论本身就需要超强的理解力，那么布洛克和格拉斯哥果提出的悖论的悖论可能会进一步挑战我们理解力的极限。

3.3.3　研究问题的来源

一般情况下，不同学科有不同问题来源。例如，自然科学问题来自于自然本身，工程科学问题来自于社会发展的需求，人文与社会科学问题是关于人的问题（包括实践问题与方法问题）[6]。

一些重要现象可能被许多看似完全不一样的学科或研究关注。例如，博克斯（Box SJM）等发表在 *Nature Human Behavior* 上的关于未来人类行为的研究的文章指出[7]，人类行为是复杂且多方面的，社会科学和自然科学的广泛学科都在研究人类行为，这些学科或研究包括人工智能、人类学、传播和媒体、计算社会科学、犯罪学、行为经济学、发展经济学、政治学、认知心理学、文化与社会心理学、发展心理学、科学学（science of science）、社会学、环境科学、文化进化学、遗传学、社会和情感神经科学、神经学、精神病学、流行病学等。有些问题为什么需要许多学科介入？还是以人类行为为例，按照博克斯等的说法，不同学科或研究的共同参与，可以提高生态有效性和代表性的多样性，有助于应对从新技术、互动模式和社会政治动荡到疾病、贫困、饥饿、不平等和气候变化等紧迫的社会挑战，每个学科通过融入其他学科的见解和方法以打破学科的筒仓，取得更大进展。

　　一个对象的研究可能有多个方面值得关注，不同方面又构成不同的研究问题。作为一项具体研究的例子，我们假想观察到了一个现象，然后对该现象进行具体研究。按照默里·S·戴维斯的论文[1]，对于一个孤立的现象和多个现象，分别有图 3-7 所示的七个问题和图 3-8 所示的五个问题值得研究。对于两个现象之间的因果关系，详细介绍见 3.4.4 节。

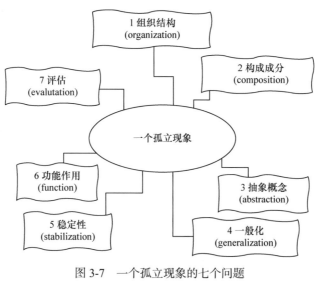

图 3-7　一个孤立现象的七个问题

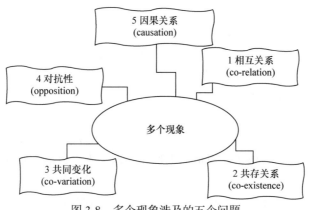

图 3-8　多个现象涉及的五个问题

　　有些问题很大很综合，会分解出不同的问题。以探索飞行为例，会分解出控制、液压、维修、气动、结构、电气、仪器仪表、动力、生产、制造等多个部门的研究与协作的问题[8]。

　　有些问题很深奥很重要，属于达成了共识的大科学问题。例如，人们就数学科学、化学、医学与健康、生物、天文学、物理学、工程与材料科学、信息科学、神经科学、生态学、能源科学以及人工智能等 12 个领域相关的 125 个科学问题的重要性达成了共识。其中有关生物学的一个问题是：我们能阻止自己衰老吗？

研究生关注的研究问题可以来源于这些大科学问题，也可能来源于综合问题的一部分。一些问题是现有研究遗留的问题，也有一些是原始创新驱动和探秘未知世界的冲动导致的意想不到的问题。

多问问题（ask questions）并思考可能的答案（answer）可以帮助提出研究问题（research problem）。全面地问问题可以引出问题的基本构成。例如，针对地球生命起源这一问题，我们会问：我们是谁，我们从哪来，我们要到哪去，我们在宇宙中是否孤独，生命在宇宙中是极其罕见还是普遍存在。一般情况下，当我们提出一个问题时，我们也会问：问题本身是什么，问题怎么来的，问题的研究对未来有何作用或者问题的解决会引领未来如何发展，问题是孤立的吗，问题具有普遍意义吗。这些都是问题的基本构成，在一系列研究中，我们往往要回答这些基本问题。

具体到研究生本人的研究问题可以有两个基本来源：来源于他人，来源于自己。

至少有七种情形，研究问题来源于他人：

（1）自己的导师或项目主管给出的问题。

（2）他人论文中指出的遗留问题。通过广泛阅读相关方向的文献，容易发现遗留的研究问题。一些综述论文可能会总结待解决的问题。

（3）公认待解决的问题，如 125 个大科学问题。

（4）其他同行给出的问题。一些同行在研究过程中可能会给其他有不一样专长的同行提出问题，与人合作或积极参加学术交流可能会遇到此类问题。

（5）任务指南指定的研究问题。一些基金、研究计划会发布研究问题。某些重大研究的指南是一个专家组结合国家或社会需求提出的，往往包含许多需要研究的问题。

（6）企业、社会或政府提出的需求。例如，一些遇到卡脖子问题的企业，往往会提出研究问题，寻求与学术界合作解决。又如，研究人员非常关注人工智能的发展，尤其是 ChatGPT 的使用如何改变研究人员的行为与效率。再如，在就业率低下的时代，关注就业的政府可能会提出采用什么措施既保证提高就业率又不降低最低工资。研究生参与此类项目，至少可以获得研究问题来源。

（7）突发事件引出的问题。例如，公共安全事件会提出解决问题的需求，如研制某类疫苗等。

相比于上述来源，以下三种情况属于研究问题来源于自己，即自己发现的研究问题：

（1）通过批判性思维提出研究问题。这是一种很直接提出问题的方法。

（2）由应用驱动引出的问题。如掌握了一套基本理论或工具，将其应用于解决某类实际问题。应用数学、应用物理学等通过与其他专业或学科交流，很容易想到应用研究对象。

（3）启发或突发灵感导致的问题。潜心学术研究，可能会从别人的工作得到启发，想出意想不到的研究问题。或突发灵感，找到一个有价值的研究主题。

3.3.4　研究目的，研究假设

有了研究问题，还需要提出研究目的甚至研究假设，才能开展具体研究。例如，就意识是如何产生的这一引起神经科学家和哲学家注意的重大科学谜题，人们提出了多种假设，其中整合信息理论（integrated information theory）和全局工作空间理论（global network workspace theory）是两个主流假设[9]。

研究目的需要在研究问题本身与研究人员自身条件之间取得平衡。实现研究目的首先对研究问题本身有意义，可以推进对研究问题的认识。除此之外，能达到的目标与研究人员的学科基础、研究条件等有关。考虑到两者的平衡后，就能明确目的，并分解出可以具体开展研究的工作。

通过提出研究假设可以进一步明确研究目的，让研究目的得以实现。有时，提出大胆假设是开展研究的第一步。

按照安东尼（Antony W）发表在 helpforasessment 网站上的文章 "Research questions vs hypothesis: Understanding the diference between them"，假设是一种你可以去证实或反驳的陈述或说法，如果假设是真的，那么它必须经过反复的检验和验证，如果假设被否定，那么就可以寻求另外一个假设。就像研究问题一样，假设不仅应该清晰易懂，而且应该有明确的重点、可回答的问题，并与你的研究领域相关。

对于同一问题，不同学科、不同背景的研究人员关注点不一样，因此会提出不一样的假设，每人沿着自己的假设开展工作。一些好的假设需要基于文献研究、初步思考，甚至前期研究才能形成。

例如，如果遇到一个现象需要研究，有人会假设该现象存在稳定性问题，然后围绕稳定性问题进行研究。如果最终发现没有稳定性问题，那么这个假设就不成立。有人会假设该现象有某种功能与作用，于是去研究该现象的功能与作用。

如果遇到一个问题涉及几种现象或因素之间的关系，那么有人会假设有相关性，开展相关性研究；也有人会假设有因果关系，然后围绕因果关系进行研究。

从研究问题提出研究目标或研究假设，形成最终要研究的具体内容，是由问题到具体研究工作的桥梁。可以这样说，研究目的或假设就是研究问题的进一步限定，是朝着可以回答或给出具体答案的方向的限定，无论答案是肯定的还是否定的。一些问题的研究假设可以按范式预先设定。例如，两个因素之间要么有因果关系、要么没有，这样就可以提出有因果关系的假设或没有因果关系的假设。一些问题需要基于预先研究或观察才能形成研究假设，例如经过观察并依据初始结果发现在有限条件下存在某种规律，然后把更多情况下也存在这种规律当作假设来开展进一步研究。

据《上海观察》援引《泰晤士报》的消息，荷兰生态学家杰西·康克林（Jesse Conklin）在观察到鸟类迁徙的一些异常现象后，提出了这样的假设——人类活动可能在破坏斑尾塍鹬的生存环境。检验这一假设就构成了具体的研究内容。顺便指出，杰西·康克林因发现斑尾塍鹬小鸟 11 天零 1 小时能飞越 13500 公里而著名。

约书亚·D·安格里斯特（Joshua D. Angrist）和吉多·W·伊本斯（Guido W. Imbens）凭借对因果关系分析的方法学贡献获得 2021 年的诺贝尔经济学奖。他们研究的问题之一是就业率的影响因素，研究假设是提高最低工资不会影响就业率。

宇宙中存在暗物质与暗能量是引起科学家极大关注的假设。人们认识到，按经典宇宙模型，宇宙不可能维持被观测到的结构，星体之间提供的引力不足以维持星系的当前形态。为了解释这一反常现象，人们提出了存在可以提供更多引力的暗物质的假设。人们还观测到宇宙不仅在膨胀，而且在加速膨胀，这又不符合现有理论模型，因为星体之间的引力按理会逐渐减缓膨胀速度。为了解释这一现象，人们又提出了存在产生斥力的暗能量的假设。基于这些假设的宇宙模型称为 λ-冷暗物质模型[λ 是宇宙学常数，是一种似乎导致宇宙以加速膨胀的力，科学家认为它与神秘的暗能量有关或表现在神秘的暗能源中，冷暗物质（cold dark matter，CDM）通过引力与正常物质相互作用]。研究宇宙形成、演化和结构的宇宙学家使用这个模型解释为什么一切都是这样。然而，到目前为止，还没有直接观测到暗物质与暗能量，因此证实这些假设是当今一项重大研究任务，欧洲航天局为此发射了欧几里得空间望远镜（Euclid space telescope），该望远镜将试图绘制这种看不见的东西的地图。

3.4　经过系统训练掌握研究方法

表面上看，不同学科、不同方向，甚至不同个人为了解决问题所使用的研究方法不一样，尤其在细节上会千差万别，但还是有一些统一的视角来让我们认识如何面对研究方法，并获得一些原则性指导。

3.4.1　掌握理论类与物质类研究工具的重要性

我们需要使用研究工具开展研究，研究工具可以简单分为理论类工具和物质类工具两大类。这里所说的理论类工具是进入我们思维的工具，物质类工具则属于"身外之物"。如图 3-9 所示，理论类工具和物质类工具可以独立地用于做研究并输出结果，也可以结合起来做研究并输出结果，还可以结合人工智能等辅助工具（手段）来输出结果。有的研究可能只使用理论类工具，有的使用物质类工具，更多的可能将两者相结合。

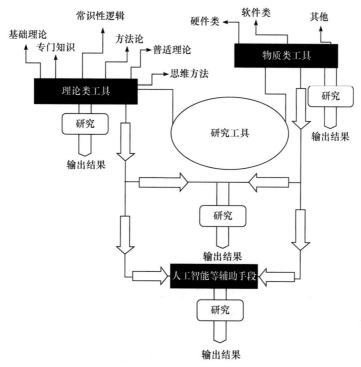

图 3-9 研究工具分类与输出结果的方式

1. 理论类工具

理论类工具包括：①方法论；②常识性逻辑；③与自己学科相关的基础理论与专门知识；④有一定通用性可以跨越多个学科的普适理论；⑤下结论的思维方法。需要通过理解来掌握理论类工具。非常有趣的是，理论类工具一般是可理解的。

适当了解方法论的一些知识可以拓展我们对自己的具体的研究方法的认识，用更宽广的视野和更逻辑的思路来面对研究方法。部分相关知识将在 3.4.2 节介绍。

无论我们开展哪个学科哪个方向的研究，一些常识性逻辑推理概念是通用的，不仅需要经常用到，而且不能出现逻辑错误。只有具备基本的逻辑推理能力，才能从研究结果归纳出重要结论，才能从一般理论得出具体结论，才能寻找原因和预测影响。一些逻辑推理概念将在 3.4.3 节介绍。

从我们的培养计划中可以看到一些与基础理论与专门知识相关的课程，还有一些需要在研究过程中随时从文献补充。应在导师指导下来达成这方面的研究。研究生答辩时，会被检查是否掌握了坚实甚至宽广的基础理论和系统甚至深入的专门知识。只有掌握一定量的常识性知识，以及自己研究相关的基础理论和专门知识，才能看懂其他研究人员的文献，才能做研究现状分析，才能开展研究获得有价值的研究结果，才能对结果进行分析与讨论。

掌握具有一定通用性的理论有助于自己的研究跨越学科的界限，拓展自己的研究范围，并让研究有深度。理工科的数学物理方法是具有一定通用性的理论工具的一个例子。纤维丛理论也是这样一个例子。它通过将拓扑空间分解为更简单的结构，使我们能够更深刻地理解空间、时间、相互作用、能量和物质之间的关系，因而在数学、物理学、经济学、信息科学、交通科学、社会管理学、环境和天文学中有广泛应用[10]。在 3.4.4 节介绍的因果分析方法也属于这一类。

有些研究可以基于研究结果，使用常识性逻辑知识下结论。也有一些问题的答案具有不确定性，但需要有一些结论。此时，需要掌握针对具有不确定性的答案下结论的思维方法。一些知识将在 3.4.5 节介绍。

2. 物质类工具

物质类工具有硬件和软件之分，包括但不局限于仿真工具、设计工具、观察手段、样本、材料、数据测量设备和数据处理技术等。需要通过训练来掌握物质类工具。

首先，需要初步了解自己需要用到哪些常用工具。通过及时参与实验室的一些工作，尤其是和学长一起工作，会知道有哪些基本工具需要掌握。当自己的个性化研究上升到一定的程度，还会需要去了解有哪些其他工具。此时，只能通过自己判断来选择工具。

其次，需要认识到某些工具的掌握需要长期训练。有的工具只是偶尔使用，比如说需要使用一把钳子拧紧一个实验设备的螺丝，此时没有必要把自己训练得像钳工一样可以熟练使用钳子，大不了可以请人帮助拧紧螺丝。有的工具可能需要经常和长期使用，熟练掌握需要长期训练，而且会影响工作效率和研究质量。例如，用于仿真的程序开发或软件使用，都需要不断训练和思考。

然后，是理解正确使用工具的重要性。有的工具有说明书，有的则没有。有的提供犯错检验，有的没有。有的随便用没有危险，有的必须十分谨慎，否则有危险。无论何种情况，正确使用工具才能正确得到结果。以大型 CAE（computer aided engineering）仿真软件为例，首先，可能需要检查设置的仿真输入条件是否正确，了解如何确保这种设置的正确性。其次，这类仿真软件可能提供不同场景和不同精度的方法供选择，此时需要明确自己的场景是什么，需要的精度是什么。接下来，一些仿真软件的操作步骤可能影响结果的真实性，那么需要了解正确的步骤是什么。大多数仿真软件给出海量数据，那么如何处理这些数据。是从这些数据中提取一些需要的规律，还是要求可视化。如果要求可视化，那么还需要进一步掌握可视化软件。

3. 理论类工具与物质类工具的结合，辅助工具

一项完整的研究可能需要有机地结合理论类工具和物质类工具。无论是什么研究工具，我们总是可以更科学地面对它们。与其他人使用工具不同，研究生学习和使用工具时可以展示出洞察力，通过层层递进来深入到问题的本质，直到我们发现最深之处的秘密。

当我们有所发现，而为了证实发现需要革新工具时，我们的研究就拓展到了工具本身，或者对工具的发展提出需求。

我们在结合理论类工具和物质类工具时，往往会受制于我们的能力和精力。例如，从无数数据中提取可以用理论进行描述的信息时，我们有可能无法达到要求。

人工智能可能在弥补上述不足上发挥越来越重要的作用。

Wang 等于 2023 年 8 月发表在《自然》上的综述文章[11]指出，人工智能正越来越多地融入科学发现，以增强和加速研究，帮助科学家生成假设、设计实验、收集和解释大型数据集，并获得仅靠传统科学方法可能无法获得的见解。2023年 8 月，14 个机构 63 位学者就新诞生的高度跨学科的新领域——人工智能科学（AI for Science 或 AI4Science）发表在 ArXiv 预印本网站的综述文章"Artificial intelligence for science in quantum, atomistic, and continuum systems"指出，人工智能的进步正在推动自然科学发现的新范式，人工智能已经开始通过改进、加速和使我们能够在广泛的空间和时间尺度上理解自然现象来推进自然科学。难怪基辛格在接受德国《时代周刊》采访中谈到人工智能话题时指出，"到目前为止，科学是基于可重复的实验或可被数学阐释的假设，今天我们不再了解机器知道什么了"。他指的是，人工智能有可能在科学研究中扮演新的角色。

这里举一个能反映人工智能目前能力的一个简单例子。据参考消息数字报援引的外媒一篇文章指出，人工智能中的大语言模型能拼接出世界运作的初级知识、呈现出类似于人类思维的推理形式且在"常识"方面有惊人之举。文章介绍了以微软研究院塞巴斯蒂安·布贝克（Sebastian Bubeck）为第一作者的一项研究[12]中关于生成式人工智能语言模型（GPT-4）的一项测试。研究人员询问该语言模型，如何将一本书、9 个鸡蛋、一台笔记本电脑、一个瓶子和一枚钉子以稳

定的方式堆叠在一起。GPT-4 给出的答案是，可将 9 个鸡蛋摆成一个 3 乘 3 的正方形放在书上，鸡蛋之间留出一些空间，然后把笔记本电脑放在鸡蛋上，瓶子放在笔记本电脑上，钉子放在瓶盖上（尖的一端朝上，平的一端朝下）。

　　布贝克的文章专门分析了 GPT-4 的能力，除了掌握语言外，它还可以解决数学、编码、视觉、医学、法律、心理学等领域的新颖而困难的任务，而无须任何特殊提示。此外，在所有这些任务中，GPT-4 的性能惊人地接近人类级别的能力。由于 GPT-4 能力的广度和深度，它可以被合理地视为人工通用智能（artificial general intelligence，AGI）系统的早期（但仍不完整）版本。然而，人工智能工具在逻辑推理、方案策划、问题解决、抽象思维、复杂想法的理解与快速学习以及复盘经验等代表"心智"能力的六个方面需要进一步发展。

3.4.2　方法论与研究方法的分类，巴斯德象限

　　按照在线词源学（etymonline）定义，方法论是展示抽象逻辑原理如何应用于产生知识的逻辑分支。按照萨米尔·S·范斯（Sameer S. Phanse）撰写的 *Research Methodology: Logic, Methods and Cases* 一书[13]的说法，方法论既包含逻辑，也包含具体研究方法。帕特卡尔·维韦克（Patkar Vivek）在对此书的书评[14]中指出"每个研究人员都知道研究方法论的重要性。因此，关于研究方法论有大量的书籍也就不足为奇了"。

　　方法论之中的逻辑理当是通用的，但具体研究方法与学科有关。舒特尔沃斯（Shuttleworth M）指出，对于纯科学问题，如化学或天体物理学，研究方法很容易定义，通常是严格定量的；对于生物学、心理学和社会科学来说，有很多种方法可供选择，研究者必须证明他们的选择是正确的。每一学科的研究可以有多种研究方法，如新闻学中的研究方法[15]和艺术学中的研究方法[16]。一些研究方法可以用于多个学科。

　　严格地说，我们期待所使用的研究方法是科学方法，至少以科学方法为核心。刊登在 Exploring your mind 网站上的一篇文章指出，你可以使用科学方法来得到答案、定义并组织研究。作为一种认知手段，科学方法则能揭示你的研究对象的本质。在方法论方面，科学方法可以是经验性的（empirical），也可以是理论的（theoretical）或理性的（rational）。经验性方法可以用于发现和搜集数据和事实，以作为基础来证明假设，回答科学质疑（questions），开展讨论或遵循学科发展。理论或理性方法则可以让我们综合和分析用经验性方法得到的结果。因此，这些科学方法可以帮助我们从科学问题得出结论。经验性方法可以为我们提供精心阐述理论的线索。文章还指出，可以根据科学方法在研究中的用途将其分成两大类。第一类就是研究方法本身，包括经验性方法、分析综合方法、历史逻辑方法、起因方法（genetic method）和信息系统化方法。第二类是创造新知

识的方法，包括假设演绎法、类比法、系统化法、归纳演绎法、建模法和系统功能法。文章最后指出，首先，不存在完美的方法论，一些方法比其他方法更安全但也更慢，还有一些方法比其他方法更容易犯错但得出结论的速度也更快；其次，要明白知识本身和得到知识的方法这两个方向同样重要。

科学方法与艺术方法有一些区别和联系，两者具有互补性。丹尼·林戈（Danny Ringo）发表在 Scientificmuse 网站的文章中通过援引艺术家罗伯特·维蒂希（Robert Wittig）的一些观点来阐明这些联系与区别。科学方法用逻辑面对客观现实，用"智力"作为寻找接近"真理"的主要工具，提供对普适经验的理解。艺术方法用直觉面向主观现实，以"情感"为主要工具，尽可能地寻求接近"诚实"的结果，不一定完全是为了确定确切的真理，而是通过最有效的形式（绘画、素描、诗歌、小说、表演、雕塑、录像等）向公众传达思想、情感和看法。艺术提供了对个人经历的普遍理解，正是我们试图分享我们对宇宙的理解和经验，这是我们作为个体所特有的。科学和艺术虽然方法不同，但有共同的目标：观察和分享我们对宇宙的认识与经验。科学家分析能力强，艺术家创造能力强。科学方法和艺术方法的结合可能导致新的想法。梅·杰米森（Mae Jemison）是宇航员、医生、艺术收藏家和舞蹈家，拥有科学家和艺术家双重身份。她呼吁教育者把艺术和科学，包括直觉和逻辑，作为一个整体来教书育人，以培养前所未有的思想家。

各种方法的概括与抽象分类也属于方法论考虑的问题。可以依据对研究的抽象分类来对各种研究方法进行方法论层面的概括。

1. 基础研究和应用研究——巴斯德象限

我们最熟悉的分类是将研究按用处分成基础研究和应用研究。原则上，学术型研究生更偏基础研究，专业型研究生更偏应用研究。

表面上看，基础研究和应用研究是有区别的，基础研究注重对问题的描述、知识的发展和未知现象的发现，不一定重视研究的当前使用价值。在应用研究中，人们使用现有知识来解决实际应用问题，注重研究结果的当前使用价值。

从深层次或长远看，基础研究和应用研究不一定是相互割裂的。一项基础研究的结果可能会成为应用研究的工具，在应用研究中遇到瓶颈时可能会提出基础研究问题。从长远来看，当前看似无用的基础研究实际上会产生更深远的影响。

基础研究往往属于纯知识驱动，给出的知识表面上看可能是无用的。20 世纪 30 年代初，普林斯顿大学成立了高等研究所，专注于基础研究，引来了包括爱因斯坦等在内的众多伟大科学家。高等研究所的创立者是对美国教育改革做出重大贡献的亚伯拉罕·弗莱克斯纳（Abraham Flexner），他还是 *The Usefulness of Useless Knowledge* 一书[17]的作者。按照斯科特·麦克莱梅（Scott McLemee）的说法，亚伯拉罕·弗莱克斯纳的著作强调了追求知识本身是如何在世界上显示出强大的力量的。

知识驱动和应用驱动在不同时期和不同地点的地位是不一样的。探索知识和应用这两个驱动因素可以分别作为纵轴和横轴以定义一个相平面。唐纳德·斯托克斯（Donald Stokes）在这个平面内给出了三个象限，分别是左上角的基础研究象限、右下角的应用研究象限、右上角的应用驱动的基础研究象限[18]。后来把左下角的象限称为其他研究象限。这四个象限分别以在这些领域进行研究的杰出科学家命名（图3-10）。玻尔对原子的结构进行了卓有成就的基础科学研究，因此基础研究的象限以他的名字命名。结合基础科学和应用科学的研究以巴斯德的名字命名，他在疫苗、发酵和巴氏杀菌方面的工作非常出色。爱迪生开创了工业研究的先驱，重点是商业发明。彼得森为观鸟者提供的鸟类标记现场指南，这既不是基础科学研究，也不是应用科学。兰德尔·梅斯（Randall Mayes）指出，在 20 世纪，科学的重点已经从一个象限转移到另一个象限。从历史上看，大学研究遵循玻尔模式，为了知识本身而追求知识。冷战时代后，科学和工程占据了巴斯德的象限，寻求推进基础科学和应用科学。今天，爱迪生象限的工业研究已经主导了许多领域。

图 3-10　巴斯德象限

2. 研究的其他分类

除了以上介绍的按基础研究和应用研究对研究方法进行分类，还可以将研究分成定性研究与定量研究、描述型研究与分析型研究、实证主义研究和解释主义研究、探索性研究和决定性研究，以及可重复研究和不可重复研究。

（1）按结果和结论的表现形式可以分为定性研究和定量研究。

根据美国 National University 网站，定量研究用数据表示结果和结论，往往在受控的环境中寻求精确的答案或统计数据。定性研究用现象或行为表示结果，旨在研究无法用数学客观衡量或量化的现象、群体或经历，更具探索性。同一问题也可以使用两种方法。例如，针对研究生的学术生活现状，问卷研究可给出定量结果，如果采用访谈，就属于定性研究。

（2）按性质或因果关系可分为描述型研究和分析型研究。

描述型研究更多是回答"是什么"，分析型研究更多是回答"为什么"[19]。在描述型研究中，通过观测、案例、调查和档案研究等方式得到结果，主要通过归纳来获得或者表述结果。在分析型研究中，通过预测和解释等方式获得结果，一般需要给出因果关系，需要用到演绎来获得部分结果和结论。据美国国家工程院院士、美国人工智能协会创始会员朱迪亚·珀尔（Judea Pearl）关于因果关系的专著[20]，爱因斯坦在 1953 年指出，西方科学的发展基于两大成就：希腊哲学家发明了形式逻辑系统（在欧几里得几何中）和通过系统实验发现因果关系的可能性（在文艺复兴时期）。形式逻辑和因果实验是科学研究的两大基石，它们构成了科学研究的常见思路：从证据出发，使用逻辑推理和因果分析，给出结果，依据对结果的分析，给出结论。逻辑推理是指使用逻辑思维来推断证据本身尚未显式地展示出来的结果。简言之，证据可能隐含了某些结果或结论，需要逻辑推理来揭示。

（3）按哲学范畴分为实证主义研究和解释主义研究[21]。

实证主义与科学的假设-演绎模型相一致，该模型建立在通过操作变量和度量来验证先验假设和实验的基础上，假设检验的结果被用来为科学提供信息和促进科学发展。与实证主义一致的研究通常侧重于通过定量方法识别解释性关联或因果关系，由于人们倾向于使用大样本量或受控实验，因此结论往往可推广、研究发现可重复[22]。根据罗比·法罗（Rob Farrow）等的文章，解释主义法主要是一种研究人类行为等没有客观规律的问题的方法，其出发点是，人类和社会科学中的知识不能符合自然科学的模式，因为人类经验的某些特征不能客观地已知，其研究目的不是寻找真理，而是产生理解。在实证主义和解释主义之间是后实证主义，例如，通过个人的主观体验对有客观规律的研究对象产生理解。

（4）按目标的可实现程度分为探索性研究和决定性研究。

探索性研究着眼于未来，研究尚无最终目的，但会给出当前有意义的结果和结论，基础研究往往是探索性研究。决定性研究有明确目标，为研究问题提供最终答案，应用研究尤其是开发类研究往往是决定性的。

（5）按研究方法还可以按可重复性研究和不可重复性研究[14]。

对于那些要求可重复的研究，如果当前的结果被证实不可重复，那么就会被否定。自然科学研究给出的结果被要求可重复或证伪。能在实验室完成的研究一般可重复或证伪。举例而言，任何声称发现了室温超导现象的研究都必须可重复。在社会科学、行为科学和人类学中开展的一些观察性研究可能不一定能重复或证伪。

3.4.3　逻辑推理：归纳、演绎与反演

逻辑推理虽然属于方法论的范畴，但会渗透到我们日常的具体研究之中。归纳、演绎和反演是逻辑推理的基本形式，会显式地出现在或隐含在研究思路和过程之中，一些结果往往通过逻辑推理得到。

阿丽娜·布拉德福德（Alina Bradford）和明迪·韦斯伯格（Mindy Weisberger）于 2022 年发表在 Live Science 网站上的文章 "Deductive reasoning vs. inductive reasoning" 对三者的区别进行了讨论。按照他们的说法，侦探就具备这种演绎与反演等逻辑推理能力。当然，这并不是说逻辑本身不复杂，而是说这里并不从复杂角度去系统介绍三个逻辑推理。一些复杂的逻辑知识需要从专门的逻辑学课程了解，例如可以阅读哲学家艾伦·豪斯曼（Alan Hausman）、霍华德·卡亨（Howard Kahane）和保罗·蒂德曼（Paul Tidman）的专著 Logic and Philosophy: A Modern Introduction[23]所介绍的逻辑知识。

归纳、演绎和反演的价值在于，它们可用于建立两件事情之间的联系，或者由一件事情联系到另外一件事情，或者将具体的事情一般化，或将一般的事情具体化。一种联系是相关性，还有一种联系是因果关系，相关性与因果关系是研究结果的重要形式。对于两件事情，如果一件变化时另一件也变化，或者一件出现时另外一件也出现，那么这两件事情便具有相关性。如果一件事情导致了另外一种事情，即前者对后者产生影响，那么它们之间有因果关系。

归纳推理往往能给出具有相关性的结果，演绎推理则可以给出具有因果关系的结果。

简言之，归纳是由具体到一般的推理过程，得到的结论可能正确；演绎是从一般到具体的推理过程，得到的结论肯定正确；反演是通常从一组不完整的观察结果开始，然后对该观察结果进行最可能的解释，是一种尽力而为的推理。

归纳（induction）是由具体到一般的过程。你看到一系列事实，然后归纳出一般的原则。这里所指的"一系列事实"是归纳的前提。这些事实要求足够多或足够完整，且属于一类且相关的事物，因而称之为一系列。然而，一系列总是有限的，因此归纳出的一般原则需要检验。归纳出来的原则首先必须涵盖这一系列的事实，或者说从一系列事实归纳得出的原则是该系列事实的概括，且在当前观察到的系列事实中没有特例。归纳法的作用是，如果归纳出的一般原则是正确的，那么该原则可以用于预测属于同一系列的更多事实，并且该原则可能隐含系列事实以外的其他事实。前面提到，归纳可以揭示相关性。不仅如此，归纳出的一般原则，如果正确，可以用作演绎的一般原则，通过演绎发现它所隐含的其他意外事实，导致重大发现。归纳推理在科学方法中占有一席之地，科学家们用它来形成定律或假说。例如，如果每年看到夏天很热，就可以按归纳推理得出夏天

都很热的假说。这些假说可以是文字性的，也可能表示为数学关系式、定律等。例如，开普勒行星三定律就是这样归纳出来的。

演绎（deduction）是由一般原则得到具体结果的逻辑推理。演绎的一种简易形式是三段论。第一段是大前提，是一般原则。第二段是小前提，是大前提中的特定情况。第三段是结论，即从大前提小前提推断出的结论。例如，"正数比负数大"是大前提，"1 是正数，–1 是负数"是特定情况，由此推断出"1 比–1大"的结论。在演绎法中，假定一般性原则是正确的，接下来在某特定情况下，得出结论。演绎基于的一般性原则可能来自于归纳，也可能来自于下面要介绍的反演。演绎的作用在于，它可用于确定因果关系，可用于预测，也可用于意外发现。以因果关系为例，如果 A 和 B 有因果关系，且 A 是因，B 是果，那么由 A确定 B，即确定结果或影响，属于演绎。演绎是预测的常见形式，例如利用气象理论预测。如果一般性原理十分复杂，科学家会做出简化后再做预测。例如，天气预报模型是经过简化的模型，用它预测天气。在演绎推理中，我们使用一个已知正确的一般性原则（不排除来自于已经被验证正确性的由归纳或反演得出的原则），来针对特定条件演绎出一个具体结果。这样得到的结果往往称之为定理。

反演（abduction）是对观察到的事实给一个可用于解释该事实的理由、假设或理论。日常生活中我们在与反演打交道。例如，医生观测到病人发热后确定发热原因的过程就是反演。除了诊断需要用到反演，侦探和法官定案中也经常用到反演。这种确定因果关系中的原因是反演的一个重要应用，因此反演在某些情形下也称为溯因推理。如果 A 和 B 有因果关系，且 A 是因，B 是果，那么由 B 确定 A，即确定原因，属于反演推理。大多数情况下，反演找到的理由、假设或理论可以是从一些已知原理或假设中寻找。如果已知原理或假设不存在，则可以为此创造一个新的原理，创造新原理也属于反演的一个重要应用。进一步，如同归纳得到的一般性原理，这个新的原理不仅能解释观测的结果，也可能被用于预测其他结果。约翰·杜多夫斯基（John Dudovskiy）指出，当我们遇到使用已有理论无法解释的"令人惊讶的事实"或"谜题"时，我们会试图使用反演来找出出现这些现象的原因。为此，我们会提出一些假设，试图解释原因。这些假设也可能把一些已知理论作为备选方案，我们试图找出最佳的备选方案来解释。如果这样做不成功，我们可能会为此提出新的假设（理论）来试图给出解释。

科学家们前赴后继，不经意地将归纳、演绎和反演有机地结合起来，创建无与伦比的理论，一步步推进我们对自然世界的认识。这里举一个关于宇宙大爆炸理论诞生的例子。

天文学家观测了遥远星系退行速度，以及这些星系与我们地球的距离。基于这些观测数据，人们归纳出遥远星系退行速度与星系距离我们地球的距离成正比的结论。这里使用了归纳推理。为了解释这一令人惊讶的结果，人们提出大爆炸假说或理论，这就是反演推理。由大爆炸理论可以得出存在宇宙微波背景辐射的结论，这里使用了演绎。顺便指出，这些辐射后来真的被观测到了，因此部分验证了宇宙大爆炸假说的正确性。

3.4.4　因果关系：概念、方法和分类

这里首先介绍因果关系基本概念及其与相关性的区别，接着介绍确定因果关系的实证法和自然实验法，最后介绍因果关系的一些分类。

1. 因果关系概念及其与相关性的区别

相关性与因果关系是两个既有联系也有区别的概念，往往被混淆。两件事情如果有因果关系，那么它们之间具有相关性。反过来，如果两件事情之间有相关性，那么可能有因果关系，也可能没有。

举个具有相关性但没有因果关系的例子。假设学校两个相邻食堂的就餐人数随时间的变化呈现相同或者相反的趋势。一种情形是，食堂甲人数增加时，食堂乙人数也增加。还有一种情形是，食堂甲人数增加时，食堂乙则减少。那么，我们说两个食堂就餐人数的变化有相关性。

再举一个因果关系的例子。在常压环境下，把水加热到一定的温度会使它沸腾。于是我们说，加热水与水沸腾有因果关系，加热是原因，沸腾是结果。

在一般情况下，确定相关性相对来说比较容易，但确定因果关系则难得多。

以用数字衡量的两件事情之间的相关性为例，我们可以用相关系数的大小来确定它们之间是否具有相关性。例如，我们可以记录每天的平均体温，以及每天的血压。如果我们将一年 365 天记录的两组数据分别放在 Excel 表的两列中，那么我们就可以利用 Excel 自带的工具算出平均体温和血压的相关系数。相关系数越接近 1，相关性就越大，越接近 0，相关性就越小。上面已经提到，归纳法可以用于建立具有普适意义的相关性结论。

有三种情形会驱动我们研究因果关系：①我们发现两件事情相关时，我们会进一步关注他们是否有因果关系，因为因果关系可以用于预测与控制；②我们发现一件重要事情（如体温过高），为了控制它或利用它，我们需要找原因；③我们发现一件重要事件（如出现辐射），同样为了控制它或利用它，我们需要找它有什么样的影响。

2. 确立因果关系的实证法

建立因果关系的一种基本方法是实证法，即采用实验室级别的试验，让两个相关事件中的一个变得可控，看看另外一个事件是否因可控的那个发生变化时也发生变化。例如，为了确定加热是否能引起水沸腾，我们可以构造一个实验，分

别加热与不加热水，前者叫实验组，后者叫对照组。如果加热导致沸腾，不加热则不沸腾，那么我们就得出加热是原因、沸腾是结果的因果关系。

这种方法也可以称为统计与排除法：先确定相关性，如果相关，那么进一步研究 A 如何影响 B，例如进行实验，使除一种因素之外的所有因素都保持不变，然后从这一因素中确定造成效应的因素。

华莱士（O. Wallace）在 wiseGEEK 网站上举了一个涉及因果关系确定的例子：一种生长在温带气候中的植物在冬季处于休眠状态，但在春季开始生长。可以假设两个理论来说明这种现象。第一条理论认为平均气温的升高会引发这种生长，而另一条则认为可能是（春天开始后的）白天时间更长，引发这种生长。为了确定到底是哪一理论正确，可以使用两组植物样本来进行测试：让第一组植物样本经历温度升高但日照时间维持不变的过程；第二组植物样本经历恒温和日照增加的过程。然后可以从哪一组植物开始生长来确定到底哪条理论正确。

如果两组样本都没有生长，那么气温升高和白天时间长可能不是单一的原因。接着可以进行第三个测试，让温度和白天时间都增加。如果这会导致生长，那么研究人员就可以得出结论：气温升高和白天延长这两种因素必须相结合才能导致生长。

演绎法可以从理论上确立一些因果关系，这也属于实证法。在一定的限定情况下，由 A 出发，使用逻辑推理来证明是否一定有 B，如果有，那么 A 便是 B 的（至少一种）原因。

朱迪娅·珀尔发展了系统的因果分析理论，并出版了一部专著[20]。该专著展示了因果关系是如何从一个模糊的概念发展成为一个在统计学、人工智能科学、经济学、认知科学，健康科学、社会科学、哲学等领域具有重大意义的数学理论，给因果关系赋予了自然模型、简单的推理程序和精确的数学定义，并为因果分析纳入统计、人工智能、商业、流行病学、社会科学和经济学的标准课程开辟了道路。

3. 确立因果关系的自然实验法

一些问题可能本身不可控，例如，对于需要大量样本才能做的实验，就可能无法在实验室构造实验来确定因果关系。对于此类事情，如果无法借助逻辑推理，那么可以考虑借助自然实验法。

在自然实验法中，研究人员寻找已经发生在现实世界中的事件，这些事件是自然发生的，研究人员对它们未加干预。这些事件"无意中"创造了"实验"组和"对照"组，可以替代经典的实验室实验设计。这些真实世界的事件被称为自然实验。

对于社会科学，一些问题适合自然实验法。例如，一些经济学问题关注有非常大的数量参与的问题，例如与数十亿人相关的国内生产总值以及财政政策对就业的影响，因此很难针对这么大的样本做实验室级别的实验。

约书亚·D·安格里斯特（Joshua D. Angrist）和吉多·W·伊本斯（Guido W.

Imbens）因对因果关系分析的方法学贡献获得 2021 年的诺贝尔经济学奖。他们的问题是，提高最低工资会影响就业率吗？这显然无法做实验。幸好有一组自然事件。为了调查提高最低工资如何影响就业，他们利用了相邻两个州早前发生的一起事件作为自然实验结果：新泽西州的餐馆于 1992 年 4 月 1 日将每小时工资从 4.25 美元提高到 5.05 美元，而相邻的宾夕法尼亚州东部的餐馆没有提高工资。他们把前者看作"实验组"（虽然是自然发生的），后者看作"对照组"。结果发现，提高了工资的新泽西州就业并未受到影响。于是，他们的结论是，最低工资和就业率不存在因果关系：提高最低工资并不一定会导致就业机会的减少。

4. 因果关系分类

因果关系有不同层级，例如同层级因果机制、自上而下的因果机制、自下而上的因果机制和基于目的的因果机制，详细介绍见乔治·埃利斯（George Ellis）的综述文章[24]，或集智俱乐部给出的中文翻译。我们知道，"飞机为何能飞起来"这一主题经常被大众关注。埃利斯使用了"飞机为什么能飞？"这一问题的因果解释作为例子，形象地说明四个层级的因果机制（图 3-11）。

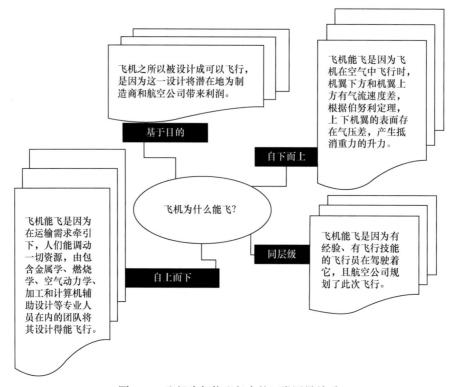

图 3-11　飞机为何能飞起来的四类因果关系

这四类因果关系对应亚里士多德在《形而上学》中提出的质地因果关系、形态因果关系、效能因果关系和目的因果关系。乔治·埃利斯将上述四种因果与现代版本对应。按层级结构划分，四种因果的现代版分别是：较低层级（物理的）、同层级（直接的）、较高层级（与背景相关的）和最高层级（目标导向的）。

不同学科关注不同因果机制。例如，针对飞机为什么能飞起来这样的问题，物理研究者会关注自下而上的因果论证。

不同的问题可能对应不同的机制。以自上而下的因果机制为例，按乔治·埃利斯的综述文章，常见类型有算法驱动的类型、基于非自适应的信息控制类型、基于自适应选择的类型、基于自适应的信息控制类型和基于人类思维的类型（图 3-12）。

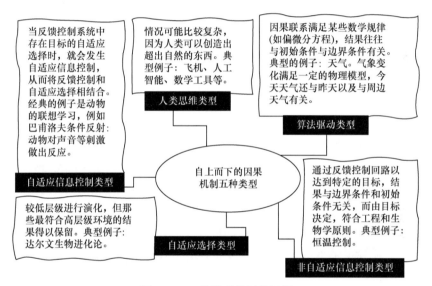

图 3-12　五种类型的因果机制

3.4.5　不确定性问题答案、想象力与启发式思维

提出问题是一项科学研究的名义起点，找答案和下结论是科学研究的目的之一。提出问题与寻找答案是相互依存的，提出问题和解决问题才能使得一项科学研究完整。一些问题的答案是研究的直接结果，相对而言比较容易确定，但也有一些问题的答案不容易确定，后者也可以称之为不确定性问题。解决不确定性问题更具有挑战性，需要特有的思维方法，尤其需要想象力，如想象各种可能性的能力，有时还需要用到启发式思维。

我们首先举出不确定性问题的三种例子，接着介绍如何通过预想答案的可能性来寻找答案，最后介绍针对不确定性问题的启发式思维方法。

1. 不确定性问题举例

我们通常会遇到三种不确定性问题。第一，问题的不确定性来自于问题本身；第二，问题的不确定性来自于客观世界或宇宙隐藏的不确定性；第三，问题的不确定性来自于人类模拟客观世界的能力限制。下面各举一个例子。

第一个例子是关于人类在宇宙中的独一性问题——人类在宇宙中是孤独的吗？

我们知道，地球现代文明只有数百年历史，却进化出了无与伦比的现代技术，不仅可以在地球上远航，而且可以探索太空。浩瀚的宇宙中有数以千亿计的星系，每个星系有数以千亿计的恒星，以及数目可能更多的行星，其中有不少处在可以孕育生命的宜居带中。按理说，那些比地球进化历史长得多且处在宜居带的外星球早就应该出现比现有地球文明先进得多的外星文明，其技术也早应该先进到可以造访地球了。据最近一项研究估计，银河系大致有 30 个外星文明，且平均而言，两个文明之间相距 17000 光年[25]。如果这种估计可信，那么拥有数千亿星系的宇宙的外星文明数量数以万亿计，那些进化了数万年甚至数亿年的文明能够创造的技术早就先进到可以让他们远道而来访问地球。可是，我们为何没有见到外星人？这就是令著名物理学家费米（Enrico Fermi）疑惑的问题，他的疑惑也被称为费米悖论（Fermi Paradox）。根据乔纳森·奥卡拉汉（Jonathan O'Callaghan）的文章，英国科幻作家阿瑟·C·克拉克爵士（Arthur C. Clarke）描述了这一悖论，他说："存在两种可能性：要么我们在宇宙中是孤独的，要么我们不是。两个相反的答案都同样可怕。"外星文明是否存在是一个肯定与否定类问题，无论答案是肯定还是否定，都是令人不可思议的，因此一定是个答案高度不确定的问题，故可以作为悖论长期被人关注。

对于这种问题，答案的不确定性主要来源于无法获得直接证据来证明某种假设。

第二个例子是关于移民的影响问题。

德国不来梅大学博士后研究员内特·布雷斯瑙（Nate Breznau）等 166 人于 2022 年 10 月 28 日发表的一项新研究表明，在一项研究中，科学家使用相同的数据集并使用自己的逻辑和先前的知识来开发模型以回答一个特定的假设——移民是否减少了对社会政策的支持，结果数十名研究人员得出了完全不同的结论[26]：13.5%的人表示无法得出结论，60.7%的人认为该假设应该被否定，28.5%的人表示该假设是正确的。研究人员发现，这种答案的差异缺乏经验解释。数百个不同、看似次要的决定可能以这样或那样的方式改变了结论。据此，蒂亚·高斯（Tia Ghose）发文指出：大多数科学发现的背后可能隐藏着一个"不确定的宇宙"，隐藏的"不确定性宇宙"可能是大多数科学发现的基础，尤其是在社会科学领域。这项发现表明，人们对其中一些领域的研究结果很难有信心，因为即使是最初选择的微小变化也可能产生截然不同的结果。

第三个例子是对气候"临界点"（tipping point）的预测问题。

气候临界时间包括亚马孙雨林的消失或格陵兰冰盖的崩塌发生的时间。这一时间的预测具有高度不确定性，是通过模型预测来获得某些复杂问题的答案的高度不确定性问题之一。早期研究认为临界时间是 2100 年左右，威尔科克（Willcock S）等最近的一项研究通过引入更多因素的影响后发现这个时间可能提前到 2038 年[27]。这个问题的不确定性来自于模型中引入的驱动因素是否全面。根据研究人员的说法，大多数临界点研究在其模型中建立数学模型，以关注崩溃的一个主要驱动因素，例如亚马孙雨林的森林砍伐。然而，生态系统所面临的不仅仅是一个影响因素，而是一系列相互加剧的不稳定因素。例如，亚马孙地区还面临着气温上升、土壤退化、水污染和水压力等因素的影响。

还有一些问题，问题答案本身具有多样性，因此不同研究人员可能会给出不同答案。例如，对于观察到的现象，答案可能是该现象有什么特征或模式，现象是静态的还是动态的，动态现象有什么变化趋势，该现象与其他现象之间的相关性、因果关系等。又如，按 2023 年《原理》上刊登的科卡塔（Licata）的文章"一个充满惊喜、矛盾、模式、例外、特例、联系……的世界"，数学世界是一种可以探索的结构，这些结构由数字、形状、图形、函数和对称性等对象组成，通过研究来理解和识别这些对象，带来具有多样性的答案，例如矛盾、模式、例外、特例、联系。科学研究的答案用于洞穿（penetrating）问题的本质。对于答案具有多样性的问题，这种本质需要通过答案的多样性来揭示。然而，对于单一一组研究者，可能只关注了多样性答案中的一种，于是就带来了对问题本质理解的不确定性问题，即不同研究者对同一问题的本质的理解不一样。或者说，同一组研究人员在不同阶段会接触本来具有多样性的答案的更多方面，因此对本质问题产生不一样的理解。对于这类问题，只有多样性得到了充分研究，才能用统一视角来整合不同结果，给出对问题本质的综合理解。

2. 通过预想答案的可能性来寻找答案

那么，有什么解决办法处理答案具有不确定性的问题？

一种方法是，通过想象各种可能的答案，然后甄别哪些答案更合理，这不仅有助于问题解决，还有可能导致意外的发现。

举个形象的例子：当我们在某个阶段效率不高，我们首先并不知道造成效率不高的确切答案，于是我们可以想象多种可能的答案。我们可以想象的可能答案有：

①睡眠不足；

②缺乏营养；

③环境干扰；

④身患疾病；

⑤导师指导有误；

⑥业余活动过多；

⑦过度操心。

接着我们看哪些更合理，是事实。例如，我们可能确实在这段时间有睡眠不足情况，于是决定去改善睡眠，且发现这样做真的提高了效率，于是想象的这个答案是一个合理且属于事实的答案。然而，这样做可能不仅找到了属于事实的答案，而且会有其他意外发现。例如，尽管发现睡眠不足才是原因，证明了效率低下不是因为身患疾病造成的，但是，通过想象身患疾病也是可能原因之一，我们还是去体检了，结果有意外的收获：发现自己可能处在某疾病的早期阶段，于是得到了及时治疗，避免以后身体真的出问题。

休谟断头台和维尔切克三角形描述的就是通过预想答案的可能性来寻找答案或真理的。关于这两个概念的详细描述可以参考麻省理工学院物理学教授、2004年诺贝尔物理学奖获得者弗兰克·维尔切克（Frank Wilczek）关于可能性与真理的文章[28]。休谟断头台是指18世纪的哲学家大卫·休谟（David Hume）的一个论断：不可能用逻辑的方法从"是什么"推论出"应该是什么"，反之亦然。然而，可以使用维尔切克三角形来明确绕开休谟断头台的技术途径，该三角形的三个角分别对应着"是什么""可能是什么""应该是什么"。

我们当然期待得到"一定是什么"这样的确定的答案。这样的答案往往基于绝对可靠的假设类证据并使用了绝对正确的演绎推理，而不是从个别证据归纳出来的。

然而，某些情况下只能得出"可能是什么"。例如，如果我们从许多观察中得出经常熬夜的学生成绩更好的结果，那么就需要十分谨慎，因为这样的结果来自于观察类证据和归纳类逻辑推理。这类证据是有限的，使用归纳法推广到无限存在风险。于是，这类结果应该表述为可能的结果，即可能是什么。

"应该是什么"是指这样的情况，常识和直觉表明结果就是这样，且找不出反例，但没有找到一个基本的证据作为出发点来经过逻辑推理获得。

通过想象未来的各种可能性，即"可能是什么"，然后对这些可能性进行分析，有可能能筛选出那些应该属于真理的东西，即"应该是什么"的东西。

正是通过想象宇宙世界应该有的模样，爱因斯坦发展出了广义相对论，量子物理学家发展出了基本力的现代理论，宇宙学家提出了极其简单的大爆炸模型。难怪爱因斯坦说想象力比知识更重要，因为想象力涵盖了无数可能性。

3. 启发式思维

在不确定性条件下做决断是一个普遍存在的问题，从对这一问题的研究的了解可以为我们解决或面对不确定性问题提供思路，尤其是可以使用不确定性条件下做决断的方法（即下面提到的几种启发式思维方法）来帮助我们想象不同的答案，即解决上面提到的"可能是什么"的问题。

1974 年，特沃斯基（Tversky）和卡尼曼（Kahneman）在《科学》上发表了一篇极具影响力的论文，在论文中提出了不确定性下做决断的三类可能带有偏差的启发式方法[29]：可代表性方法（representativeness）；易得性方法（availability）；调整和锚定方法（adjustment and anchoring）。试错法（trial and error）也被认为是一种启发式思维方法。

（1）可代表性方法。

肯德拉·彻里（Kendra Cherry）将其解读为，当人们在做决定时面临不确定性时，通常会依赖一种被称为代表性启发法的思维捷径。它涉及通过将事物与我们头脑中已有的概念进行比较来做出判断。虽然这种捷径可以加快决策过程，但也可能导致糟糕的选择和成见。

（2）易得性方法。

肯德拉·彻里指出，易得性是各种各样的思维捷径中，依赖迅速浮现在脑海中的信息的思维捷径。当你试图做出决定时，一些相关的事件或情况可能会立即浮现在你的脑海中。因此，你可能会认为这些事件比其他事件更频繁或更可能发生。你会更加相信这些信息，并且倾向于高估未来发生类似事情的概率和可能性。

（3）调整和锚定方法。

在许多情况下，人们从初始值开始进行估计，然后进行调整以得出最终答案。初始值或起点可以通过问题公式化表示，也可以是部分计算的结果。在这两种情况下，调整通常都是不够的。也就是说，不同的起点产生不同的估计值，这些估计值由初始值带来偏差。这种现象称之为锚定。当一个相关的值可用时可以使用，通常用于数值预测。

（4）试错法。

肯德拉·彻里于 2022 年 11 月 8 日发表在 verywellmind 网站上的文章"What are heuristics?"中提到认为试错法（trial and error）是另一种启发式方法，所谓的试错法，是指人们使用多种不同的策略来解决问题，直到找到有效的方法。

彻里提到，启发式思维是一种思维捷径（mental shortcut），概念来自于认知心理学家赫伯特·西蒙（Herbert Simon）。按西蒙的说法，人们首先会努力做出理性的选择，但在有些时候，或者针对有些问题，因为人类的判断受到认知限制，因此启发式思维是一种选择。在掌握的信息量有限、整体智力和感知准确性等有限制以及问题具有高度不确定性时，启发式思维会带来意想不到的好处，虽然这样做有时有偏差。

许多决策都基于对不确定事件可能性的依赖，这些判断都是基于有限有效性的数据，通过数量有限的启发式原则，将不确定事件的概率或不确定量价值的评估这样一个复杂任务简化为更简单的判断操作。

我们以飞行为例举几个重要例子。作为可代表性例子，朱利安·艾伦（Julian Allen）从能落到地面的流星（即陨石）的形状近似为球形这一事实得到启发，发明了以球形钝头体作为外形的弹道洲际导弹。本来，流星在落到地面之前因为高速运动与空气的摩擦而烧光，但那些近似为球形的能幸存下来，这表明球形有利于抗烧蚀。作为易得性例子，100 多年前，莱特兄弟（Wright Brothers）为了获得能让飞机在天上飞行的动力，直接使用了早 60 年发明的用于船用推进的螺旋桨方式。作为调整与锚定的例子，理查德·惠特科姆（Richard Whitcomb）在 20 世纪 60 年代，从已有机翼形状出发，通过调整与锚定修改外形，从而获得了可以提高飞行马赫数的超临界机翼。

一般来说，这些启发式方法非常有用，虽然有时会导致严重的系统性错误。

以目视估计距离为例，采用的目测距离的规则是：物体看得越清楚，它看起来就越近。目测规则有一定的有效性，因为在任何给定的场景中，较远的物体相比较近的物体看得不那么清晰。但存在偏差，对这一规则的依赖导致了距离估计的系统误差。具体来说，由于物体轮廓模糊，当能见度低时，距离往往被高估。另一方面，当能见度良好时，距离往往被低估，因为可以清楚地看到物体。因此，依赖清晰度作为距离的指示会导致常见的偏见。这种偏见也存在于对概率的直觉判断中。

4. 用谨慎语言表示不确定性问题的答案

前面介绍了不确定性问题的一些概念，但如同答案具有不确定性意义，不确定性问题本身的定义也无法很全面，可能还有一些其他情形。例如，研究得不完善或者研究人员的经验不足也可能导致答案具有不确定性、结果或结论的确切程度可能不一样。又如，一些研究问题或对象本身具有不确定性，相应的研究结果或结论不一定可重复或证伪。另外，有的问题从不同视角看待会得出不同结论，用不同视角去讨论，或者关注不同视角，就得出不同结论。

不管何种情形，首先需要意识到问题答案有不确定性，接下来，在下结论时，需要谨慎，需要暗示不确定性的存在，而不能使用绝对语气下结论。

假设我们的结果是"数据显示 A 随 B 线性地变化"，那么可使用以下三种方式之一下结论：

（1）我们认为 A 是 B 的线性函数。

（2）A 与 B 的关系是线性关系。

（3）我们获得的数据呈现出 A 是 B 的线性函数这一规律。

三种表示体现了不同级别的谨慎程度，第一种完全用自己说话，第二种比较中性，第三种完全用证据说话，即让作者本人与观点无关，这是曼彻斯特大学约翰·莫雷（John Morley）句型库（academic phrasebank）推荐的一类句型。相似句型还有："据报道……""Smith（2001）认为……""最近的研究表明……""有一些证据表明……""不难想象……"约翰·莫雷在句型库中指出，学术交流中最值得注意的问题之一是：作者倾向于避免在可能存在少量不确定性的情况下表达绝对确定性，并避免在可能存在少量例外的情况下过度概括。

莫纳什大学在"在线学习与研究"网站刊登的文章"Graduate research and writing reporting and discussing your findings"一共只有四节，其中第四节专门介绍如何使用谨慎语言。文章指出，讨论结果和得出结论涉及对解释、意义和适用性提出主张（claim）。这是一种研究传统，即现有的知识总是要根据新的结果进行修改。作为一名研究人员，需要仔细区分：①你确信的知识，因为你有可靠的证据；②其他你不太确定的知识；③你认为只有在可能性范围内正确的其他知识。因此，在学术写作中，像"减少脂肪摄入能降低患心脏病的风险"这样强烈的主张是罕见的，因为不可能有证据支持"减少脂肪摄入能降低患心脏病的风险"在所有情况下都成立。因此，声明主张应具体、准确，确定性程度必须与证据程度相匹配。文章提到，在学术写作中，有许多方法可用于限定主张：

（1）指出可能性程度，如果"减少脂肪摄入能降低患心脏病的风险"只有一定的概率，那么应说成"减少脂肪摄入能降低患心脏病的风险"的概率是多少。

（2）与主张保持距离，如果"减少脂肪摄入能降低患心脏病的风险"只是一种初步发现，那么应说成"初步研究表明，减少脂肪摄入可以减少患心脏病的风险"。

（3）使用限定动词，例如将"减少脂肪摄入能降低患心脏病的风险"这一主张改为"减少脂肪摄入有助于降低患心脏病的风险"。

参考消息网 2021 年 12 月 29 日援引美媒文章"疫情肆虐的几大未解之谜"中，有如下表述："约翰斯·霍普金斯大学卫生安全中心的资深学者吉吉·格龙瓦尔表示，年龄无疑是导致病情严重的最大相关因素，但也有儿童和 29 岁的年轻人死亡的病例，尽管所有迹象都表明他们应该只是轻症"。其中，用词"最大相关因素"避开了将年龄视为绝对"原因"，因为相关不一定是因果关系。另外，措辞"所有迹象都表明"，把主张推给了迹象，而没有说成"我认为"。

总结而言，在一般情况下，有了研究结果，我们就需要下结论，然而，下结论的方式，即是否用自己说话还是以证据说话，与结论的确切性有关。

如果我们将"可能是什么"或者"应该是什么"表述为"一定是什么"，那么我们就犯了主观思维错误。

有时，主观错误还表现在文字表述上。假作为研究结果或答案，我们得到了一种技术，通过与现有技术的对比分析，我们会得出一些结论，如"新的技术比现有技术优越"。虽然确实可能是更优越，但选择使用"优越"这个词就带有主观性，因为另一名作者可能不会说"优越"，而说成"新的技术比现有技术的可靠性更高"或者别的。

3.5　了解什么是本学科方向的研究结果与研究过程

带来研究结果是研究的目的。有的研究结果是定性研究结果，有的则是定量研究结果。许多结果可以以图形、表格、数学定理和文字主张等形式呈现。一篇关于每日一英里的论文[30]既有定性结果也有定量结果。研究结果的更多形式与学科、方向、问题和研究阶段有关，可通过阅读与自己研究方向相关的近期文献去了解与自己相关的具体形式。在本节，我们首先从贡献和影响两个视角来了解研究结果的一般形式与高级形式，最后介绍得到结果和处理结果的一些常见过程，这个过程属于科学研究的核心过程。

3.5.1　从贡献看结果的一般形式

将研究结果表示为贡献可以涵盖研究结果的多种形式。研究生的贡献（contribution）可以更具体地表述为带来了新的知识[31]，此时，可以分为三种类型：带来原创知识、对现有知识进行完善、拓展现有知识的边界。

所谓原创，就是从无到有，与已有的东西至少有本质的区别，可以被独立命名。常见的原创知识形式有：

① 提出了新的思想、观点、原理、理论、模型或假设；
② 创造了新的研究方法、工具等；
③ 给出了新材料、作品、模型、方案等的设计原理；
④ 预测或发现了某种效应、行为、规律、存在、现象、趋势等；
⑤ 创造了一种过程知识，如解决问题的独特思路。

对现有知识的完善是指围绕一条已知的但并不完善的知识开展的工作，常见的知识完善形式有：

① 证明或证伪了某条假设、猜想；
② 确立了某种现象或效应的原因、影响或相关性；
③ 表征了某种行为、性质、特性或特征；
④ 纠正了现有认识的错误；
⑤ 解决了两个不同观点之间的冲突；
⑥ 对观察到的现象进行了分类；
⑦ 将知识体系规范化；
⑧ 得到了某理论模型的解析解；
⑨ 验证了某类方法的使用价值或有效性；

⑩ 具体化别人的思想。

对现有知识的拓展与上面对现有知识的完善有所区别，前者类似于人类将探索宇宙的任务拓展到了太阳系以外，后者类似于将对太阳系本身的认识进行完善。常见的对现有知识边界的拓展有：

① 填补了某个空白；

② 拓展现有理论或方法的适应范围；

③ 把两个或多个已有的概念结合起来，展示出新的、有用的东西。

顺便指出，以上由本书作者提出的新知识的 18 个形式被清华大学部分院系用作研究生创新成果认定的参考依据。一些重大奖项（如诺贝尔奖）的获奖原因可以与上面的部分条目的关键词（如证明、证伪、模型、因果关系、发现）进行对应。图 3-13 给出了几份诺贝尔物理学奖和诺贝尔经济学奖的获奖原因，更多诺贝尔奖的获奖原因可以从诺贝尔奖官网找到。许多诺贝尔奖获奖原因是因为带来了重大发现（图 3-13 的⑥～⑨以发现作为关键词）。

一些获奖原因

① 阿兰·阿斯佩(Alain Aspect)、约翰·克劳泽(John Clauser)和安东·蔡林格(Anton Zeilinger)因使用纠缠光子进行实验、证伪贝尔不等式并开创量子信息科学而获得2022年诺贝尔物理学奖。

② 罗杰·彭罗斯(Roger Penrose)因证明了黑洞是爱因斯坦广义相对论的直接结果而获得2020年诺贝尔物理学奖。

③ 约书亚·D·安格里斯特(Joshua D. Angrist)和吉多·W·伊本斯(Guido W. Imbens)因对因果关系分析的方法学贡献获得2021年的诺贝尔经济学奖。

④ 托马斯·萨金特(Thomas J. Sargent)和克里斯托弗·西姆斯(Christopher A. Sims)因对宏观经济因果关系的实证研究获得2011年诺贝尔经济学奖。

⑤ 真锅淑郎(Syukuro Manabe)和克劳斯·哈塞尔曼(Klaus Hasselmann)因建立了地球气候的物理模型获得了2021年诺贝尔物理学奖。

⑥ 乔治·帕里西(Giorgio Parisi)发现了从原子到行星尺度的物理系统中无序和波动的相互作用以及复杂系统的隐藏规律，以此获得了2021年诺贝尔物理学奖。

⑦ 赖因哈德·根策尔(Reinhard Genzel)和安德烈娅·盖兹(Andrea Ghez)因在银河系中央发现超大质量天体而获得2020年诺贝尔物理学奖。

⑧ 米歇尔·马约尔(Michel Mayor)和迪迪埃·奎洛兹(Didier Queloz)因首次发现太阳系外行星获得2019年诺贝尔物理学奖。

⑨ 为发现引力波作出贡献的雷纳·韦斯(Rainer Weiss)、巴里·巴里什(Barry Barish)和基普·索恩(Kip Thorne)获得2017年诺贝尔物理学奖。

图 3-13 部分诺贝尔奖获奖原因

3.5.2　从影响看结果的高级形式，颠覆性与突破性，一句话介绍

一些研究结果会造成深远的影响。我们先看一个例子。据澎湃新闻援引相关报道，2019 年诺贝尔物理学奖获奖者詹姆斯·皮布尔斯（James Peebles）对宇宙学的洞见丰富了整个领域的研究。他从 20 世纪 60 年代中期发展起来的理论框架成为当代宇宙学的基础，他利用这些理论成功破译了宇宙诞生之初留下的痕迹。依据他的理论可以推算出宇宙中95%都是神秘的暗物质和暗能量，而通常观测到的普通物质只有 5%。另外两位获奖者马约尔和奎洛兹基于恒星会因行星引力变化而产生微小摆动的理论首次在太阳系外发现一颗行星。这一发现被认为堪比哥伦布发现新大陆，引发了系外行星探索的热情，掀起了一场天文学革命，随后科学家在银河系中发现了逾 4000 颗行星。

我们熟悉的一种衡量工作价值的指标是包含工作的论文的被引用次数。按照 Semanticscholar 网站的文章 "What are highly influential citations?" 引用有背景引用（即在介绍研究背景时引用）、方法引用（引用方法）、结果引用（引用结果）和高影响力引用之分。在高影响力引用之中，被引论文对引用论文有重大影响。

衡量科学研究工作价值的一项重要指标是突破性因子。帕克（Michael Park）、莱希（Erin Leahey）和芬克（Russell J. Funk）在研究颠覆性工作发展趋势的研究中引入了相关概念[32]。颠覆性（disruptive）工作属于突破性（breakthrough）工作的一类。颠覆性工作改变现有知识并推动科学技术朝着新的方向发展。例如，沃森和克里克是诺贝尔奖得主，他们提出了一种 DNA 结构模型[33]，取代了以前的方法（例如鲍林的三螺旋）。突破性工作的另一类是巩固性（consolidating）工作（改善现有知识从而巩固现状）。例如，科恩（Kohn）和沈吕九（Sham）利用已建立的定理发展了一种计算电子结构的方法，巩固了先前研究的价值，他们 1965 年的论文[34]也获得了诺贝尔奖。沃森和克里克、科恩和沈吕九的研究都很重要，但他们对科技变革的影响不同。帕克、莱希和芬克使用 CD 指数（consolidating/ disruptive index）来量化这一区别，CD 指数表征了科学和技术的巩固性或颠覆性，−1 表示巩固前面的工作，+1 表示颠覆性。如果一篇论文或专利具有颠覆性，那么其他人在引用它时，可能会引用它的后续工作，而不太可能引用它之前的一些相关研究工作。如果一篇论文或专利属于巩固性工作，那么有可能引用它的后续工作，更有可能引用它之前的一些相关研究工作。

据马克斯·科兹洛夫（Max Kozlov）于 2023 年 1 月 4 日发表在 Nature 网站上的文章 "'Disruptive' science has declined—and no one knows why"，芬克给出了颠覆性创新定义——打破过去的思维方式或做事方式，并带来开辟新领域的科学知识或技术的创新。

颠覆性技术创新可能带来通用技术。据参考消息数字报援引英国《经济学

人》周刊的文章，通用技术是一种翻天覆地的创新，能够提高众多行业和职业的生产率。斯坦福大学蒂莫希·布雷斯纳汉和特拉维夫大学曼努埃尔·特拉伊藤贝格在 1995 年发表的文章描述了通用技术特征：被许多行业使用，具有持续改进的潜力，能催生创新互补性，即在使用的行业中引发连锁创新。

通用技术往往会释放巨大的动能，催生出大量的技术创新并引发一系列的科学研究。

越重要的工作越容易用一句话介绍。历史上一些重要工作及其影响可以用一句话总结。下面是安德鲁·斯台普顿（Andrew Stapleton）博士于 2023 年 5 月 8 日发表在 Academia Insider 网站上的文章 "The best PhD thesis and dissertations in history" 中对一些重要贡献给出的一句话总结，其中有不少工作属于学位论文工作。

艾萨克·牛顿（1687）专注于运动定律和万有引力，开创了经典力学领域。

伊曼努尔·康德（1781）探索了人类知识的本质，结合了经验和理性的方法来理解世界。

卡尔·马克思（1841）批判了德谟克利特和伊壁鸠鲁的哲学理论，形成了唯物史观。

查尔斯·达尔文（1859）通过自然选择研究了物种的进化，从根本上改变了对生物学的科学理解。

西格蒙德·弗洛伊德（1884）研究了可卡因的潜在药用用途，影响了精神病学和精神分析学的思想。

马克斯·普朗克（1900）引入了能量量子化的概念，并为量子物理奠定了基础。

玛丽·居里（1903）探索了放射性元素的性质，从而发现了钋和镭。

阿尔伯特·爱因斯坦（1905）导出了一个确定分子大小的方程，导致了物质原子理论的发展。

尼尔斯·玻尔（1913）为原子的量子力学模型提供了基础，对物理学领域产生了重大影响。

埃尔温·薛定谔（1926）发展了波函数方程，从根本上改变了科学家对量子力学的理解。

弗里德里希·哈耶克（1935）挑战了主流经济理论，重点关注市场体系中自发秩序的重要性。

艾伦·图灵（1936）引入了图灵机的概念，奠定了计算机科学和计算理论的基础。

西蒙娜·德·波伏娃（1949）探索了女权主义哲学和女性在社会中的作用，激发了无数关于性别平等的辩论和运动。

约翰·纳什（1950）引入了"纳什均衡"的概念，彻底改变了博弈论和经济分析领域。

詹姆斯·沃森和弗朗西斯·克里克（1953）揭示了 DNA 的结构，揭示了双螺旋结构，为现代分子生物学奠定了基础。

马丁·路德·金（1955）考察了蒂利希和维曼的神学哲学，培养了非暴力抵抗的思想。

罗莎琳德·富兰克林（1956）提供了对抗体的三维结构及其与抗原相互作用的见解。

珍妮·古道尔（1965）彻底改变了对灵长类动物行为的理解，打破了动物行为学和灵长类动物学领域的障碍。

斯蒂芬·霍金（1966）研究了宇宙大爆炸理论和黑洞，为宇宙学提供了重要的见解。

乔治·阿克尔洛夫（1970）开创了市场不对称信息及其对产品质量影响的分析。

拉里·佩奇和谢尔盖·布林（1998）引入了 PageRank 算法，为谷歌搜索引擎的发展奠定了基础。

瓦戈和勒斯克（2004）专注于服务主导逻辑，研究市场形成和价值共创。

斯台普顿指出，作为历史上许多有影响力的作品中的一小部分，上述工作塑造了人们对各个领域的理解，并对科学和社会进步产生了持久的影响。这些令人难以置信的研究成果也塑造了我们对世界的理解，激发了无数的创新、发现和突破。

3.5.3　研究过程，研究的反馈回路

针对研究问题，开展研究以得到研究结果并通过对结果的分析以确认重要结果的真实性和意义这样的过程是研究的核心过程。

研究过程可以抽象地分解为如下七个步骤，其中步骤（5）、（6）有可能导致反馈回路，使得研究过程重新回到前面某一步。研究的英文单词"research"就隐含了重新寻找的意思。

（1）对研究问题进行分解，使得研究问题的研究可管理（3.3.1 节）。

（2）明确研究假设或研究目的（见 3.3.4 节）。

（3）选择、学习、发展、部署研究工具，确定研究思路（与研究工具或方法相关的概念见 3.4 节）。

（4）使用研究工具获得研究结果。得到结果的常见方式将在下面介绍。

（5）对结果进行分析，确认结果的合理性和真实性。如果结果不合理或没有意义，就依据情形，回到前面的步骤（1）、（2）、（3）。

（6）从结果发现新的问题，提出新的假设和新的研究目标，回到第二步开展进一步研究。

（7）对结果进行整理。

步骤（4）使用研究工具获得研究结果可以看成是研究过程中的核心环节，之前的三个环节属于准备性环节，后面的三个环节属于总结性环节。

很难想象有多少种方式可用来获得研究结果，具体方式应当与 3.5.1 节介绍的研究结果的可能形式有关。以下只是三个常见的例子（在一项具体研究中这三种可能被结合使用）：

（1）通过观测、调查等方式收集研究结果。这种方式属于看到什么就是什么。必要时可以对结果进行相关性分析。对于规律性的观测结果归纳出一般性规律。

（2）通过想象、推理获得研究结果。可用于构建新的理论。可用于追溯原因，可用于从一般理论出发获得特定条件结果。必要时可以对结果建立因果关系。

（3）通过试验、仿真等方式获得研究结果。必要时可以挖掘结果的表现形态和隐藏的规律。

每一种方式到底又是什么过程，这个过程有多少细节、坎坷、反复和不确定性等，与具体研究类型和研究者有关。据说，一些数学家可以在梦中完成推理，有人在澡堂一边思考一边有新发现。有不少研究是在人们为我们创建或购置的研究设施中完成。我们无法讨论各种情形。*Stanford Encyclopedia of Philosophy* 上的"科学方法"词条就指出：

> "由于科学活动在学科、时间、地点和科学家之间差异如此之大，以至于任何能够将其统一起来的描述要么由压倒性的描述性细节组成，要么由过于平凡的概括组成。"

正因为如此，无论我们是否面向同一问题，使用同类方法，我们每人所经历的详细研究过程将是独特的。为了更快地获得结果，甚至获得更重要的结果，在借鉴别人经验的同时，需要引入自己独特的思考。另外，在 3.2 节介绍的显性知识和隐性知识以及在 3.4 节介绍的方法掌握得越多越深，越能融会贯通，那么就越能更快地获得结果，获得更重要的结果。

在许多情形下，拥有好的主意和想法，可以帮助我们在研究中克服遇到的困难，甚至获得超越原有目标的意外发现。那么，主意和想法是如何诞生的？这就是下面要讨论的。

3.6　主意/想法是如何诞生的

人类天生具有好奇心和创造力，有的研究成果来自于一个尤里卡（Eureka）时刻，即突然有了一个想法，有的则是不断改进或不断交流的结果。一个不错的想法可以促成重要的、出人意料的研究成果的诞生。然而，按 Smith 所述[35]，提出大胆的想法是研究中最困难的事情。在科学研究中诞生主意既重要又不容易，可能存在有助于诞生主意的方法，可能存在有利于诞生主意的个人品质，还可能存在诞生主意的环境。

3.6.1　可能有助于诞生主意的 OBC 框架

科克（Kock）、阿萨夫（Assaf）和齐奥纳斯（Tsionas）的文章归纳了有助于提出大胆想法的 OBC 框架：O 指观察（observe），B 指桥接（bridge），C 指挑战（challenge）[36]。

首先是观察世界（observe the world）。概念和理论只有建立在令人信服和有趣的现实观察基础上，才真正重要，因此，论文的理论和实践重要性与其所能解释的现象的生动性和相关性成正比。依据冯·克罗（von Krogh）等的观点，这种基于现象的研究的主要目的是捕获、描述和记录以及把现象概念化，以便进行适当的理论化和研究设计的开发。

其次是桥接不同学科（brige disciplines）。产生大胆研究想法的第二个策略是结合两个或更多学科，有意利用相关学科的人力、理论、方法和/或经验资源，为自己的学科提供新的见解。这种桥接可以导致大胆的想法和新理论的发展，重新设计理论以适应新原则时的结构。

最后是挑战假设和理论。第三个策略是挑战先前研究所依赖的假设和理论，从而"突破"学科的边界。

OBC 框架随后在商业营销研究中得到应用[37]。

古普塔（Gupta）在他的论文中举了一个主意的例子[38]。丹麦哥本哈根大学植物病理学教授索维格·丹尼尔森（Solveig Danilsen）想到将卫生系统方法应用于植物保健，即提出将人类初级保健方法用于作物护理。这便是利用桥接诞生主意的例子。

3.6.2　诞生主意可能需要的品质，洞察力

通常情况下，主意或想法在本质上新鲜、有才华和好奇心的头脑中萌芽，它被头脑转化为研究问题。

上面提到的古普塔在他的论文中举例讨论了研究人员诞生主意所需的潜质，他给出了几个我们可能已经熟悉的例子。这些品质包括洞察力等与众不同的能力，也包括激情、勤奋、专注和奉献等主观品质。洞察力是观察到别人不能观察到的东西的能力，是看到问题本质的能力，是一种针对研究的渗透力量，是理解事物的内在本质的能力，是凭直觉观察去理解抽象行为或提取抽象结果的能力。下面是古普塔论文中关于研究人员品质的一些举例。

对于某些学术伟人，如数学家斯里尼瓦瑟·拉马努金（Srinivasa Ramanujan），他们拥有与生俱来的天赋和远见。这类人既不是教会的也不是学

到的。就像牛顿，尽管每个人都看到苹果落下，但只有牛顿注意到了，他最敏锐的感觉是观察，观察别人不能观察到的东西，然后分析和解释，这让他这样的顶尖研究人员与众不同。

获得 2009 年诺贝尔奖的以色列女科学家阿达·约纳特（Ada Yonath）从事核糖体化学图谱研究时在车里睡了七年。她通过对研究近三十年的痴迷和执着来获得回报，她的个人特质是将一心一意的投入（devotion）、激情（passion）、辛勤工作（hard working）和奉献（dedication）化作了个人的象征。

德国化学家弗里德里希·凯库勒（Friedrich Kekule）投入多年的研究，致力于解开苯的分子结构这个后来奠定了有机化学一个巨大分支基础的谜团。他从一条蛇用嘴咬住自己的尾巴形成一个环状结构的梦境中得到启发，发现苯的环状结构。这则轶事突出了凯库勒除了专心致志之外，还突出了其对研究理念的强烈关注和持续冥想的优点。

玛丽·居里是我们熟悉的例子。在几十年的工作期间，她因在实验室暴露于辐射而感染。但是，她的勤奋、奉献和对个人舒适和安全的全然不顾，还有纪律和极度努力的工作，让她成为到目前为止唯一一位在两门科学领域获得诺贝尔奖的女性。

尼古拉·哥白尼挑战了 2000 年历史的地球是宇宙中心的理论，并提出地球只是围绕太阳旋转，从而奠定了现代天文学的基础。好奇心、毅力和开放的心态是他成为一名优秀的研究人员的一些基本特征。他的例子说明，与意外情况搏斗并达成新的理解，挑战旧的思维方式是好的研究的关键。

古普塔还指出，在现代，研究人员必须是一个热心的读者，充分了解他所在领域的最新工作，乐于接受建议、分析和批评。渴望研究立竿见影是一种罪过。对快速结果的渴望可能会诱使研究人员伪造数据，这会对他们产生直接的狭隘结果，而且同样的做法也是以牺牲科学为代价的，并带来长期的有害影响。剽窃不仅会使个人声誉毁灭，而且会误导整个科学界。研究是一种进化，必须是缓慢的、深思熟虑的和递进的。不惜一切代价的诚实是一个出色研究者的标志。对研究方法和统计的良好知识使科学家更加完整，因为这样才能够更好地预测、欣赏和解释结果。

3.6.3　可能存在有助于诞生主意的环境

首先是社会环境。古普塔还指出，内在天赋和个人属性以及好奇和好奇的头脑足以催生出一个聪明的想法。但需要通过肥沃的土壤来滋养，使其苗壮成长并结出果实。充足的基础设施、资金和简单的程序是健康的研究环境的基本要求。

其次是团队环境。群体性环境会提供诞生主意的源泉。研究人员的团队合作有助于诞生主意、诞生提高创造力的团队合作模型。莎拉·哈维（Sarah

Harvey）的研究发现[39]，团队成员观点的创造性综合是新思想的基础，让团队的一个想法带来激进、突破性创意产品的可能性增加。

最后是个人环境。例如，在饮水机周围可以与其他来取水的人交流，碰撞火花，产生主意。人们常说，公共汽车（bus）、澡堂（bath）和床铺（bed）是突然诞生主意的地方。突然诞生好主意的时刻可以称之为尤里卡时刻。大家熟悉的阿基米德关于浮力的想法据说是来自于澡堂灵感。

冲澡或类似环境能带来灵感这一说法现在得到了科学研究的证实。弗吉尼亚大学的欧文（Irving Z C）等科学家研究了淋浴的效果，得出了在适度参与的活动中思维漫游有助于创造性孵化的结论，并指出[40]，人们似乎经常在适度参与的活动中产生创意，例如淋浴或散步。对这种淋浴效应的一种解释是，创造性想法的产生需要在集中的线性思维（限制原创性）和无限的随机联想（很少有用）之间取得平衡。像步行这样的活动可以帮助我们在一个对思维有一些限制的迷人环境中进行思维漫游，从而达到这种平衡。通过两项研究，他们发现走神会带来更多创造性的想法，但只存在于适度参与的活动中。

2022 年 10 月 16 日，*Franceinfo* 以采访的形式解读了上述研究，由《埃斯皮隆科学》杂志的编辑马蒂尔德·方茨（Mathilde Fontez）解读洗澡对大脑的有益作用。文章指出，长期以来，认知心理学专家猜想淋浴会引发一种创造力的激增：在热水下，当我们沉浸在熟悉的姿势中时，想法会更容易出现，更激进，更具原创性。美国弗吉尼亚大学的研究人员证明了这种“淋浴效应”，因为这是个“适度吸引人”的地方，有“精神孵化”作用，即为了让我们的大脑在一个问题上取得进展，它需要一个刺激性的休息，从而在自由反射和目标反射之间取得平衡。洗碗或森林散步也有同样的效果。

托马斯·爱迪生利用黄昏时刻坐在椅子上睡觉，他手持两粒钢球，睡着后球会掉下来，落下的咔嗒声会把他吵醒，这样醒来时创造力极强。这是劳拉·桑德斯（Laura Sanders）的文章在报道一项近期关于从睡眠初始阶段醒来时的创造力的研究时提到的传说。克莱尔·威尔逊（Clare Wilson）的文章还提到了西班牙艺术家萨尔瓦多·达利（Salvador Dali）也利用了这种半睡半醒状态获得创造性见解。按此说法，当我们进入梦乡时，我们的创造力会在一种不寻常的精神状态中激增。

据劳拉·桑德斯的文章，巴黎大脑研究所（The Paris Brain Institute）的认知神经科学家德尔芬·乌迪特（Delphine Ouditete）和他的同事们从爱迪生培养创造力的方法中获得了灵感，通过研究证实利用浅睡可能能提高创造力，文章于 2021 年以标题“开始入睡是一个有创意的最佳时机”发表在 *Science Advances* 上[41]。在这项引起广泛报道的研究中，她和她的同事把 103 名健康人带到实验室来解决一个棘手的数字问题。这些志愿者得到了八位数的数字序列，并需要通过应用两条规则以某种方式对其进行操作，直到得出最终答案。他们没有被事先告知，有一个隐藏的捷径能给出正确的答案。与爱迪生的技术类似，研究人员要求人们用手拿一个瓶子，这样如果他们睡着了，把瓶子掉在地上就会把他们吵醒。志愿者们还将电极放在头皮上，这样研究人员就能知道他们是否真正入睡。使用这种方法，24 人在休息期间至少有一次 30 秒的 N1 睡眠（浅睡眠、短暂睡眠）；另外 14 名志愿者通过 N1 进入 N2 睡眠（深度睡眠阶段），而其余则完全没有入睡。这样休息了 20 分钟之后，志愿者再次完成了数学任务。在这种情况下，达到 N1 阶段的人有 83%找到了隐藏的捷径，保持清醒的志愿者的成功率降为 31%，进入 N2 睡眠的志愿者只有区区 14%获得成功。也就是说，浅睡、短暂睡眠的人发现隐藏的捷径的可能性是未睡的人的 2.7 倍，是达到深睡阶段的人的 5.8 倍。据此，科学家得出这样的结论，N1 阶段的睡眠会带来创造性的见解，因为这个睡眠阶段是清醒和无意识之间的中间阶段。研究结果提出了一种诱人的可能性，人类也许能够利用浅睡来提高创造力，或者根据需要产生与创造力相关的混合脑电波。

霍洛维茨（Horowitz）等发表的文章[42]进一步揭示了睡眠启动与创造性思维的关系。他们进行了有针对性的梦境孵化（一种在睡眠开始时提供听觉提示，以将特定主题引入梦境的方案），发现与清醒相比，睡眠启动一段时间后，任务反应中的创造性表现增强，介于清醒和睡眠之间的阶段是创意迸发的关键期。英格丽德·威克尔格伦（Ingrid Wickelgren）为此在《科学美国人》上撰文，指出霍洛维茨等的研究发现了托马斯·爱迪生和萨尔瓦多·达利成功的秘诀，即通过梦境激发创造力。

3.6.4　从想法到最终发表

通过上面介绍的几种方法刻意提高创造力可能只适应于那些本身有志于提高创造力的人群。

对于其他人群，获得主意或产生想法的更多途径可能与前面介绍的研究问题来源类似。有时是他人所赐，即其他人（例如导师）给自己带来了想法，自己只需要实现。有时是瓜田摘瓜，即我们进入了这样一个的领域，如同西瓜地里有许多西瓜一样，只要我们参与，就能摘到西瓜。有时是砌墙，即某类研究已经产生了一个想法在做，我们只需要接着别人的工作做，等于参与到一个共同的想法之中，就像大家围绕一个想法在砌墙，我们只需要加进去添砖加瓦。有时是碰撞出火花，指交流双方本来都没有想法，通过相互碰撞产生新的想法。有时是大海捞针，虽然知道针掉到大海里了，但捞出来可能非常不容易。例如，为了解释大尺度宇宙结构的观察结果，人们假定存在暗物质。但探索暗物质的困难可以用大海捞针来形容。

有了想法还需要实现想法，并发表由想法产生的结果，这往往还有许多路要走。

在许多情形下，从诞生想法到发表结果类似于打靶。首先遇到的困难是，没有目标，没有方向，就连靶都看不到。如果有了方向，看到了靶，但还有可能有方向错误。如果方向正确了，则可能因打靶技术不足无法瞄准。如果技术过硬，则可能遇到障碍，例如卡壳了，刮风了。如果没有障碍或者克服了障碍，也可能发挥失常。如果发挥正常，打中靶心，也有可能遇到裁判不公。

2019 年 12 月，塞布丽娜·斯蒂尔沃特（Sabrina Stierwalt）在《科学美国人》发表了一篇采访稿，介绍系外行星科学家莫伊亚·麦克提尔（Moiya McTier）是如何把一个想法变成一篇公开发表的科学论文的。按麦克提尔的说法，关于科学过程最可怕的事情之一就是（如何）想出一个主意，必须经过大量的训练才能达到自己能够想出自己的想法或拥有自己研究计划的程度。下面是采访稿给出的麦克提尔的一则具体研究经历。

即使想法来自于别人，实现想法可能也会走很多弯路。莫伊亚就有这样的经历。原来，她所在的系的一名研究人员洗澡时想出了一个主意，并和她讨论了这个主意。这个想法转换成问题后可表述为"行星更有可能围绕缓慢运动的恒星形成吗，一颗恒星的速度和它是否会容纳行星之间有任何关系吗？"莫伊亚觉得探索这个想法会非常令人兴奋，便依据这个主意开展了工作。她首先使用了开普勒任务（Kepler mission）的数据，然后用计算机做实验，花了几个月时间去比较一组有行星的恒星和一组没有行星的恒星的速度。有了结果后，她又花了几个月的时间观察结果，得出的结论是，行星更可能在慢行恒星周围形成，或者至少更可能在慢行恒星周围生存。接下来她与同事讨论，告诉他们自己观察了什么，得到了什么结果，并问他们有什么看法，问他们自己可能做错的任何事情，并解释一下自己没有想到的事情。因此，她花了很多时间试图证明自己哪里错了，以便确保最终正确。果然，在与她的导师和该领域的其他专家进行了长时间交谈后不久，她更改了代码中的几个变量，原有结果消失了。原来，几个月来她一直在观察的事实际上只是开普勒望远镜某些选择偏差的结果。由此可见，有了想法，要最后实现想法，往往还要经历漫长的研究。

3.7　科学研究的一些概念

如第 1 章介绍的，研究生有学术学位和专业学位两大类型。无论我们开展的个人研究能从多大程度上纳入严格意义上的科学研究范畴，主动了解科学研究的一些概念可以帮助我们在开展具体研究时找到自己的定位。这如同我们个人虽然只是生活在一个小小的地区，但有必要了解一下世界地理，了解我们的地区处在世界地图中的位置，了解除了自己所在地区有什么地貌、气象和物产，也了解一下世界各地大致有什么，这些了解让我们与世界建立联系、走出去或者借鉴别处的优势等有重要参考意义。

3.7.1 科学研究及其目的

关于科学研究的科普级别的概念随处可见，但全面讨论又十分困难，因为科学研究的概念有狭义理解和广义理解之分。

狭义理解强调科学研究是纯粹的，涉及仔细的观察、严格的推理和巧妙的假设。这种狭义理解的一种典型思路是将科学研究视为科学家的研究，以致连数学家都不被归类到这种科学家类别之中。例如，凯尔西·休斯顿-爱德华兹（Kelsey Houston-Edwards）在讨论数学世界是否是一种客观存在，数学到底是发现还是发明的文章 "Is the mathematical world real"（于 2019 年发表在 Scientific American 网站上）中就暗示数学家不同于科学家，文章指出，科学家通常是从观测中推断自然基本原理，相比之下，数学家从一组对象和规则开始，然后严格证明它们的结果，作为演绎，这种证明通常从更简单的事实构建到更复杂的事实。

广义理解则让科学研究的概念更广泛，因此难以既严格又包罗万象地定义广义理解下的科学研究概念。图 1-6 列出的各个学科或专业学位类别所从事的研究也许可以纳入广义理解的科学研究概念。虽然它们也许不能全归类到狭义理解下的科学研究，但狭义理解下的科学研究的思维和严谨性要求往往会渗透到各类研究之中。

我们将在 3.7.2 节介绍人们提出的一些关于（狭义概念下的）科学研究的零星概念，了解这些概念可能有助于我们将科学研究的思维引入到我们自己的研究之中。

科学研究的目的也有一些常识级别的定义，例如其目的可能被描述为探索规律、建立理论，用于解释自然或社会现象，换言之，用于建立科学知识。如果太空探索也属于一种科学研究，那么我们可以借用太空探索计划的目标——通过探索来了解未知领域、通过革新来给人类带来福祉、通过发现来激励世界——来理解什么是科学研究的目的。

科学研究的目的还可以从科学研究带来的贡献来理解。科学研究会给科学进步带来贡献，后者进一步给人类社会带来贡献。给科学进步带来贡献的形式有发现、分析、解释、集成和发展等五大类型[43]。

发现：当科学证明存在以前未知的现象或现象之间的关系时，或者当科学发现对现象的广泛理解是错误或不完整的时，科学就会取得进步。

分析：当科学发展出概念、分类、理解框架、方法、技术或数据，使揭示现象或测试其解释成为可能时，科学就会取得进步。因此，知道在哪里以及如何寻找发现和解释是科学进步的一个重要类型。改进的理论、严格和可复制的方法、测量技术和数据库都有助于分析。

解释：当科学发现现象随时间（或其他因素）变化的规律，或找到支持、排除或导致对这些规律的可能解释的证据时，科学就会进步。

集成：当科学将不同领域或组织层次的理论或解释联系起来时，科学就会进步。因此，当科学产生并支持涵盖更广泛现象类别的理论和解释，或将不同研究领域或分析水平产生的理解联系起来时，科学就会进步。

发展：当科学激励一个领域或学科的额外研究，包括对过去结论的批判性研究，以及当它激励原始领域之外的研究，包括跨学科研究和对以前研究不足的问题的研究时，科学就会取得进步。当它吸引新的人来研究一个重要的研究问题时，它也会发展起来。

这些进步可以理解为实现了科学研究的目标。

3.7.2　科学研究的若干概念

我们将从五个方面来呈现一些学者们提到的关于科学研究的零星概念。需要事先指出的是，这里摘录的概念并不能覆盖科学研究的所有情况，尤其不能覆盖所有学科的情况，大多数只属于狭义理解下的科学研究概念。

第一，科学研究的目标是通过科学研究方法诞生具有科学性的知识或理论。据阿丽娜·布拉德福德（Alina Bradford）和阿什利·哈默（Ashley Hamer）于 2022 年发表在 Live Science 网站的文章 "Science and scientific method：definitions and examples"，科学方法是一种用来发现宇宙中的事物是如何工作的系统和逻辑的方法，通过对宇宙中所有事物的发现而完成知识的累积。科学研究直接输出研究结果，如发现。属于一个领域或方向的研究结果经过他人筛选、确认、综合、推广和系统化等工作，形成具有科学性的知识或理论。具有科学性的知识或理论要么能描述世界，要么能解决实际问题。依据《韦氏词典》，科学研究诞生的知识应是基于可证明和可重复的数据的知识（3.4.2 节提到，有的科学研究结果不一定能重复）。在科学研究中，我们可能会生成和测试假设，且当一个想法在许多实验中得到证实时，它可以被称为科学理论。据阿丽娜·布拉德福德（Alina Bradford）和阿什利·哈默尔（Ashley Hamer）援引怀卡托大学的认识，"科学理论可以解释一种现象，但科学定律可以描述一种现象。"因此，一条定律描述了一种观察到的现象，但它并不能解释这种现象存在的原因。提出的假设要成为一种理论，科学家必须进行严格的测试，通常由不同的科学家团队跨多个学科进行测试。

第二，科学研究的结果需要被整理成科学界普遍接受的规范形式。只有表述成规范形式，才可比较、可检验并可向广泛的受众传播。也可以说，无法整理成规范形式的结果要么不属于科学研究结果，要么还没有挖掘到属于科学研究结果的高度。例如，文字类主张需要清晰、客观以使不同读者产生相同的理解，且主张合理，并有证据或理论支持。一些数理逻辑类主张可被整理成定理等形式。又如，数字、符号和单位等需要满足出版物规范，例如满足国标或国际规范。对于数值类结果，少量的放在文字中、中等数量的放在表格中、数量较多时用图形表示。图形需要浓缩到能揭示规律的程度。我们看一个相图的例子，从这个例子可以看出研究结果可以浓缩到何种高度。试图破译影响复杂生态群落行为的所有因素是一项艰巨的任务，相关研究引起了一些报道。科学家最终发现，这些生态系统的行为取决于两个参数，一个是物种数量，另一个是它们之间相互作用强度。发表在《科学》的一项研究表明[44]，生态群落有三种状态，分别是种群稳定共存状态、稳定性丧失状态和种群波动状态，每种状态在以物种数量为横轴、相互作用强度为纵轴的相平面上占据一个特定的区域，这个图就是一种相图。这种相图以一种非常简单的形式总结了大量的信息。这种将结果整理成一幅图的做法具有一定的代表性，难怪"返朴"公众号的文章在总结贝瑟尔学院名誉物理学教授多恩·莱蒙斯（Don S. Lemons）的专著[45]时，指出物理学的精妙思想，可能就在一幅简单的图中。

第三，科学研究强调使用客观证据面对客观世界，而不是主观见解或偏好。这里所说的证据是一种广义的证据：可以是研究人员自己搜集的证据，也可以是使用别人给出的证据，也可以是一种由证据归纳出的理论或被证据证实的假说。有时证据是直接的，有时是间接的。直接证据往往来自于直接观察，间接证据需要结合逻辑推理才能被认定为证据。直接证据往往不难面对，但间接证据需要拥有更多关联思维。直接证据的一种形式是数据（data）。NASA在 2022 年 10 月 22 日宣布不明飞行现象研究小组成员的声明中提到其总部科学任务局副局长托马斯·祖布钦（Thomas Zurbuchen）关于科学与数据的关系。祖布钦认为，数据是科学家的语言，使无法解释的事情变得可以解释。间接证据的一种形式是线索（图 3-14）。据亚当·弗兰克（Adam Frank）于 2022 年 10 月 22 日刊登在《环球科学》上的文章"我们应该寻找什么样的外星生命，高等的还是低等的？"，在调查一个星球上的外星生命时，必须寻找生物特征和技术特征等间接证据，因为我们暂时无法直接观察到外星生命。大气层中同时存在氧气和甲烷就是一种暗示有生命存在的生物学特征。技术特征包括大气中有工业排放物，或者星球表面有大规模太阳能板产生的反光。需要提供的证据的强弱程度往往与主张的重要性有关。主张可以分为平凡和非凡的主张两大类，尽管很难给出非凡主张与平凡主张的严格界限[46]。对于非凡的主张，按天文学家卡尔·萨根（Carl Sagan）的格言，非凡的主张需要非凡的证据[47]。

第四，科学研究的严谨性通过一系列过程或步骤来实现。詹姆斯·K·费布尔扬（James K. Feibleyan）指出，使用科学方法的完整例子基本上遵循同一套

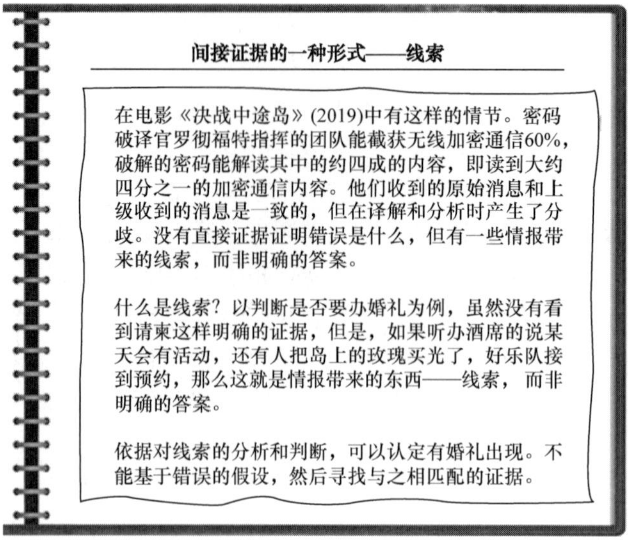

间接证据的一种形式——线索

在电影《决战中途岛》(2019)中有这样的情节。密码破译官罗彻福特指挥的团队能截获无线加密通信60%，破解的密码能解读其中的约四成的内容，即读到大约四分之一的加密通信内容。他们收到的原始消息和上级收到的消息是一致的，但在译解和分析时产生了分歧。没有直接证据证明错误是什么，但有一些情报带来的线索，而非明确的答案。

什么是线索？以判断是否要办婚礼为例，虽然没有看到请柬这样明确的证据，但是，如果听办酒席的说某天会有活动，还有人把岛上的玫瑰买光了，好乐队接到预约，那么这就是情报带来的东西——线索，而非明确的答案。

依据对线索的分析和判断，可以认定有婚礼出现。不能基于错误的假设，然后寻找与之相匹配的证据。

图 3-14　用迹象作为间接证据的例子

程序和大致相同的顺序：观察、假设、实验、理论、预测和控制[48]。用美国科学促进会的话说，科学研究的过程是一系列"提出问题、产生假设、设计实验、观察自然、检验假设、解释和评估数据，以及决定如何跟进研究结果"的过程。我们可以从加州大学伯克利分校提供的一个专门理解科学的栏目（Understanding Science）找到各种过程如何工作的通俗易懂的解释，包括如何观察、如何形成假设、如何做实验、科学研究的真实过程、如何测试科学想法、在科学界如何开展分析工作和科学研究的价值。*Stanford Encyclopedia of Philosophy* 上的"科学方法"词条指出，"通常被认为是科学特征的活动包括系统的观察和实验、归纳和演绎推理，以及假设和理论的形成和检验。"根据上面提到的布拉德福德和阿什利·哈默尔的文章援引的海莱恩学院（Highline College）的说法，一种常见的科学方法的步骤是：进行观察，提出或归纳出一个初步假设，即可以对观察到的现象进行描述的假设，在可重复的实验中测试假设，进一步可依据假设做出一些预测，在可重复的实验中测试预测。这些测试可能诞生了数据，依据数据来分析，得出结论，此时，要么证明假设可接受，要么否定假设，必要时修改假设。最终的假设可重复或可证伪。相关研究过程必须包括演绎推理和归纳推理，前者使用真实前提得出逻辑真实结论，而后者则使用观察来推断对这些观察的解释。顺便指出一下，这里所说的数据并不仅仅指数字，它可包括图 3-15 描述的定性数据和定量数据（有时还包含分类数据）。

第五，科学研究需要分解为各种各样的学科和承前启后的阶段来获得对问题的广度和深度的全面认识。科学研究创造了已经在第 1 章中介绍的各种各样的学

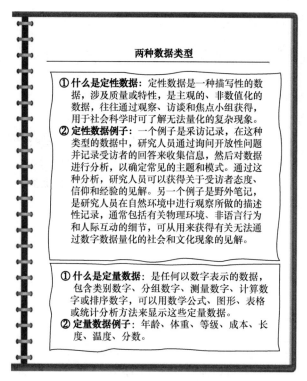

两种数据类型

① **什么是定性数据**：定性数据是一种描写性的数据，涉及质量或特性，是主观的、非数值化的数据，往往通过观察、访谈和焦点小组获得，用于社会科学时可了解无法量化的复杂现象。

② **定性数据例子**：一个例子是采访记录，在这种类型的数据中，研究人员通过询问开放性问题并记录受访者的回答来收集信息，然后对数据进行分析，以确定常见的主题和模式。通过这种分析，研究人员可以获得关于受访者态度、信仰和经验的见解。另一个例子是野外笔记，是研究人员在自然环境中进行观察所做的描述性记录，通常包括有关物理环境、非语言行为和人际互动的细节，可从来用来获得有关无法通过数字数据量化的社会和文化现象的见解。

① **什么是定量数据**：是任何以数字表示的数据，包含类别数字、分组数字、测量数字、计算数字或排序数字，可以用数学公式、图形、表格或统计分析方法来显示这些定量数据。

② **定量数据例子**：年龄、体重、等级、成本、长度、温度、分数。

图 3-15　定性数据与定量数据

科。表面上看，不同学科的科学问题与研究之间的差异很大，例如文科中的社会科学和理科中的宇宙学在我们看来差异会很大，甚至毫无联系。事实上，如果追寻每一个学科的基础，那么有可能从某种视角溯源到同一个学科。图 3-16 使用一个例子来表明一些学科可能以另外的学科为基础，其中，作为基础的学科是上一层级（即序号数字更小的层级），通过分叉涌现出不同学科甚至学科门类。一个学科（如原子物理学）同时是多个学科（如物理化学和有机化学）的基础。从同一基础学科（粒子物理学）可以涌现出完全不相关的学科，如自然科学中的宇宙学和人文科学中的社会学、经济学和政治学。大多数情况下，针对同类科学问题的认识程度会随时间的推移得到加强，是一个不断完善的过程。具体科学研究发现的价值有时具有时代性，有时是永恒的。科学研究建立的数学理论和发现的物理现象与规律往往具有永恒的价值（虽然需要不断完善），为了解决一个具有时代性的问题（如冷战阶段的超级大国之间的外交关系特征）而开展的科学研究的价值有可能具有时代性。具有永恒价值的科学研究结果往往还能进入多个世纪后的教科书。

图 3-16　学科结构与因果层级[24]

参 考 文 献

[1] Murray S D. That's interesting: Towards a phenomenology of sociology and a sociology of phenomenology. Philosophy of Social Society, 1971, 1(2): 309-344.

[2] Mats A, Jörgen S. Generating research questions through problematization. Academy of Management Review, 2009, 36(2): 247-271.

[3] Santo F, Bergstrom C T, Boerner K, et al. Science of science. Science, 2018, 359(6379): 1-7.

[4] Stoet G, Geary D C. The gender-equality paradox in science, technology, engineering, and mathematics education. Psychological Science, 2018, 29(4): 581-593.

[5] Brock S, Glasgow J. The paradox paradox. Synthese, 2022, 200(2): 83.

[6] 何明. 认识论、研究议题和方法创新: 论重建民族学. 北京: 学苑出版社, 2020.

[7] Box S J M, Burgess J, Corbetta M, et al. The future of human behaviour research. Nature Human Behavior, 2022, 6: 15-24.

[8] Sohler S E. An airplane is not a rabbit. Engineering and Sciency Monthly, 1948, 11: 4.

[9] Mariana L. Decades-long bet on consciousness ends—and it's philosopher 1, neuroscientist 0. Nature, 2023, 619: 14-15.

[10] 朱宏伟. 纤维丛: 万物之理. 自然杂志, 2023, 45(3): 234-238.

[11] Wang H, Fu T, Du Y, et al. Scientific discovery in the age of artificial intelligence. Nature, 2023,

620: 47-60.

[12] Sébastien B, Varun C, Ronen E, et al. Sparks of artificial general intelligence: Early experiments with GPT-4. arXiv: 2303. 12712, 2023.

[13] Sameer S P. Research Methodology: Logic, Methods and Cases. Oxford: Oxford University Press, 2016.

[14] Patkar V. Research methodology: Logic, methods and cases. Vikalpa, 2018, 43(3): 175-177.

[15] Marcos P, Javier D N. Online Journalism: Research Methods, a Multidisciplinary Approach Incomparative Perspective. Bilbao: Servicio Editorial de la Universidad del País Vasco, 2009.

[16] Allan M. On scientific method in the study of art. European Journal of Pragmatism and American Philosophy, 2016, 8: 2.

[17] Abraham F.The Usefulness of Useless Knowledge. Princeton: Princeton University Press, 2017.

[18] Donald S. Pasteur's Quadrant, Basic Science and Technological Innovation. Washington D. C. : Brookings Institution Press, 1996.

[19] Omair A. Selecting the appropriate study design for your research: Descriptive study designs. Journal of Health Specialties, 2015, 3(3): 153.

[20] Judea P. Causality, Models, Reasoning, and Inference. 2nd ed. Cambridge: Cambridge University Press, 2009.

[21] Ryan G. Introduction to positivism, interpretivism and critical theory. Nursing Research, 2018, 25(4): 14-20.

[22] Park Y S, Knoge L, Artino A R. The positivism paradigm of research. Academic Medicine, 2020, 95(5): 690-694.

[23] Alan H, Howard K, Paul T. Logic and Philosophy: A Modern Introduction. 12th ed. Boston: Cengage Learning, 2012.

[24] George E. Top-down causation and emergence: Some comments on mechanisms. Interface Focus, 2012, 2: 126-140.

[25] Westby T, Conselice C J. The astrobiological copernican weak and strong limits for intelligent life. The Astrophysical Journal, 2020, 896(1): 8.

[26] Nate B, Rinke E M, Wuttke A, et al. Observing many researchers using the same data and hypothesis reveals a hidden universe of uncertainty. Proceedings of the National Academy of Sciences, 2022, 119(44): 2203150119.

[27] Willcock S, Cooper G S, Addy J，et al. Earlier collapse of anthropocene ecosystems driven by multiple faster and noisier drivers. Nature Sustainability, 2023,6: 1331-1342.

[28] Frank W. 可能性和真理. 胡风, 梁丁当, 译. 环球科学. 2022, 24: 9.

[29] Tversky A, Kahneman D. Judgment under uncertainty heuristics and biases: Biases in judgments reveal some heuristics of thinking under uncertainty. Science, 1974, 185(4157): 1124-1131.

[30] Marchant E, Todd C, Stratton G, et al. The daily mile: Whole-school recommendations for implementation and sustainability. A mixed-methods study. PLoS ONE, 2020, 15(2): e0228149.

[31] Marian P, Gordon R. The Unwritten Rules of PhD Research. London: Open University Press, 2004.

[32] Michael P, Erin L, Russell J F. Papers and patents are becoming less disruptive over time. Nature,

2023, 613: 138-144.

[33] Watson J D, Crick F H C. Molecular structure of nucleic acids: A structure for deoxyribose nucleic acid. Nature, 1953, 171: 737-738.

[34] Kohn W, Sham L J. Self-consistent equations including exchange and correlation effects. Physical Review, 1965, 140: A1133.

[35] Smith D C. The importance and challenges of being interesting. Journal of the Academy of Marketing Science, 2003, 31(3): 319-322.

[36] Kock F, Assaf A G, Tsionas M G. Developing courageous research ideas. Journal of Travel Research, 2020, 59(6): 1140-1146.

[37] Adam L C, Anthony D B, Florian K. How to develop original, courageous ideas in business marketing research.Industrial Marketing Management, 2021, 95: A1-A4.

[38] Gupta R K. The idea of research. Medical Journal Armed Forces India, 2011, 67(3): 215-216.

[39] Sarah H. Creative synthesis: Exploring the process of extraordinary group creativity. The Academy of Management Review, 2014, 39(3): 324-343.

[40] Irving Z C, McGrath C, Flynn L, et al.The shower effect: Mind wandering facilitates creative incubation during moderately engaging activities. Psychology of Aesthetics, Creativity, and the Arts, 2022.

[41] Celia L, Thomas A, Celeste B, et al. Sleep onset is a creative sweet spot. Science Advances, 2021, 7(50): 5886.

[42] Horowitz A H, Esfahany K, Gálvez T V, et al. Targeted dream incubation at sleep onset increases post-sleep creative performance. Scientific Reports, 2023, 13: 7319.

[43] Feller I, Stern P C. A Strategy for Assessing Science: Behavioral and Social Research on Aging. Washington D. C. : National Academies Press, 2007.

[44] Hu J L, Amor D R, Barbier M, et al. Emergent phases of ecological diversity and dynamics mapped in microcosms. Science, 2022, 378(6615): 85-89.

[45] Don S L. Drawing Physics: 2600 Years of Discovery From Thales to Higgs. Cambridge: MIT Press, 2018.

[46] Deming D.Do extraordinary claims require extraordinary evidence? Philosophia, 2016,44:1319-1331.

[47] Carl S. Broca's Brain. Reflections on the Romance of Science. New York: Random House, 1979.

[48] James K F. The logic structure of the scientif method. Dialectica, 1959, 13(3-4): 208-225.

第4章　如何顺利写出学位论文

本章通过引入模块化分层结构法来说明降低学位论文写作难度的整体思路，也引入了解决读编冲突现象的几个基本原则。先划分模块至基础层级以建立逻辑清晰的论文宏观结构，接下来在最低层级布置段落、图形、表格和数学公式等基本元素，最后通过也称为组织形态的修辞模式来打通各层级内部和层级之间的联系，并实现由语言学基本功能到学术写作功能的过渡。本章还分享一些提高写作效率的技巧，包括其他人的经验和排版技巧。最后指出重视致谢的重要性。

4.1　学位论文的难度与写作的整体思路

需要数年工作和半年左右的写作才能完成的学位论文（包括硕士论文和博士论文）肯定是有较高难度的论文，但人们通常采用模块化分层结构法来降低学位论文写作难度。

4.1.1　学位论文的难度

学位论文的难度可以从处理的问题的深度或论文本身的篇幅来衡量。一些著名科学家的学位论文虽然看似很短，例如 Doctorandum 网站介绍的一些博士学位论文，短到只有 10~20 页，但处理的是极具深度的问题，有重大价值。例如，爱因斯坦的博士论文只有短短的 12 页，但如诺伯特·施特劳曼（Norbert Straumann）在《论爱因斯坦的博士论文》的文章中所指出的，除了独创性和直觉，伟大的科学家通常还具备相当多的技术推导能力，爱因斯坦在这方面也不例外。而大多数论文则非常长，甚至会出现 1000 页以上的博士论文，例如，据约瑟夫（Joseph）发表在 Digit Product Review 网站上的文章，历史学家约阿希姆·舒马赫（Joachim Schumacher）关于帆船发展的博士论文达到惊人的 2654 页。

如今，硕士论文和博士论文的篇幅区间非常宽泛，且平均篇幅和变化范围还与学科有关。马库斯·贝克（Marcus Beck）针对明尼苏达大学 2009~2014 年的 930 篇硕士论文和 2006~2014 年的 3037 篇博士论文进行统计，他在 worldpress 网站公布的结果显示，论文页码数的变化范围十分惊人，最少是 21 页，最多是

2002 页，但大多数论文都在 100～200 页，博士论文平均长度为 177 页，硕士论文平均长度不足 100 页。另外，马库斯针对约 50 个学科的博士论文的统计结果还显示，博士论文页码数的平均值与学科有关，历史和考古学最长，平均接近300 页。生物统计学和数学的学位论文最短，平均约 100 页。贝克还在 worldpress网站提供了从论文网页版生成论文页码数分布统计数据的工具。图 4-1 是依据贝克的结果做成的示意图，右侧列表给出了论文平均长度由小到大的学科顺序。左侧曲线表示，学位论文数量是学位论文长度的正态分布函数。

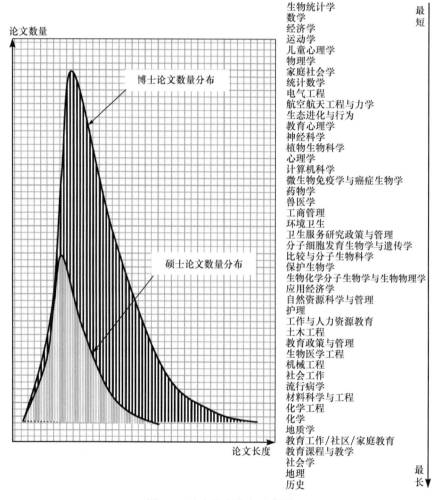

图 4-1　论文长度分布示意图

　　有几个因素可能影响学位论文长度。第一，能将方法和结果等细节内容以数学公式表述的论文可以写得短一些，能将细节内容用图表表示的次之，细节需要展示大量原始资料（包括原始图片、照片）和大量引语的可能更长。第二，在同样情形下，写短是一种能力，写得太长可能是没有下功夫的结果（4.5.5 节有关于长度的格言）。第三，早期排版和印刷成本高，因此论文会尽量精简，以期降低成本，这导致早期学位论文看似更短。而现代论文排版和印刷成本低，人们不太会从制作成本角度来缩短论文篇幅，因此一些学位论文超出本该有的长度。

4.1.2　复杂度降维：模块化分层结构法

模块化分层结构法将学位论文的整体写作分解为模块划分、基本元素的写作和修辞模式展示三个层面（图 4-2）。

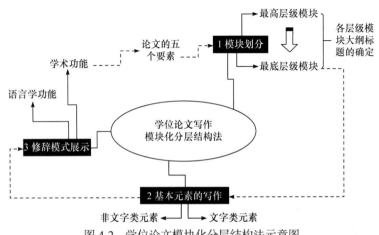

图 4-2　学位论文模块化分层结构法示意图

在划分模块时，以论文的五个要素为基石，明确学位论文的功能模块和组织模块的逻辑结构，通过论文的要求与表观结构的统一，一直细化到可以以较低代价完成具体任务的最低层级——基础层级。详细介绍见 4.2 节。

在基础层级的模块上布置基本元素——微观元素。微观元素包括段落、图形、表格和数学公式等。相关介绍见 4.3 节。

利用修辞模式完成各层级内、各层级间语言学功能与学术写作功能的连接，以实现由基础模块的写作反馈到最高级的目标，即论文的五个要素。详细介绍见 4.4 节。如此，便形成了一个闭环。

大多数情况下我们不会忽视模块划分（例如列大纲）和基本元素的写作，但容易忽视修辞模式。

模块化分层结构法是复杂性研究领域常用的一种方法，可以降低属于复杂任务的学位论文写作的难度。

乔治·埃利斯（George Ellis）提到了复杂系统领域中的模块化分层结构法基本原则[1]：

　　"当你有一个复杂的任务要执行时，你可以将其分解为子任务，每个子任务都比整个项目任务简单，需要更少的数据和更少的计算能力。接着，将这些子任务分配给特定的模块，每个模块可再次被划分为更小的子模块，直到达到最基本的层级级别。这样，其中所有最必要的任务是可以在最基础的层级上，基于简单机制来执行简单操作。接下来，将最基础级别完成的工作，输入到更高级别，直到在适当级别上出现所需的结果。"

　　模块化分层结构法的使用目标是更低投入，即通过这样做，让不可能完成的任务变得可完成，可完成的任务变得更容易完成。

　　可以用一个比较形象的例子来帮助理解什么是更低投入。如果我们无法将一箱重物搬到楼上，那么我们可以把这箱重物分装入几个更小的箱子，一个个搬上楼，就能完成任务。

　　把撰写学位论文看成在执行一个复杂任务。为了有效执行复杂任务，我们会将其分解成比整个任务更简单、需要更少资料和更低智力投入的多个子任务，并将这些子任务分配给具体的模块。每个模块还可以被进一步分为更低一级的子模块，如此往复，直到基础层级，即最后一级。分解完成后，所有任务都是基于简单机制的简单操作（写作），所有的工作都在基础层级完成。而后各个组成部分将任务的结果输出到上一层，直到适当的较高层级获得其所需的结果。每个级别的不同模块会以某种方式交互：如各模块都在执行相同或相似的任务，或者执行不同任务。这样就建立了各模块之间的联系，形成一个交互网络，将学位论文写作变成一个高度结构化的交互实体的层级结构的写作。这种各模块之间的联系或交互，尤其是从基础向上层级的输出，会从大纲的标题得到体现，也可能会在章节起始位置或结尾处交代。

4.1.3　模块与基本元素的数量限制因素

　　在模块划分中，一方面需要将模块分解至可以执行简单任务的基础级，另一方面又需要考虑模块和基本元素数量不至于太多，以免超出我们的信息加工能力的限制。

　　到底取多少模块数呢。显然，多了消化不了或者记不住，少了不够用。我们熟悉七言诗、七音阶、七色光、一周七天、地球七大洲、世界七大奇迹、千禧年七大数学难题。选择七这个数字是否是因为这个原因不得而知。也许将数量限制为七是一个令更多人都能接受的原则。

　　如果学位论文也按类似原则考虑模块划分，那么整篇学位论文不宜超过七章，每一章不宜超过七节，每一节不宜超过七个大的修辞模式（组织形态），每个修辞模式不宜超过七个段落，每个段落不宜超过七句话。除此之外，对学位论文结构分层时也尽量不超过七层。最高层可以是篇（除了极少数学位论文，很少出现这种情况），接下来是章，最低一层是基本元素，倒数第二层是修辞模式（组织形态）。如果章内划分节，总共就是五层。进一步，如果还划分子节，总共就是六层。极少数情形下，在子级下还有子子级结构，此时总共就是七层。超过七层就会显得太多。

上述原则是否存在理由？我们将在 4.3.6 节介绍。

4.2　学位论文的模块划分

学位论文包含问题、目的、方法、结果和结论等五个要素，学位论文的模块（modular）划分需要便于展示论文的五个要素。除此之外，主要功能模块的划分尽可能有利于将写作惯例和个性化写作相结合。

4.2.1　模块划分与论文五个要素的结合

学位论文一般按图 4-3 划分成文前部分、主文部分和文尾部分三大模块，以及镶嵌在大模块内的子模块。文前部分进一步分解为我们熟悉的标题和摘要等子模块。主文部分分解为引言与核心章节，引言可以进一步分成若干子模块，核心章节又可以进一步被分解成具有平级关系和上下级关系的模块。主文部分的模块往往由多级大纲（章、节和子节）界定。文尾部分有致谢和参考文献列表等模块。

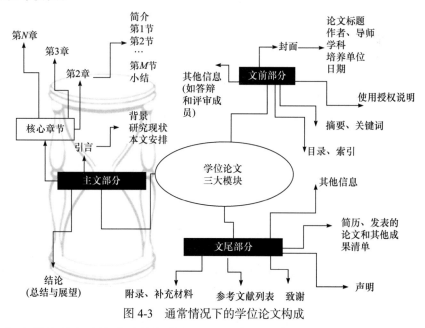

图 4-3　通常情况下的学位论文构成

每个模块具有独特的功能与特征。通过分层（分级）来有效管理不同级别的内容，通过排序来揭示承前启后、由浅入深、由背景到内容到结论等符合常理的逻辑顺序。

论文的模块划分与组织以论文的五个要素为基石。这五个要素是：问题是什么、动机是什么、用了什么方法、主要结果是什么，以及有什么结论（即研究有何意义）。这五个要素大致按图 4-4 所示的方式与论文的各个大模块建立联系。

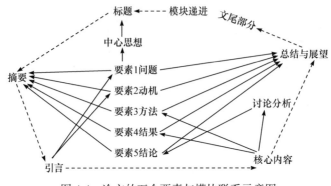

图 4-4　论文的五个要素与模块联系示意图

以五要素为基石的学位论文一般会形成图 4-5 所示的结构，其中有惯例的部分和很少有惯例的部分的撰写将在 4.2.2 节讨论。

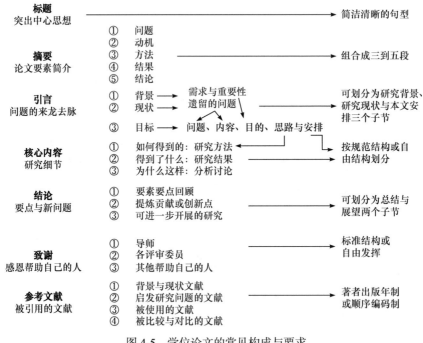

图 4-5　学位论文的常见构成与要求

模块划分涉及模块的分类与分解，其思维其实存在于日常生活之中。例如，一个家庭的生活用品可能数以千计，如果毫无规律地堆在一个大房间之中，那么挑选想要的（如一把梳子）就会十分困难。但一套居室会拥有门厅、卧室、厨房、书房和客厅等房间，每一房间还有各种柜子和箱子，其中柜子还有格子，按类别布置各类生活用品，例如把梳子存放在梳妆台上，梳妆台就在卧室的床边上，于是寻找每一件用品就会十分简单。

就像一套居室里的不同类型房间可以分别起到门厅、卧室、厨房、书房和客厅等功能那样，将不同属性的内容分装成一级大纲规定的结构。如同书房可以进一步划分为书柜、文具柜、书桌和阅读区一样，部分一级大纲下可进一步划分二级大纲。如同书柜可以分格摆设不同类型的书籍一样，二级大纲下可以进一步划分三级大纲。这些大纲也像流程图上的节点，可以指引不同属性内容之间的衔接关系，还可以据此生成目录。有时需要使用分类划分大纲，例如，将流行病研究分成流行病的传播规律研究、流行病的影响研究和流行病的预防措施研究三个类别。有时需要使用分解来划分大纲，例如将流行病的影响分解为社会影响、经济影响和文化影响。最高一级大纲往往按主题划分，最低一级大纲往往按结论划分。

4.2.2　学位论文主要功能模块的写作惯例与特例，沙漏模型结构

模块划分、分级和排序应既符合研究本身对应的基本逻辑，又符合大多数读者能理解的语言逻辑，既能照顾到公认的写作惯例，又能在没有惯例可循的地方引入与学科特点或研究特征相关的个性化逻辑。一篇学位论文包含了统一惯例和自己独特的逻辑。

关于惯例问题有三个不同的方面。首先，是否有惯例可循与学科有关。约翰·科比特（John Corbett）回顾了科学和社会科学研究中所确立的一些模式，并讨论了它们可能如何应用到文科和人文学科的文章之中。科比特指出[2]，自然科学、生物医学、工程科学与社会科学有较为集中的撰写惯例，而要确定在艺术和人文学科中研究性写作规范是相对困难的。其次，是否按惯例撰写论文还与作者有关，即与研究生本人及其导师有关。最后，是否有惯例可循与论文的不同部分有关。图4-3所示的文前部分和文尾部分结构往往有惯例可循。主文部分的引言往往也有惯例可循。主文部分的核心章节（包括研究细节）往往很难用惯例撰写，其写作与所研究的问题类型、研究方法、研究结果和研究深度密切相关，需要结合论文内容撰写，更适合引入自己的逻辑。

主要功能模块有摘要、引言，包括方法、结果和讨论的核心部分，以及最后的总结与展望。包含这些内容的论文结构与研究的沙漏模型形成对应。香港大学应用英语研究中心（The Centre for Applied English Studies）详细介绍了按沙漏模型写成的文章的各个部分与沙漏模型的位置对应关系。哈佛大学教育学院

（Harvard Graduate School of Education）也强调在学术论文中使用沙漏模型。

图 4-6 是根据香港大学应用英语研究中心论文沙漏模型示意图制作的。论文的这种沙漏模型正好与研究中的沙漏模型形成一一对应，因此其意义不言而喻。简言之，论文从最宽广的领域（即背景）开始，通过引言与读者的兴趣建立广泛的联系，以便说服读者追随，然后逐渐缩小到紧凑、集中的论点（目标与思路）。中间部分将保持相对狭窄和聚焦。就像沙漏一样，结论的意义再次扩大，获得与更大背景的联系。

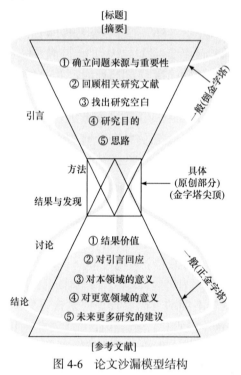

图 4-6　论文沙漏模型结构

我们可以从论述如何写作的文章、著作或课程中得到有关摘要、引言和结论等有惯例可循的结构的写作知识，以及关于方法、结果和讨论的写作要求。以专著为例，有邓利维（Dunleavy P）[3]、埃文斯（Evans D）等[4]，以及默里（Murray R）[5]的专著可以参考。对于数学论文还有更特殊的写作要求[6]。除此之外，部分学校的写作中心、出版物指南和写作课程也会提供每一类结构的相关写作知识。以摘要为例，我们可以从学校写作中心、出版物指南、论文[7]或专著中获得关于摘要的写作知识。

这里我们不去重复介绍那些由写作著作或文章介绍的关于各部分结构的写作知识，只是讨论如果按学术界约定或出版物指南设定了一些原则性要求（往下各举一个原则的例子，但这并不表明这些是唯一的原则），那么如何去考虑这些原则性要求。在满足原则性要求的前提下，不难将写作指南中指出的惯例要求与自己特定的要求结合起来，写出既有个人特色又不太偏离惯例的结构。下面就一些常见惯例给出的部分原则性要求进行一些说明。

1. 摘要的一种原则性：按要素写摘要

摘要是论文的简介，是论文要素的高度归纳（学位论文允许的长度一般在一页以内）。如果论文的要素就是研究背景、研究目的、研究方法、研究结果和研究结论，那么，摘要需要指出这五个方面内容。

显然，按与五个要素分别对应的五段结构撰写摘要，是一种自然的选择。也可以归纳成三部分，第一部分将背景与目的结合起来，第二部分介绍核心内容，即解决的几类问题对应的方法、主要结果和相应结论，最后一部分在更高层次上对研究结论进行综合，指出本文研究的意义和价值。

不难理解，哪些要素重要就应该突出哪些。需要注意的是，摘要是独立阅读的文本，因此不能包含需要翻阅全文才能理解的元素（如交叉引用编号、无法生成文本的数学符号、未经定义的缩写语等）。另外，摘要可以用于电梯间演讲，因此需要通俗易懂。

2. 引言的一种撰写原则：沙漏模型上半部

引言，就是要引出问题，并说明对全文的安排，将读者引入到文章的其余部分。因此，交代问题的来龙去脉是引言的基本要求。

第 3 章已经指出，研究通常遵循一种沙漏模型，在前半部分由宽的背景问题逐步收缩到窄的研究问题。引言处在文章前部，因此对应沙漏模型的上半部分。具体而言，学位论文引言一般要求先介绍研究背景以及在背景问题中要进一步考虑的需求，并指出研究者感兴趣的研究主题。例如，如果研究背景是"高质量研究生的培养"，那么需求可以是"如何让研究生顺利度过读研生涯"，研究主题可以是"社会因素、校园因素和个人因素等对顺利读研的作用"。需求是站在第三者角度提出，之所以提出需求，是因为实现需求对背景问题是有价值的。例如，如果能让更多研究生能顺利度过读研生涯，那么会促进高质量研究生的培养。

一个可循的基本原则是，需求是背景问题的子集，研究主题是需求的子集，因为背景问题往往是一个更大的问题，自己考虑的研究主题一般会受限于自己的学科方向。

另一个不容忽视的原则是，要求研究生具备高超的文献分析能力和提出问题的能力，即具备选题能力。研究生的选题考核就已经检查过文献分析能力和提出问题的能力。因此，在引言中，需要给出研究现状分析（也有的学科要求文献综述是学位论文的单独一章）。

研究现状分析是围绕"需求"或"研究主题"所做的研究现状分析，分析的结果是指出遗留的问题或启发出可研究的问题。相关文献也许非常多，因此应局限于那些自己读过的文献，尤其是能读懂的文献，目的是总结出需要进一步研究的内容，尤其是自己能开展研究的内容。例如，针对研究主题"顺利读研的社会因素、校园因素和个人因素等对顺利读研的作用"，遗留的问题可能是"过去人们对单一因素的影响开展了研究，但没有考虑两个或三个因素的综合影响"。

研究现状分析需要有对文献的总结、对不同工作的综合（如相互关系、交叉性、共性与差异性），以及对以往研究的评价（优点与不足），最后牵引出值得进一步研究的问题（这是研究现状分析的主要目的）。按克里斯蒂娜·坎特罗（Christina Cantero）发表在圣何塞州立大学写作中心的文章所述，总结、综合和评价是文献综述的基本要求。由于每篇文献都有不同的方法、结果和见解，因此研究现状分析不能毫无目的地罗列文献的各种各样的素材，而是需要围绕自己的目标，选择性地介绍文献中与自己相关的内容。例如，如果文章的最终目标是发展别人的研究方法，那么研究现状需要重点介绍文献中的研究方法。

围绕研究主题来分析研究现状，以便给出遗留的问题或启发出新的问题，这些问题的解决反过来对实现需求有积极意义，可以置于研究现状分析或文献综述的子标题下。

引言的最终目的是提出文章研究目的，包括研究目标、研究内容、研究思路和全文安排，可以置于文章研究内容、思路与安排的子标题之下。例如，针对遗留的问题"过去人们对单一因素的影响开展了研究，但两个或三个因素的综合影响没有考虑"，文章研究目标是获得两个因素的影响，研究内容可以是"两个因素影响的相关性研究"等。

按惯例，给出问题来龙去脉的引言一般按顺序交代背景、需求、研究主题、研究现状分析、遗留的问题、文章研究问题、文章研究内容与目标、文章思路和文章安排。各部分内容需要有明确的上下文关系，不能脱节。除了使用提示性语言（如过渡词与过渡语句）反映各部分之间的上下文关系，还要求文章研究内容与目标是本人研究问题的子集（本人研究可以包含比文章更多的内容），文章研究问题是遗留的问题的子集，遗留的问题是研究主题的子集。前面已经指出，研究主题还是需求的子集，需求是大背景的子集。

由于以上原则性要求，因此学位论文的引言往往比一般学术论文的引言更长更复杂，要求更高。

3. 组织核心章节的可能原则：以研究特点选择规范结构或自由结构

核心章节的撰写原则上与期刊论文要求相似，即需要交代研究方法和研究结果的细节，对研究结果进行一定的分析和讨论。但学位论文比一般的期刊论文包含更多内容，所以组织核心章节会有较高的难度。且核心章节没有太多惯例可循，因此这里只能粗略地介绍部分原则性要求，更多要求需要结合自己论文内容和相似论文的写法来考虑。

学位论文格式有"传统论文格式"和"论文稿件格式"两大类，虽然国内高校很少建议使用论文稿件格式。所谓论文稿件格式，是指除开始的引言和最后的总结外，都是以待发表或已发表的论文稿件全稿作为主要章节。而在传统格式中，除了引言，研究方法的总体描述、所有结果的展示，以及一般性讨论需要前后连贯成一个完整的论文。下面只考虑传统格式。

一些论文适合将论文核心部分分解为方法、结果和讨论三大章，这种结构也称为规范结构，也称 IMRaD（introduction，methods，results，and discussion）结构[8]。

还有一些论文适合按自由结构分解。例如，问题驱动类、逻辑驱动类和发现驱动类等。

问题驱动类是研究问题由多个子主题构成的论文，各自可能有独立的方法和结果，适合按子主题划分结构。例如，把作息规律研究问题分解为青年人、中年人和老年人的作息规律研究问题，各作为一章介绍。这属于并行结构，各章处理的问题属于一种平行关系。

逻辑驱动类是演绎逻辑强，形成了习惯逻辑的论文，例如"定义-假设-引理与证明-定理与证明-推论与证明-举例"类逻辑，适合按某种演绎逻辑划分结构，例如定义、假设与引理可以列入一章，定理及其证明可以列入一章或几章，推论与举例可以列入一章。这属于串行结构，即各章处理的内容有承前启后的关系。

发现驱动类是依据发现逐步展开新的章节的论文，适合按新发现的问题或现象划分结构。这也属于串行结构。

不排除还有其他因素驱动的论文，也适合按自由结构撰写。

4. 总结与展望的一种原则：总结要点，拓展沙漏模型的下半部分

全文的总结往往需要遵循惯例，例如，一种惯例包含四个方面的内容：①简明扼要地重申论文面对的宽泛的主题及其重要性；②简要归纳研究了什么具体问题，用了什么方法得到了什么结果并得出了什么结论，回答是否解决了引言中提出的问题；③归纳要点、贡献或创新点；④从更高层次总结工作的意义和价值。贡献或创新点用于高度概括论文的重要发现及其学术意义。在 6.6.1 节将介绍归纳创新点或贡献的一种思路。

在展望部分，如果按惯例，可以包含四个方面的内容：①论文工作的不足（如指出研究手段的不足、考虑的参数或样本的范围有限，而不能说研究水平不足）；

②未来可开展的工作（指由本项工作延伸的工作，而不能提无关的工作）；③如何开展未来工作（例如，指出开展未来工作的大致思路，需要拥有什么样的条件才能开展未来工作）；④指出未来工作是自己将要开展还是建议别人开展。

4.3　在基础层级布局学位论文的基本元素

基本元素，即微观元素，是在论文最基础的模块上布置的内容。这些内容涉及大纲标题、段落、句子、词汇、数字、单位、符号、公式、图表等。由于基本元素的多样性，如果没有原则指导，就很难讲清楚需要表达的内容，也很难让读者理解作者的意图。本节针对各种基本元素的写作，指出读编冲突现象，并为解决读编冲突现象介绍一些基本原则，在讨论基本原则的基础上，适当介绍一些基本元素的撰写要求。

4.3.1　基本元素的种类与举例

有两种方式可用于对基本元素分类。第一种分类是将它们区分为文字类元素和非文字类元素（图 4-7）。拥有非文字类元素是学术写作的主要特点之一。第二种分类将它们区分为完整单元和最小单元两大类。完整单元有独立和完整的意义。除了全文标题和章节标题均可认为是独立的单元，段落、图形、表格和数学公式等也是完整单元。完整单元一般由许多最小单元组成。常见的最小单元有缩写语、术语、数字、交叉引用编号和符号等。

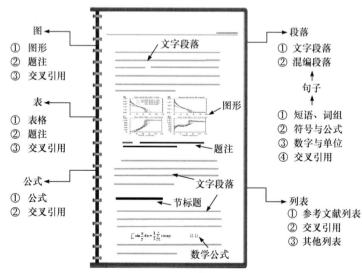

图 4-7　论文中的各类元素示意图

下面举几个完整单元的例子，一些最小单元的例子将在4.3.3节～4.3.9节介绍。

1. 段落

段落是论文的基石。最常见的基本元素是包含了特定主题、意义和支撑内容的段落，包括用于陈述概念、主张、结果和结论的段落。北卡罗来纳州立大学教堂山分校写作中心指出：

"论文提出的问题就像一颗种子，各段落从这颗种子发芽、开花和结果。构建段落就像建造摩天大楼，必须精心规划相互依存的一层层结构。任何裂缝、不一致或其他不足都会导致整篇论文崩溃。"

段落表面上多种多样，实际上可以分成两大类，分别是无编码段落和编码段落，每一大类又包含三个子类（图 4-8）。其中，CCC 是 context、content 和 conclusion 的首字母缩写[9]，TRIAC 是埃里克·德让（Eric Drown）在学生学术成功中心（Student Academic Success Center）指出的 topic sentence、restriction、illustration、analysis、conclusion 的首字母缩写组合。段落还可有其他分类，例如可以按 4.4 节介绍的修辞模式即目的分类，即这个段落的目的是什么。

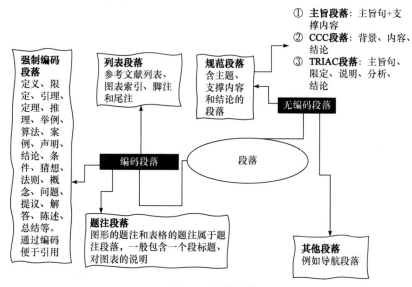

图 4-8 段落分类

无编码段落需要关注的相邻段落之间的联系，一般通过语境来理解上下文联系。编码段落用于远程调用，通过编号引用来构建远程协同和调用。

一些重要概念往往置于强制编码的段落之中，以便在文中其余部分或其他文献中引用时按对应的编码引用。这种编码段落在数学类论文中很常见，尤其是定义（definition）、假定或限定（assumption）和主张（claim）。这里所指的主张可以是定理（theorem）、推论（corrollary）、命题（proposition，thesis）或引理（lemma）等。定理用于归纳重要结果，定理的证明体现了获得结果的方法，推论可以用于支撑讨论。

2. 图形

图形是常见的非文字类元素，千言万语不如一幅画。著名写作专家博贾（Borja A）在其建议的撰写论文顺序中，把图形表格的准备放在第一步[10]。克里斯汀森（Christiansen J）发表在 2018 年《科学美国人》上的文章 "Visualizing science: Illustration and beyond" 指出，通过插图可以将科学问题可视化，图形的种类分布在从具象到抽象之间，可以大致分为具象图、示意图和逻辑图三大类，每幅图都包含图形本身和题注（图 4-9）。示意图的一个突出例子是伯比奇（Burbidge E M）等发表的文章[11]中的图 I.2，该图显示了在恒星中的元素合成的核过程。在论文中，图形不是一个独立的对象，需要在文中引用。以逻辑型图为例，据朱（Zhu Y H）于 2014 年的题为 "How to explain a scientific figure" 的文章，需要在文中给出完整的定义（图形包含的元素及其解释，获得图形的条件，坐标）、图形所展示的规律与特征、对特征与规律的解释或论证，以及图形的意义。如查尔斯·R·沙利文（Charles R. Sullivan）在文章 "Referencing figures in technical documents" 中所指出的，交叉引用依据情况使用不同句型。

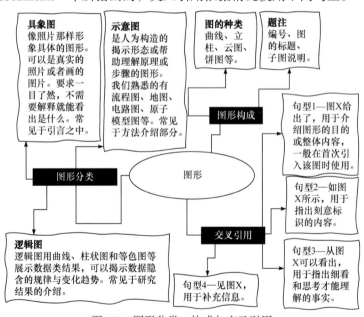

图 4-9　图形分类、构成与交叉引用

3. 表格和数学公式

查尔斯·R·沙利文指出，表格也有相似的要求或规范。如果指南没有规定，那么处在一列中各单元中的文字元素应左对齐，数字元素应右对齐，符号元素则居中[12]。数学公式也有相关要求[6]。一些排版工具能自动给出优美的数学公式。

4.3.2　读编冲突现象与解决读编冲突的基本原则

论文作者或编者的目的是向读者唯一地传达自己的想法。这与非学术写作是不同的。沙蒂亚布拉塔·耶拿（Satyabrata Jena）在 geeksforgeeks 网站的文章"Difference between academic writing and non academic writing"指出，学术写作是指专注于特定学术主题的写作，包括学术论文、研究报告、学位论文等，主要基于学术发现和学术研究，面向学术受众。在学术写作中，作者可以通过提供自己的观点来解释特定的主题。而非学术写作是指专注于一般主题，侧重于非专业读者或大众。非学术文章大多是个人的、印象主义的、情感的或主观的，包括杂志文章、个人或商业信函、小说、网站推送、短信等。那么，学术写作与非学术写作的目的之间到底有何本质性区别？那就是，学术写作要求唯一地向读者传达作者的每一个想法与意思。例如，作者在学术文章中描述的一件事物，文字必须准确到让所有读者都只产生一个理解，也就是理解那件事物本身。反过来，非学术写作可能并不要求所有读者都产生同样理解，就像"一千名读者有一千种哈姆雷特"一样。

那么，读者真的能准确且唯一地理解你所要表达的想法和意思吗？读者也是平凡人，若不以双方都能接受的方式写作，读者就可能不理解、很难理解或产生误解，这样的写作就偏离了学术写作的目的。门什（Mensh B）和科尔丁（Kording K）关于结构化论文[9]的十条原则的第二条便是将读者当作不懂你工作的平凡人。他们指出，不要认为读者也像你一样是你论文阐述领域的专家，而要把他们看成缺乏专业知识储备的读者；用通俗易懂的语言吸引读者关注你的问题，让他们更容易理解你的结论；相比于中间的内容，大家更善于记住开头和结尾的内容。

可见，作者的目标是准确、唯一地向读者传达自己的想法，而读者对于作者阐述的领域并不一定非常了解，因此，有时很难理解或误解编者的想法或意思，这就是读编冲突现象。

解决读编冲突的有效途径是，建立或使用读者和作者都共同遵守或了解的一些基本原则。下面我们将介绍七条有助于解决上面介绍的读编冲突的基本原则：

① 有机变化原则；

② 显式直白原则；

③ 相干排序原则；

④ 可记忆原则；

⑤ 单一意义原则；

⑥ 可读性原则；

⑦ 规范性原则。

这七条原则，有的是出版物规定的，有的则是编者需要使用的。这些原则也是读者需要理解的。部分原则的意义可能有一些重叠。前三条原则也称为清晰度原则，即写得让人明白的原则，这是英国剑桥大学教授麦金太尔（McIntyre M E）提出的[13]，这些原则适用于写作和口语，适用于设计用户友好的人机界面，适用于从个人电脑到飞机驾驶舱和核反应堆的控制面板设计，适用于道路标线和路标的设计，适用于处于初级水平的音乐和视觉艺术。清晰度原则要求表面模式与深层模式保持一致，避免所谓的"史楚普干扰"（Stroop interference），例如不要用绿色字母印刷红色这个词。

4.3.3　基本原则1：有机变化原则

麦金太尔清晰度原则的第一个原则是有机变化原则（the organic-change principle）。

有机变化原则是指：生物的进化和生物的形态遵循有机变化原则，因此人的认知能力适应了这一原则。于是，作为人的认知行为一部分的写作行为也需要遵循这一原则，才能被读者清晰地理解。

生物演化的过程是缓慢而渐变的，生物的形态也是渐变的。例如，一棵参天大树，必然枝繁叶茂，而不是直接从粗大硕壮的大树干上长出很多叶子。人的认知能力也适应了这种有机变化原则。正因为如此，有押韵的古诗能朗朗上口，流传百世，因为押韵让每句话的最后一个字读音变化不大。音乐之所以能为大多数人欣赏，也是因为通过柔和从而渐变的曲调来满足有机变化原则。

有机变化原则可以用到大纲的标题。在论文大纲中，上一级大纲按主题划分，均采用描述型标题，描述要解决的问题或主题。最低一级大纲往往按结论划分，均采用声明型标题，即声明主要结果或结论。对于最低一级大纲，相邻大纲一般采用相似短语、相同语法、相同的类型。

有机变化原则要求，对同一事物应使用相同的术语，对相似或可比的事物可使用相似的术语，对不同的事物才使用不同的术语。为此，我们举两个好理解的例子。第一个例子是"如果你当真，那么我也当真"。这里，"当真"一词重复出现。第二个例子是"小石子落在水面会产生涟漪，小雨滴落在水面也产生涟漪"。这里，"涟漪"一词重复出现。站在高中作文的角度，词的重复出现显得欠缺文采，但学术写作上则需要严谨，该重复的时候必须重复。如果将第二个例子改为"小石子落在水面会产生涟漪，小雨滴落在水面也产生小波浪"，那么读者会琢磨"小波浪"和"涟漪"到底是不是一回事，这就会带来不必要的思考。在一个句子或段落中多次使用同一个词表达同一个意思没有错。如果试图使用不同的词，读者可能觉得第二个词会有不同的意义。

如果有数学描述，那么应该像对待文字一样，小心对待符号模式。文字、数字和数学符号应牢固、一致且可重复地联系在一起。

除了用词需要满足有机变化原则，语气和写作的其他方面也需要满足。例如，字体、语法、数字、表格和图形的风格，不该变的不变，该变的适当变化。就像歌星唱歌，不能无缘无故由男高音变成男低音。即使不得不有突然变化，也需要有所提示，如同我们行车的道路突然变窄，需要有过渡路段，需要有路牌提示一样（见相干排序原则介绍）。

例如，如果有三个独立的原因可用来解释某一结果，那么应该用相同的语法来表达这三个独立原因。这样读者对语言结构熟悉后，就可以专注于原因本身。

对一些具有平行地位的内容，使用并行原则介绍。具体而言，如果你有几项地位平行的内容需要介绍，那么分成地位平等的段落，用相同的语气和风格逐一介绍这些平行的内容。并行结构使文本更容易阅读，因为读者熟悉这种结构。介绍一个论点时，相关的句子或段落应该串在一起，而不是被无关的内容介绍打断。例如，用于解释一件事的两个原因应该一个接着一个地出现，而不能被隔开。

如果读者习惯了某种范式，往下就可以专注于内容本身，而不必被范式的无端变化绕来绕去。以段落为例，可使用"主题语句-支撑内容"结构或"背景-内容-结论"结构来撰写重要段落。主题语句-支撑内容结构也称为主题段落，其中，主题语句包含主题与结论，支撑内容为主题语句声明的结论提供支撑。背景-内容-结论结构把主题放在首位，把支撑内容放在中间，把结论放在最后。

4.3.4　基本原则 2：显式直白原则

麦金太尔清晰度原则的第二个原则是显式直白原则（the explicitness principle）。

显式直白原则是指非常明了地、直白地表达自己的主意和其他基本元素，不能遮遮掩掩，不能隐含有需要读者猜测的意思，不能有歧义。

通俗地说，就是直来直去地表达你的主意，避免绕来绕去。学术论文不是小说和散文，不能将论文写成曲折动人的风格。大家都知道，从诗歌到文学，从演讲到歌词，可以刻意添加挑战读者理解力极限的内容，例如悖论，因为，据 paradox 网站的文章，悖论有助于为任何形式的写作增添色彩、制造幽默，通过其荒谬性在观众中表达困惑，甚至可能会带来意想不到的见解。但学术写作则需要满足显式直白原则。在 3.4.5 节提到的用谨慎语言描述不确定性问题答案就是一种显示直白原则的应用，即显式地指出了答案的不确定性。这里进一步举几个如何遵循显式直白原则的例子。

1. 对专业术语、缩写语与符号进行解释

一些专业术语不一定为大多数读者所熟悉，因此需要解释。尤其是同一个术语在不同领域有不同意义时，应明确文中具体指哪个意思。例如，"我们这里指的射线，是指一种粒子流，不要与数学上带单向箭头的线段混淆"就指明了你这里的"射线"代表了什么意思。

有时使用缩写语有一些特殊作用,例如,缩写术语的意义已经成为常识(如DNA)、相比于展开的术语被赋予了特定含义、在图形表格中使用缩写语可以减小空间。在一般情况下,滥用缩写语会加重阅读困难。使用缩写语时,必须对缩写语代表了什么进行说明。即使在论文开始部分有说明,在较远的地方出现时也应进一步指出在什么地方有说明。

每个符号均需要定义或说明。即使你所在的学术圈子熟知一个符号的意义,但其他领域的读者很可能不熟悉,因此必须给出说明。对于特定意义的符号,必须用人们普遍使用的符号表示,例如普遍使用符号 g 表示重力加速度。

2. 清晰地标注来源,引述

在学位论文(以及我们公开发表的其他学术论文)中需要明确写出或用语气变化等方式暗示哪些正式内容是自己的,哪些是常识,哪些是别人的工作。清晰地标注来源既是显示直白原则所要求的,也是学术行为标准所要求的(见 1.4.2节)。对一些内容的归宿含糊其词不仅不满足显式直白原则,而且有可能被认为不满足学术规范。

尤其是刻意复制别人的一句或者一段带有别人贡献的话时,需要采取比一般引用要求高得多的引述。那么如何引述呢?各出版物会对如何引述给出指南,不同出版引证格式对引述的要求会有一些差异。修纳·麦康贝(Shona McCombes)于 2022 年在 Scribbr 上刊登的文章 "How to quote sources" 关于引述的文章介绍了一些要求。

对于短的引语,使用双引号框起来。反过来,对于长的引语,必须将其列为单独的一段,不使用引号,但需要对这段话进行两端缩进。那么多长需要使用单独一段呢?这与所采用的格式有关,例如美国心理学会格式(APA style)的文字长度是 40 个单词,现代语言协会格式(MLA style)的是 4 行,芝加哥格式(CMS style)的是 100 个单词。

除了引用引语的来源,还需要标明所引述的话在原文中的页码范围(如果是没有页码,则指出在第几段)。例如,引语"今天举行的成员国公投将得到55%丹麦选民的支持(Levring,2018,p.25)"后面的引用就标注了该引语在原文中处在第 25 页。

引语与原始文本完全相同或者有正确的标记。例如,某些引语可能包含一些在原文中需要看上下文才能理解的意思,例如引语中的"他"如果在原文中指的是"牛顿",那么这个"他"应改为"[牛顿]",括号用于标记这种改动。

3. 谨慎使用代词

最含糊的用词是"它""他""这些""以上"等代词。以"以上"为例,不熟悉问题的读者其实根本搞不清这个代词是指前面一句话的最后一个名词，还是指前面一句话，甚至是指前面一段话。尽量用名词或名词短语的清晰重复来代替代词。

如果前面出现了两个人物，紧接着用"他"就会引起混淆。例如"爱因斯坦的相对论拓展了牛顿的经典力学的适应范围，他的贡献改变了物理学发展史"中的"他"可能被不同读者理解为牛顿和爱因斯坦中的任何一位，为了确切，应该把"他"改为所指代的人，例如爱因斯坦。

上面在介绍引述时，就提到需要将引语中的代词用名词替代。

4. 用最简约最清晰的微观元素展示最复杂的结果

前面指出，微观元素除了文字段落，还有表格、图形和数学公式等对象。一句话能说清楚的，就使用一句话。如果结果由大量原始数据组成，那么千言万语不如一幅画，应通过图形来展示结果。有的复杂原理可以用示意图来展示。如果进一步能表示为数学公式，则表示为数学公式，因为数学公式可以隐含更多规律，能成为大多数科学家与工程师的语言。

以段落为例，我们可以想象，一个段落就是一篇短文，然后就会找到写段落的方式。我们知道，一篇文章需要有主题和论点（结论），以及支持论点的材料。同理，一个段落需要有主题、论点和支撑内容。如果使用主旨句，即同时交代主题和论点（结论）的句子，那么读者看到段落的第一句，就知道了这个段落的主题和目的，剩下的就只需要从支撑内容中找证据或理由。可见，主旨句的使用会使得一个段落的目的变得十分清晰。

图形和数学公式等本身也需要满足显式直白原则。以图形为例：

（1）图形中的特征可辨识、可区分，但不凌乱，例如，如果一幅图形中有不同曲线，可以通过不同曲线类型、符号或颜色进行区分。

（2）在图形中可以添加一些标签（如缩写语），以定位局部特征，以便在图形空白位置、题注位置进行说明。

（3）如果图形的局部有特殊性，那可以另放一张局部放大图，对放大图进行介绍。

（4）有坐标时，需要标注坐标名称与单位；对于地图和照片类图形，需要给出比例尺。

显式直白原则还有更多应用，比如说，显式直白原则要求不能使用双关语、标题党之类的方式构造学术论文的标题。

4.3.5　基本原则 3：相干排序原则

麦金太尔清晰度原则的第三个原则是相干排序原则（the coherent-ordering

principle）。

相干排序原则是指，不同内容之间的前后顺序需要满足一定的相干或连贯性要求，需要有某种逻辑在指示衔接、转折或过渡。简言之，相干排序既涉及不同内容的排序，也涉及不同内容的有机衔接或过渡，以此建立有效的上下文关系。

首先是排序问题，需要考虑某种逻辑排序。以下是常见的逻辑顺序：

（1）承前启后顺序，即被用到的放在前面。论文的一种整体结构——引言、方法、结果和讨论——自然满足这种要求。

（2）因果顺序，即原因放在前面，推理放在中间，结果放在后面。

（3）时间顺序，即先发生的放在前面。时间顺序也可以推广到空间或尺度顺序，如由近到远，由窄到宽，由小到大，由低到高。

（4）由次要到重要的顺序，因为最后的容易被记住。重要的东西尽量别放在中间。

（5）由浅入深的线性顺序。这是因为，先理解能理解的，才能进一步去理解深奥的内容。

（6）由简入繁的顺序。这和由浅入深的道理相似。

（7）背景、内容、结论顺序。这是一种自然的逻辑顺序。

以段落为例，一种常见的形式是前面提到的按背景-内容-结论撰写的段落。有时，把背景和结论组合在一起，形成主题语句或主旨句，此时内容部分就是支撑内容，于是就有了前面提到的主旨段落，即由主旨语句加支撑内容构成的段落。

那么，当有多种排序原则可以选择时，如何确定排序呢？此时，可以把排序问题分成确定性排序问题、非确定性排序问题和习惯性排序问题三大类（三种可能有一些重叠）。

对于确定性排序问题，先后顺序是确定的，不能颠倒。例如，一个实验必须按某种确定顺序才能完成，因此交代时，就需要按这种顺序交代。那些承前启后的问题和前因后果的问题，一般属于确定性排序问题。

非确定性排序问题属于无顺序要求问题，即没有优先顺序的问题，此时可以按可理解性排序。例如，思考是否存在按由浅入深、由简单到复杂、由次要到重要、由近到远、或由具体到一般等排序的可能性。

习惯性排序问题是那些人们公认的习惯问题。例如，一条段落的内容按背景、内容和结论排序就是一种习惯，段落的内容按主旨句和支撑内容排序则是另外一种习惯，论文按引言、方法、结果和讨论排序也是一种习惯。

接下来是过渡问题。相邻两个单元（句子、段落、章节）具有相似性、相关性或无关性时，需要有过渡词、过渡语句或过渡段落之类的提示，让单元之间过渡顺利完成。

为了理解这一原则，设想我们开车时需要经过两条前后链接的道路。肯定会有指路牌提示这种链接。比如说，提示是前一条路的延续（延续到另一个县市），提示由普通公路进入高速公路等。马路上的路标用于提示等待、直行、减速、弯道、左转、右转、掉头、分叉和道路的终止等。

类似地，文章中的过渡词能提示补充、类比与对照、时间、目的与因果、顺序、例证、总结与强调等（图 4-10）。恰当的过渡词句可以让读者看出上下文关系，主题或论点与上一单元相比是否有变化。例如，前后有逻辑关系时，用"正因为如此""于是""结果表明"等过渡词。前后情况不同时，用"然而""相反"等过渡词。前后情况相似时，用"类似地""同理"等过渡词。后面对前面是补充时，用"此外""另一方面"等过渡词。

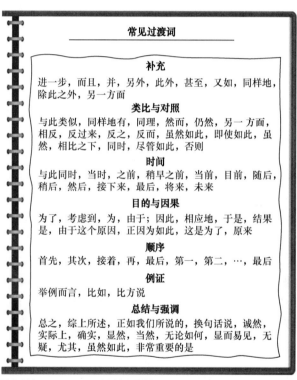

常见过渡词

补充

进一步，而且，并，另外，此外，甚至，又如，同样地，除此之外，另一方面

类比与对照

与此类似，同样地有，同理，然而，仍然，另一方面，相反，反过来，反之，反而，虽然如此，即使如此，虽然，相比之下，同时，尽管如此，否则

时间

与此同时，当时，之前，稍早之前，当前，目前，随后，稍后，然后，接下来，最后，将来，未来

目的与因果

为了，考虑到，为，由于；因此，相应地，于是，结果是，由于这个原因，正因为如此，这是为了，原来

顺序

首先，其次，接着，再，最后，第一，第二，…，最后

例证

举例而言，比如，比方说

总结与强调

总之，综上所述，正如我们所说的，换句话说，诚然，实际上，确实，显然，当然，无论如何，显而易见，无疑，尤其，虽然如此，非常重要的是

图 4-10　过渡词举例（从 teachervision 网站上题为"Transition words and phrases"的文章中摘取）

如果相邻大段之间有意思的转折，可以用过渡段落来交代上下文关系或转折。例如，"以上我们介绍了…，下面我们分析…"对于大纲级别的衔接，如由一章到另外一章，那么可以通过小结来总结这一章有什么，会在下一章用到什么。

4.3.6　基本原则 4：可记忆原则

在 4.1.3 节，我们已经指出了论文模块与基本元素的数量限制因素，这些限制可能部分地与这里的可记忆原则有关。

获得过美国国家科学奖的哈佛大学心理学教授米勒（Miller G A）在 1956 年发表了一篇题为 "The magical number seven, plus or minus two: Some limits on our capacity for processing information" 的论文[14]，他的实验表明，一个普通人在一次事件中，能记住或处理的东西（比如说颜色、数字、符号）平均为 7 个，误差在 2 左右。由于信息加工能力的这种限制，人们可能在少了不够用，多了记不住之间找平衡，从而在确定数目时，最终选择数字 7 的可能性较大。

早在 1858 年，美国科学院院士、东方语言学家詹姆斯·哈德利（James Hadley）就讨论了数字 7 的算术特征，以便从数学角度探讨数字七现象为什么很普遍[15]。依据哈德利的阐述，数字 7 是一个孤独的数字，既不能通过与另一个数字相乘以得出 10 以内的其他数字，也不能由其他数字相乘而来（除了 1 与 7 自己相乘）。另外，用 7 除 1，得到 142857 在小数点后重复出现无数次，而用 1 除以 10 以内的其他数字，你会发现要么能除尽，要么是单一数字在小数点后重复。不知是否因为数字 7 以外的数字（2、3、4、5、6、8、9）容易被关联到其他数字而被舍弃或被降低出现的概率（这如同我们在欣赏一件事物，但因该事物某些特征关联到了别的事物，于是我们可能会分心将注意力转移到别的事物一样），也不知是否因为数字 7 拥有独一无二的孤独特性和除不尽的特性，人为选择数目时就不会产生对别的数字的联想，从而更容易一次选中。

不管以上关于数字 7 的知识是否暗示我们在划分章节和布局基本元素时需要以 7 为限制，我们至少会觉得数量不超过 7 符合我们的习惯，没有超出我们的认知能力。

对于基本元素本身的数量，例如最低一级模块中重要段落的数量、在结果中图形的数量、同一类主张（如定理）的数量等，如果也按上述原则，那么应尽量不超过 7 条。论文主要用于传递有限且重要的信息，因此总是可以做到满足上述要求，而不是堆砌未经整理未经选择的杂乱细节。

如果在一幅图中使用了许多曲线，每条曲线用不同颜色区分，曲线或颜色多了后我们就很难区分。如果必须超过 7 条曲线，则可以分解成几幅不同的图，每幅图上的曲线尽可能不到 7 条。

4.3.7　基本原则 5：单一意义原则

写作专家博贾（Borja A）在 Elsvier 网站上的文章指出，为了清楚地表明意思，一句话应满足单一意义原则。按照该原则，一句话只应表达一件事和一个意义，否则就容易引起误解或无法理解。

National Public Radio 网站企业栏目有一个不满足单一意义原则而输掉官司的例子。表面上看，是标点符号不当问题，实际上也是因为不满足单一意义原则引起纠纷的句子。

在加拿大有线电视公司罗杰斯通信（Rogers Communications）公司和贝

尔·阿连特（Bell Aliant）电话公司之间的合同文本中，有这样一段话：

　　　"This agreement shall be effective from the date it is made and shall continue in force for a period of five (5) years from the date it is made, and thereafter for successive five (5) year terms, unless and until terminated by one year prior notice in writing by either party."

翻译过来就是：

　　　"本协议自签订之日起生效，有效期为五（5）年，此后再延续五（5）年，除非任何一方提前一年发出书面通知终止本协议。"

　　这里，第三个逗号后的"除非任何一方提前一年发出书面通知终止本协议"到底是修饰"本协议自签订之日起生效，有效期为五（5）年，此后再延续连续五（5）年"，还是仅修饰第二部分"此后再延续五（5）年"产生了争议。

　　罗杰斯通信公司认为，第三个逗号的位置表明，"除非任何一方提前一年发出书面通知终止本协议"只是修饰第二部分，因此合同至少有五年的有效期。贝尔·阿连特公司则主张，逗号表示无论在什么时候，如果提前一年发出通知，交易可以提前终止。

　　最后，加拿大电信委员会站在贝尔·阿连特公司一边。他们认为，如果合同打算在第二个五年内终止，那么（第三个）逗号应该省略。结果，贝尔·阿连特公司实现了提前结束交易的目的，节省了 200 多万美元。于是，人们传说，一个逗号可以值 200 万美元。

　　之所以不同的人对最后一句话的作用产生分歧，也是因为该句子不满足单一意义原则。如果改为"本协议自签订之日起生效，有效期为五（5）年。五年有效期满后，再延续五（5）年，除非任何一方提前一年发出书面通知终止本协议。"那么就没有歧义。如果终止可以发生在协议签订后的任何时候，则可以改为："本协议自签订之日起生效，有效期为五（5）年，除非任何一方提前一年发出书面通知终止本协议。五年有效期满后，再延续五（5）年，除非任何一方提前一年发出书面通知终止本协议。"虽然这显得很啰唆，但每句话满足单一意义原则，不容易带来歧义。

　　实际上，单一意义原则适应更多情形：在组织一个单元（如段落、子节、图形）时，首先需要明确这个单元的意义，其次是只有一个意义，类似于只有一个中心思想。单一意义原则可以用到论文的各个层级。一篇论文需要一个中心思想，这个思想让标题准确反映论文、章节的主题或中心思想。对于论文及其主要章节，标题作为一个句子，要求能反映中心思想或主题。以论文标题为例，门斯和科尔丁在他们的文章中指出，如果涉及的问题较多，就需要对许多信息进行分析，看哪一方面更重要，看能否凝练出一条具有高度概括性和多面性（multi-facet）的"单一问题"标题。读者们很难记住许多事情，但也许能记住一条信息。

　　对于段落，这个意义可以通过主旨句来揭示，可以与修辞模式进行关联，例如将某个段落用于定义、分类、对比与比较、揭示因果关系或进行论证与说明（见 4.4 节）。单一意义原则要求，一个段落只有一个意义。

总体而言，一个单元尽量遵守单一意义原则：即一个单元只陈述一件事，不要陈述多件事情。有时候，即使仅仅一件事，也不是那么容易掌握的，同时了解多件事情就更困难了。

当然，并不说使用了单一意义原则就很容易理解。为了让读者理解意义，还要求使用极简的语言来帮助理解。亚当·鲁本（Adam Ruben）在 *Science Magazine* 上指出，学术文章本身不是用正统的语言撰写的，而是用极简的语言（原文为"英语"）撰写，目的只是为了传达数字和图形等科学发现。

有的句子本身就很难理解，此时需要提醒读者。例如，如果你使用了反事实条件句，那么最好提醒一下这是反事实条件句，因为部分读者并不熟悉。

据查德·E·克拉克（Chad E. Clack）发表在 chadebrack 网站上的文章 "A counterfactual analysis of causation: Did the party kill Bill?" 所述，反事实条件句是指这样的句子：假如没有 A，那么当不会有 B（先行事件 A 在实际世界中其实是发生了），或者假如有 A，那么当有 B（先行事件 A 在实际世界中其实是没有发生的）。

据丹尼尔·加里斯托（Daniel Garisto）发表在《科学美国人》的文章，美国国家标准与技术研究所物理学家尼科尔·云格·哈尔珀恩（Nicole Yunger Halpern）在回答"是什么使量子计算机具有量子性"的问题时指出：倘若没有对量子纠缠的理解，我们很有可能无法实现量子计算机。这里，"倘若没有对纠缠的理解，我们很有可能无法实现量子计算机"便是反事实条件句，条件"没有对纠缠的理解"是反事实的，从而结论"我们很有可能无法实现量子计算机"也是反事实的（事实上当前我们实现了量子计算机）。

反事实条件句中的条件句有时也忽略不写。例如，据卡塔尔·奥康奈尔（Cathal O'Connell）发表在 Cosmos Magazine 网站的一篇文章使用了这样一个标题："欧洲核研究组织的科学家们发现，我们的宇宙在今天本当不存在"。这也是反事实语气，使用反事实虚拟句来传达本当不存在但实际上却存在的东西。原来，物理学标准模型预测，宇宙大爆炸本应产生等量的物质和反物质，但这是一种燃烧的混合物，因此产生后会自行湮灭，不会留下任何东西来形成今天我们看到的宇宙，包括星系、行星和人类。而宇宙又确确实实存在，因此科学家一度怀疑物质和反物质的某些特性（如质子的质量、电荷绝对值和磁矩）有所差异（即不对称），从而导致最终并不完全湮灭。然而，科学家通过精确测量发现，这种可以导致并不完全湮灭的差异又并不存在[16]。既然特性完全相等，而且总量相等，而且一开始又在一起，那么一开始就会完全湮灭，因此，按理当今宇宙应当不存在。事实上当今宇宙是存在的，因此一定有一种未知原因。

如果进一步觉得读者难以理解，还可以使用过渡词（如"换句话说"），再进行更通俗易懂的解释。

4.3.8　基本原则 6：可读性原则

在非学术写作中，我们要求文章是可读的，即在阅读时，如果读出声音来，那么在别人听起来，读者不会气喘吁吁，一个个句子显得语法正确，可理解。

在学术写作中，由于有时需要表达一个完整而复杂的意思，我们可能会制造一些太长的句子，这不满足可读性原则，因为可读性原则要求在呼吸一次的时间内念完一个句子。博贾在 Elsvier 网站的文章 "Writing the first draft of your science paper — some dos and don'ts" 上提出使用呼吸原则确定句子长度。人们习惯用呼吸一次的时间念完一个句子，因此句子不能太长，否则就会窒息，无法阅读、无法理解。顺便指出，人呼吸一次的时间与年龄有关。据埃尔德里奇（Eldridge L）发表在 verywellhealth 网站上的文章，18 岁以上的成年人，平均而言，每分钟呼吸 12～18 次。也就是说，应用 3～5 秒读完一句话。博利亚指出，在英语科学写作中，一句话的平均长度为 12～17 个单词（一句英语直接翻译成汉语，字数可能更多）。如果用一次呼吸读完一句话，那么每秒在 3～4 个单词左右。对于段落，需要使用可休息原则定长度，即在两次休息之间可以把一个段落读完，这就要求一个段落不能太长，例如，尽量不超过半页。

在学术写作中，许多段落和句子会夹带符号和数字，此时也需要使用罗兰（Rowland D R）在昆士兰大学学生中心发布的文章 "Incorporating tables, figures, statistics and equations effectively into your writing" 指出的可读性原则来组织段落和句子。夹带了符号和数字的句子需要像纯文字句子一样可读，整个句子读起来还是像一个个恰当的、语法正确的、标点符号正确的句子。参考文献的交叉引用编号则不满足可读性原则，因此要么放在括号中，要么以上标形式出现，这样读者就不会分心去读这些编号。

可读性原则还要求直观可理解，在最有限的时间内读完。例如，有数字时，数量与单位组合在一起才有意义，除非是不需要单位的数字，其中，单位的使用应使得数字最短、数值最小且最容易记忆。例如，你介绍卫星的过顶时间时，用秒表示单位则数值太大，用光年表示则数值太小，应以分钟作为单位，如"那颗近地卫星过顶时间为 15 分钟"。尽可能采用直观的单位。例如，你在做科学计算时，用的是弧度单位，但表述结果时，应改为度作为单位，因为度比弧度更直观。

4.3.9　基本原则 7：规范性原则

如果前面的六条原则更多地依赖作者自己遵守，那么规范性原则则是一种约定，出版物往往会使用一些标准来给出部分约定。我们提交的学位论文往往没有出版机构来帮助纠正不符合规范的内容，更多的是靠我们自己，以及可能的格式审查帮助。

规范性原则是指已经制定好的，要求大家都遵守的原则，包括但不局限于：

（1）按国标或国际出版物标准来统一文献、数字与单位、数学符号与公式、图形与表格的风格与交叉引用等。

（2）遵守严格的语法规则，避免任何拼写错误。

（3）遵守文字描述的科学性规则，例如通过单复数和时态等区分数量和时间。

（4）对于重要句子，例如关于问题、动机、方法和结果的句子，引用文献、图表和公式的句子，套用语言学家创造的常用句型。

（5）用非正式内容帮助管理正式内容。

（6）按学科或行业规范对一些特殊内容，如数学内容，进行撰写。

规范性原则涉及的条目太多，很难作为一个整体进行全面介绍。通过广泛阅读相关方向的论文，通过撰写论文并接受审稿和出版机构的校对，会让我们逐步掌握规范性原则，下面提供的一些内容仅仅只能当作一些说明。

对于出版物标准，在写论文时，一般会被提供一些指南，例如，与文献引用相关的指南有国家标准、现代语言协会（Modern Language Association，MLA）格式、美国心理学会（American Psychological Association，APA）格式、芝加哥格式（Chicago Manual of Style，CMS）和美国医学协会（American Medical Association，AMA）格式。

如同非学术写作，学术写作也要求满足语法规则，没有拼写错误。拼写与语法错误会导致论文内容无法理解。

文字描述的科学性规则比较复杂。简言之，就是文字段落需要不导致科学理解和科学逻辑错误。例如，需要通过定冠词、单复数和时态等来准确地对所描述的对象和概念的适用范围进行限定。对于英语，有一些常用的原则来引导我们正确使用定冠词和单复数等。如果是中文，总是有方式实现同样的效果，哪怕显得很啰唆。例如，如果是复数情形，那么至少在开始的地方使用"所有"等限定词限定。总是可以找到一种表示方式，让读者看得出是指所有、某些还是某一。

对于重要句子，例如关于问题、动机、方法和结果的句子，引用文献、图表和公式的句子，尽量套句型，以减少语法错误和其他错误。约翰·莫雷（John Morley）针对论文的各个部分以及各种写作功能构建了句型库[17]。首先，给出了论文各个部分的常用句型，即撰写引言的句型、撰写文献引用的句型、描述方法的句型、报道结果的句型、讨论发现的句型，以及表达结论的句型。除此之外，还有如下学术功能的句型：

① 关于谨慎语言（being cautious）的句型；

② 批判性思维（being critical）句型；

③ 分类与排列（classifying and listing）句型；

④ 比较与对比（compare and contrast）句型；

⑤ 定义术语（defining terms）的句型；

⑥ 描述趋势（describing trends）的句型；

⑦ 表述数量（describing quantities）的句型；

⑧ 解释原因（explaining causality）的句型；

⑨ 举例（giving examples）的句型；

⑩ 示意过渡（signalling transition）的句型；

⑪ 描述过去（writing about the past）的句型。

约翰·莫雷指出："句型在性质上是内容中立和通用的。因此，在使用时，你并没有偷窃他人的想法，这并不构成剽窃。"如果分类使用经过人们提炼的句型，那么我们可以只专注于填写内容，提高写作效率，规范学术语言，减少语法错误。

用非正式内容帮助管理正式内容。那么，什么是正式内容和非正式内容？

先把一篇文章想象成舞台晚会，晚会由各种节目组成。舞蹈演员、乐队、歌手、小品演员等的表演属于正式节目，而舞台剧的组织者对正式节目的安排、主持人在相邻节目之间的介绍，或者穿插的一般性节目等属于非正式节目。可以想象，如果没有这些非正式节目，整个晚会将无法有序进行，正式节目将掩盖在混乱之中。

同理，一篇文章也需要非正式内容来帮助组织和理解正式内容。一篇学术论文的正式内容是那些需要传递的知识和想法，非正式内容是用于组织和帮助理解正式内容的材料。引言中对全文安排的交代是非正式内容；一套研究方法的介绍是正式内容；对方法的解释可能是非正式内容；一项项结果（如作为研究结果的图表或主张）属于正式内容。组织或帮助理解正式内容的非正式内容包括过渡语句、对每一个正式内容的动机的描述、进行比较和类比、举例说明、解释等。

人们往往会遵从相同或相近的方式呈现正式内容（如使用标准的主张、规范的图表、严谨的数学公式），但非正式内容则有很大的发挥空间。正式内容的表述需要严谨、准确和无误，非正式内容用于帮助实现这一目的，尤其是帮读者准确理解其本意。

举例而言，数学论文中的数学主张及其证明就是典型的正式内容，但是，据阿什利·赖特（Ashley Reiter）于 1995 年发表在麻省理工学院官网上的文章"Writing a research paper in mathematics"，需要一些非正式内容来帮助组织和理解正式内容。对一条定理进行的解释、举例以及重要性介绍都属于非正式内容，可以帮助理解定理和使用方法，了解其作用。一个主张的证明往往很复杂，但可以通过添加一段说明，指出证明将分几个部分，各用于什么目的，哪个部分将要用到什么技巧等非正式内容来帮助理解和检查证明过程。

对于学科或行业规范，我们仅仅以科学计数和数学主张为例进行简要说明。

为了让数字更好理解，一般要求使用科学计数规范。例如，一般的报道将第

9 个戴德金数（The ninth Dedekind number）记为

$$D(9)=286386577668298411128469151667598498812366$$

这显然没法读。如果采用标准计数法，则写为

$$D(9)=286,386,577,668,298,411,128,469,151,667,598,498,812,366$$

如果允许近似，那么采用科学记数法。保留小数点后两位有效数字时，科学记数法将第 9 个戴德金数写为

$$D(9)=2.86 \times 10^{41}$$

根据莎拉·温兹（Sarah Vinz）的文章"APA style guidelines for numbers | words or numerals?"，如果一个统计数字永远不会超过 1.0，则写到小数点后三位（例如 $p < 0.001$），如果某个值可能会超过 1.0，请使用前导零，如 0.95，如果某个值永远不会超过 1.0，请不要使用前导零，如 .95。使用这些规则，让我们在看到这些数字的形式时就能看到更多的规律。

按奈斯比特·约翰斯顿写作中心（The Nesbitt-Johnston Writing Center）文章"Mathematical proofs: Where to begin and how to write them"的说法，陈述数学主张的段落可以显式或隐式地表示为

"（主张名称+编码）对于所有[特定类型的对象]，如果成立[假设]，那么成立[结论]。"

例如，如果一个段落用于给出一条定理，且该定理属于第 3 章的第 2 条定理，那么该定理的编码是"定理 3.2"。在做实验时，我们可能需要给定一个或一组条件，通过编码段落组织相关条件，以便在其他位置引用。例如，如果是在第 2 章交代第 3 组条件，那么相应的编码段落为

"**条件 2.3** 样本数量为 200，其中，前 100 个样本在冷冻条件下制备，后 100 种在室温条件下制备。"

证明段落需要满足数学规范。数学主张的数学证明（proof）有直接法（direct proof）、反证法（proof by contrapositive）和归谬法（proof by contradiction）三种基本类型。奈斯比特·约翰斯顿写作中心的文章介绍了这三种证明的写作过程，提供了一些技巧，包括从何处开始，如何设置证明格式，以及如何写出简洁、语法正确的证明。阿什利·雷特（Ashley Reiter）指出，如果证明过程太长，那么可以把其中的一部分作为引理放在前面；如果多个定理的证明包含有相同的内容，这些相同的内容也应该放到前面的引理之中；如果证明有太多的细节，那么把一些细节放到附录之中。证明过程既要求详尽，又不能啰唆。

4.4　用修辞模式完成基础级向各层级之间的反馈

修辞模式（rhetorical modes）用于展示语言学常见形态，能够涵盖学术写作

的基本需求，能帮助完成由基础层级的内容向同层级和更高层级的反馈。修辞模式也称为组织形态（patterns of organization）。我们熟悉的叙述（例如讲故事）就是一种修辞模态。斯蒂芬·里德尔（Stefan Riedel）在介绍爱德华·詹纳（Edward Jenner）为消灭天花所作出的历史性贡献的文章[18]中，就有不少叙述内容（图 4-11）。

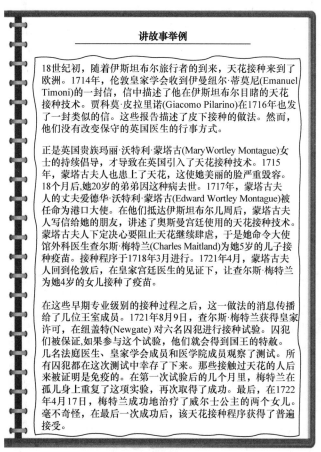

讲故事举例

18世纪初，随着伊斯坦布尔旅行者的到来，天花接种来到了欧洲。1714年，伦敦皇家学会收到伊曼纽尔·蒂莫尼(Emanuel Timoni)的一封信，信中描述了他在伊斯坦布尔目睹的天花接种技术。贾科莫·皮拉里诺(Giacomo Pilarino)在1716年也发了一封类似的信。这些报告描述了皮下接种的做法。然而，他们没有改变保守的英国医生的行事方式。

正是英国贵族玛丽·沃特利·蒙塔古(Mary Wortley Montague)女士的持续倡导，才导致在英国引入了天花接种技术。1715年，蒙塔古夫人也患上了天花，这使她美丽的脸严重毁容。18个月后，她20岁的弟弟因这种病去世。1717年，蒙塔古夫人的丈夫爱德华·沃特利·蒙塔古(Edward Wortley Montague)被任命为港口大使。在他们抵达伊斯坦布尔几周后，蒙塔古夫人写信给她的朋友，讲述了奥斯曼宫廷使用的天花接种技术。蒙塔古夫人下定决心要阻止天花继续肆虐，于是她命令大使馆外科医生查尔斯·梅特兰(Charles Maitland)为她5岁的儿子接种疫苗。接种程序于1718年3月进行。1721年4月，蒙塔古夫人回到伦敦后，在皇家宫廷医生的见证下，让查尔斯·梅特兰为她4岁的女儿接种了疫苗。

在这些早期专业级别的接种过程之后，这一做法的消息传播给了几位王室成员。1721年8月9日，查尔斯·梅特兰获得皇家许可，在纽盖特(Newgate)对六名囚犯进行接种试验。囚犯们被保证，如果参与这个试验，他们就会得到国王的特赦。几名法庭医生、皇家学会成员和医学院成员观察了测试。所有囚犯都在这次测试中幸存了下来。那些接触过天花的人后来被证明是免疫的。在第一次试验后的几个月里，梅特兰在孤儿身上重复了这项实验，再次取得了成功。最后，在1722年4月17日，梅特兰成功地治疗了威尔士公主的两个女儿。毫不奇怪，在最后一次成功后，该天花接种程序获得了普遍接受。

图 4-11　斯蒂芬·里德尔文章中的故事情节

珍妮弗·库尔茨（Jenifer Kurtz）发表在 pressbooks 网站的文章"Rhetorical modes，let's get writing"指出，修辞模式是指我们写作时使用的不同风格和沟通技巧，是一套可以让你用不同的方法向听众有效地传达信息的工具，大多数文章都包含了几种不同的修辞模式来表达一个想法。据 Quillbot 网站上的文章"Rhetorical modes, in logic and structure, basic reading and writing"，修辞模式展示了模态（patterns）和形态（shapes），涵盖了学术写作的基本类型。

图 4-12 综合了 11 大类修辞模式，基本上能满足学术写作的功能需求。下面

结合学位论文的部分需求简要介绍这些修辞模式与学位论文各部分的一些关系。

1. 叙述

叙述是指讲述一个故事、讲述一个事件、讲述一个人物或事件的背景或进行介绍。这种方式可以将细节和信息按一定的逻辑顺序（如时间顺序）进行排序。

例如，在研究现状中，介绍人们是如何一步步将某项研究推向目前的状态的。一个例子是柯依（Key K L）等的研究现状分析[19]，采取了叙事方式。

图 4-12　常见修辞模式

整篇文章实际上就是在讲一个故事[20]，故事的内容由问题的提出、问题的解决（方法、结果和结论）和问题的发展（展望）构成。

在学位论文末尾往往需要附上个人简介。个人简介就是对自己的介绍，属于叙述。

叙述中的讲故事在科学传播中有重要意义，因为人类自然倾向于用故事术语来理解世界，通过讲故事可以让枯燥无味的学术变得更生动，而且更容易帮助记忆。

2. 描述

描述本来是指通过五种感官产生的感觉来给出事物的细节，并对一个事物进行刻画。事实上，在科学研究中，一些描述方式已经形成了范式，而不能再依靠个人的五官感知。例如，对于一名运动员，单凭五官我们只能主观地给出他体格魁梧、身体矫健等特征描述，而用科学范式，我们会给出他的体重、身高和力量等具体特征描述。

非学术场合的描述可以有一定的主观性。The Thesis Whisperer 网站上的文章"How to write a more compelling sentence"提到，在对一个物品描述时，可能会添加数量、褒贬、尺寸、年代、形状、颜色、起源、材料和用途来描述，例如"一把可爱的小型古典长方形绿色法国银削刀"。这里，可爱和小型都属于主观描述。

学术场合需要使用客观描述。其中事物的细节并不一定来自于人的感官，更有可能来自测量等科学手段。

在方法研究部分，可以描述一个仪器，指出颜色是什么、大小是什么、测量精度如何，以及其他的特性。

描述数量结果在定量研究中很常见。为了使这样的描述有高度，可能需要找出比例、分数、百分比，也可能需要找出平均值、范围和变化趋势等。少的数据放在文字中、多的放在表格中、非常多时表示为图形。

对于一幅展示研究结果的曲线图，描述曲线的形状、特征与变化趋势。

对于一个数学公式，描述每一项的意义、各项之间有什么关系等。

3. 定义

定义是指对一个被定义的对象或概念进行明确和严格的限定，对于读者不熟悉、有多重意义以及难以理解的术语尤其如此。

在引入一个大家不熟悉的专业术语时，需要对该术语进行定义。

引入一个问题时，对问题进行定义。

引入一个符号时，对符号进行定义。

引入一个缩写语时，需要定义。

引入一个图形，需要对图形是什么来进行定义。例如，图形的坐标是什么，有什么曲线，各自代表了什么，得到的条件是什么，等等。

4. 举例与说明

举例就是针对一个用抽象方式概括的事物给出具体的例子，说明是对一件看似不清楚的事物进行明确。举例与说明有助于读者进一步理解所要阐述的概念、观点、规律或理论。任何抽象的和一般性的原理、方法、结果和结论都可以通过举例与说明来帮助理解。

如果创造了一个方法，可以通过举例来说明如何应用这个方法。

如果得到了一个普适规律，可以通过给出不同条件下的数据或图形来展示规律的形态。

通过插图或示意图来说明复杂的概念，例如使用流程图、电路图、原子结构图等。

5. 比较与对比

比较与对比分别用于揭示两个或多个事物的相似性与差异性。比较侧重于事物之间的相似性，对比侧重于事物之间的差异。比较用于说明都不错或者都那样，对比有助于找到更好或更差的结果。

在学术写作中，比较与对比用于产生客观结论，不能是主观模糊结论。例如，当对比两组数据时，我们可能应得出平均值之类的差异。但表述数量差异时，尽可能量化到最后一级，例如对比高度时，指出"A 比 B 高多少"比仅指出"A 比 B 高"要好，更比仅指出"A 和 B 高度不一样"好。

在结果介绍中，通过比较，指出两组不同条件对应的结果有何相似之处。

在方法选取时，可以通过对比来指出不同方法的优缺点。

在给结论时，可以给出不同措施有何不同结论。例如，通过对比来揭示采取社交隔离和不采取社交隔离两种情形下流行病的发展有何不同。

6. 分类与分解

分类是将可数的众多事物分成不同类别，通过分类可以理解一个类别所具有的某些品质和特征，理解不同类别之间的差异。我们记不住地球数十亿人，但我们可以记住类别，例如黑种人、黄种人和白种人。又如可以依据发展中国家和发达国家对国家进行分类。在写作中，分类常被用作向读者介绍新话题的一种方式。

分解是针对不可数的事物或过程的分割。例如，可以把流行病传播带来的危机分解成政治影响、公共健康影响、金融影响和教育影响等。又如，把某个过程按时间节点分解，或分解成几个有逻辑关联的子过程。

在介绍文献时，我们可能依据历史、方法或理论对文献进行分类。在介绍结果时，可以把不同结果进行分类（也可以说成是分组）。

可以将整个论文分解成引言、方法、结果和讨论四个部分。在方法部分，可以将方法介绍分解为顶层思路、技术手段、步骤、数据处理方法和合理性分析等五个部分。在分析原因时，可以将原因进行分解，如分解为外部因素和内部因素等。

还有一种功能叫分组或列表，分组与列表的性质可能介于分类与分解之间，也可能是对前面提到的分类与分解功能的一种补充。当我们想要处理并系统地呈现一系列的条目或不同的信息时，我们就会分组或列出内容[17]。我们可以把我们需要测试的条件分成几个组，以便分别处理。又如，我们可以把一系列事件或结果用列表形式给出，列表的顺序可以表示等级重要性，或者仅是一种时间顺序而已。全文目录、图表的索引和参考文献目录等属于列表性质。

7. 因果关系

因果关系用于指出一件事情产生的原因、一件事情产生的影响或两件事情之

间存在的由一件事情导致另外一件事情的联系。关于因果关系的更多介绍见
3.4.4 节。

在引言中可以通过交代问题的来龙去脉，来给出提出研究问题的原因。

在介绍研究现状时，可以适当提及一些重要贡献产生的影响。

有的研究结果本身就是因果关系。确定因果关系的过程则属于下面要介绍的
论证修辞模式之一。

有些研究结果本身并不是因果关系，但在分析研究结果时，往往需要揭示因
果关系。

8. 过程分析

过程分析是解释如何做某事或某事是如何工作的。要求将过程分解为明确的
步骤。有时需要交代过程指令，有时需要从演绎角度揭示过程。

过程指令的一个例子是，如何操作研究方法中的步骤。

过程演绎的一个例子是，介绍一个带过程的现象的演化过程，如黑洞的演化
过程，或者介绍一个数学定理的证明过程（证明本身也可以被归纳到下面介绍的
论证）。

9. 评价

评价（evaluation）用于分析和判断文章、概念、发现或主题的价值和优
点。当有多个对象需要评价时，可以通过比较和对比等修辞模态来评价不同对象
的共同点和差异。

在引言的研究现状中，需要对已有研究进行评价，因为总结、综合和评价是
研究现状分析的三个方面。

在介绍方法时，可以对一个方法的优缺点进行评价。

在给出一条研究结果时，例如一个图形时，可以对观察到的特征和趋势的作
用进行评价。

在学位论文结论中，需要总结贡献或创新点，这些贡献或创新点就是一种自
我评价。

10. 论证与说服

如果论文声明一个观点、一个定理、一个原理，或一个假设，那么需要通过
论证来说服读者。归纳、演绎和反演（见 3.4.3 节）等逻辑推理是几种常见的论
证方式。论证的目的是证明一个已知的或假设的观点的有效性或者正确性，或者
推断出一个新的结论或归纳出新的理论。据加州大学伯克利分校在如何理解科学
（Understanding Science）的栏目中题为 "The logic of scientific arguments" 的文

章，科学论证包含科学思想/想法、由思想产生的预期和相关观察或证据等要素，且几个要素出现的顺序可以存在多种情况：有时一个想法首先出现，然后科学家们去寻找与之相关的观察结果或证明；有时首先进行观察或推理，然后他们会提出或得出一个特定的想法；有时想法和证据已经在那里了，后来有人看到了，并发现这两者可能是相互关联的。

确定因果关系的过程其实也属于一种论证。事实上，在确定因果关系时，还需要用到演绎等逻辑推理。

常见的数学论文通过定理来声明一个个结果或结论，它们的证明就是论证。给出一个观点，需要对观点的正确性和适应性进行论证，以说服读者。

论证与说服时需要谨慎。如果一项结果存在不确定性，那么应努力避免表达绝对的确定性。有些结论可能存在少数例外，因此应避免过度推广。

11. 问题与答案

提出问题与解决问题是研究的目的。可以这样说，整篇论文就是提出一个大问题，并为这个问题提供一个逻辑的解决方案。在论文的各个部分，还会提出一些小问题并给出解决方案。

我们会在引言中通过背景、需求和文献研究，提出一个值得研究的问题，接下来的核心部分就是解决问题。

我们在得出结果或者分析结果时，可能会发现一个个小问题，指出这些问题后，接下来我们去解决问题。

以上相对独立地介绍了每种修辞模式的作用。实际上，每个修辞模式并不一定是独立地出现，依据场景会有所结合尤其是相互包含。问题与答案可能是覆盖面最宽的修辞模式，可以包含论证与说服，论证与说服可以包含因果，因果分析可能包含过程分析，等等。

无论是规范结构还是自由结构的论文，都需要对研究结果进行讨论。描述结果的特征、比较或对比不同结果的共性和差异性、揭示因果等是常见的讨论形式，因此会经常使用描述、比较、对比与因果等修辞模式。

解释结果、方法时，一般需要用到描述、对比、比较、举例、说明等修辞模式。

4.5　关于撰写学位论文的建议分享

撰写学位论文不仅需要掌握本章前几节介绍的学位论文构成与原则性要求，还需要采取正确或者合适的行动。为此，这里分享一些有价值的建议，部分来自一些写作专家，部分来自一些在读或毕业研究生。

4.5.1　撰写学位论文的切割法

帕特里夏·高斯林（Patricia Gosling）（德国诺华疫苗和诊断公司的资深医学作家）和巴特·诺丹（Bart Noordam）（荷兰阿姆斯特丹大学的物理学教授）是 *Mastering Your Ph.D.: Survival and Success in the Doctoral Years and Beyond* 一书[21]的作者，在他们于 2007 年 12 月 21 日发表在《科学》职业栏目网站上的文章 "Mastering Your Ph.D.: Writing Your Doctoral Thesis With Style" 中写道，写论文说起来容易做起来难，写作中有很多工作要做，但是，像任何大的事业一样，如果把论文切割成更小的步骤，那么写论文就更容易了，这也属于一种复杂度降维方式。这里摘录其中的一些要点。

1. 最重要的先做

制定一个倒计时计划，在开始写作之前，确保与导师就论文的目录达成一致。

2. 切割你的任务到合适的尺度

把定好的目录扩展成一个由章节标题、副标题、图表标题、一些关键词和重要评论组成的写作大纲，这有助于为文本提供框架，并迫使你将写作分成可管理的部分。

3. 确定论文格式

使用所在的系或大学可能提供的标准论文格式和标准电子模板。这样就可以专注于填写自己的内容，而不必把时间浪费在排版上。

4. 具体内容的撰写

先将已发表的文章和提交的手稿转换成论文章节。先将它们分割。例如，引言部分的内容调整到学位论文总的引言之中，将结论部分的内容调整到总的学位论文总结之中。接下来进行编织和再结合，形成连贯的叙事，删减冗余或逻辑上的空白。尚未发表的内容需要从头开始写。引言是你需要将工作放在更广泛的背景下，解释为什么研究与科学界和（假设是）社会相关。摘要是你论文的一部分，肯定会被广泛阅读，最好在完成所有其他章节后再写这一部分。

5. 减轻撰写论文的压力

作者给出了无压力撰写学位论文的 10 个提示。例如，除了按前面要求撰写论文，还需要为自己制定最后期限并坚持执行，找一个安静的地方写作，每天给自己分配几页纸且写完后就停下来，充分休息并确保与朋友和家人共度时光，锻炼身体且合理膳食以保持健康，不要独自工作等。

6. 保护你的工作

将论文副本保存在外部硬盘、闪存或其他存储设备上。每天备份，并将副本保存在安全的地方。为了避免意外风险，在远程服务器上保存一份正在进行的工作的副本（以防发生火灾或盗窃）。要做到这一点，最简单的方法是打开一个基于 Web 的电子邮件账号，并定期向自己发送电子邮件。

7. 追求金牌：写一篇无错误的论文

论文通常是在严格的时间限制下撰写的，所以很避免拼写错误或其他小错误。拼写检查器有帮助，但它们无法捕捉那些难以拼写的技术术语中的错误。此外，语法和语法错误并不总是突出显示，小的科学错误很容易被忽视。当然，你的目标是尽量少犯错误。建议做两件事来帮助实现这一点。首先，在你写完初稿后，把手稿暂时放在一边。一旦你与材料保持了一定距离，就要用敏锐的眼光重新阅读一遍——不是为了内容，而是作为校对员寻找印刷错误。第二，把你的论文副本交给一两个值得信赖的同行阅读。设计一种创造性的方式来奖励他们发现的每一个错误（例如提供咖啡、啤酒或比萨）。如果你能负担得起，你甚至可以考虑聘请一位专业的文案编辑为你做这件事。

4.5.2 一些有读博经历的学者的建议

史密斯（Smith K）和贝克（Baker N）在《自然》上发表了一篇题为"Back to the thesis"的文章[22]，文章提到，"完成论文对博士生来说是一项艰巨的任务，许多人都在努力实现这一目标，然而，只有大约70%的英国学生获得了博士学位，而在美国，这一比例仅为50%"。文章邀请获得博士学位的弗朗西斯·柯林斯（Francis Collins）、萨拉·西格（Sara Seager）和乌塔·弗里斯（Uta Frith）反思他们的学位论文工作，包括对一个无法再去改正的错别字的后悔不已，以及最重要的是博士学位论文工作改变了自己。

2018 年，伊丽莎白·佩恩（Elisabeth Pain）给《科学》写了一份"如何写博士论文"的文章[23]，她采访了一些已毕业和在读的博士生，让他们分享成功与不成功的经验。采访对象以及他们当前的就职情况如下：

① 莱斯利·霍姆斯，加拿大金斯敦皇后大学生物学博士候选人；
② 艾丽奥诺拉·特洛伊，美国马里兰大学天体物理学副教授；
③ 阿诺克·佐莫，瑞士洛桑大学和路德维希癌症研究所癌症生物学博士后

研究员；

④ 莎拉·格拉韦姆，美国俄勒冈州立大学海洋生态学博士后；

⑤ 卡塔琳娜·海尔，英国爱丁堡大学计算神经科学研究助理；

⑥ 安东·戈洛博罗德科，美国麻省理工学院理论生物物理学博士后。

从采访提纲就可以看出，为了写好博士论文，需要注意如下几个方面：

① 重视论文的结构、写作方法和时间的掌握；

② 需要掌握寻求导师与他人帮助的技巧；

③ 需要合理地腾出时间和精神空间；

④ 在论文写作之中有一些情感因素要考虑；

⑤ 存在让论文写作更顺畅的技巧。

建议阅读伊丽莎白·佩恩的全文来了解六位博士的详细回应，下面摘录部分看似极有价值的经验或建议。

"我在意大利上大学的时候，人们对我的最常见的告诫只是去参考一篇更老的论文，然后把自己的东西用类似的方法拼凑起来。"——艾丽奥诺拉·特洛伊

"我花了很长一段时间才把每一章都写得足够短，短到可以按论文稿件提交。我专注于撰写几个准备好的稿件章节，而不是试图把我做的所有研究工作都包括进去"——阿诺克·佐莫

"我在写作过程中做了大量的笔记和流程图，描述了每一章都应该包含哪些内容，这也帮助我在每一章的开头提供了一个快速的概述，并在写作过程的结尾提供了交叉检查（crosscheck）信息。"——卡塔琳娜·海尔

"为了写好引言，我先列出想要涵盖的元素的清单、想法、参考资料之间的逻辑联系。我第一次尝试将所有这些想法汇编成一些结构化的文本，重点是我是否有足够的材料来支持我的观点，以及这些材料的流畅程度。在那之后，我专注于完善措辞本身，使用在线资源，如拼写检查和语法书，因为英语是我的第二语言，然后是最后的整体润色。"——安东·戈洛博罗德科

"我发现没有人能像你所在的研究组那些已毕业的研究生那样能提供有效帮助。他们帮助我了解了论文写作的整个过程，估计了完成不同部分所需要的时间，并注意潜在的陷阱"——安东·戈洛博罗德科

"我把每一章的方法和结果都发给了指导老师，这样我们就可以确保在深化内容之前，框架已经打好了。我的导师是期刊编辑，他把我的文章分割，并帮助我重新整理和组织，这是非常重要的。"——莎拉·格拉韦姆

"我多么迫切需要有人告诉我，我正在做的事情不是全错了，或者在做愚蠢的事情。"——艾丽奥诺拉·特洛伊

"我的导师很忙，没有回应时我会发提醒。我所需要的只是得到一句快速的'是的，你正在朝着正确的方向前进'的话来帮助我继续前进。"——卡塔琳娜·海尔

"只有当我觉得必须做出关键决定时，比如当我完成一个大纲或一章时，我才试图征求导师的意见。"——阿诺克·佐莫

"如果没有适当的休息，工作效率就会下降，最终你会感到痛苦。"——安东·戈洛博罗德科

"当助教时与同学们打交道，对我的论文工作来说是一种很好的分散注意力的方式。参与项目和会议的活动不仅让我从论文中得到了很好的休息，也让我意识到我的研究是多么的重要和有趣。"——卡塔琳娜·海尔

"我每天都会用几次'番茄工作法'，我把定时器设置为 45 分钟，这期间除了写作以外什么都不做——没有电子邮件，没有社交媒体，没有其他任务。如果我想到了我需要做的事情，我就把它写下来，留到以后去做"——莎拉·格拉韦姆

"我给自己设定了一些切实可行的每天要完成的任务，如果我成功地在设定的最后期限内完成了任务，我就会给自己一点奖励。"——阿诺克·佐莫

"写作过程确实艰难，但我很享受这个过程。写作感觉像是一个又长又孤独的隧道，但你练习得越多，这个过程就会越简单。"——莎拉·格拉韦姆

"我很享受学位论文的写作过程。这个过程中，我终于将过去五年的工作成功整理到一起，对此我非常自豪。"——阿诺克·佐莫

"我的博士研究过程，包括写作期间，都像坐过山车一样。有时候确实很艰难，但重要的是要记得每个付出都会让你离最后的目标更近，这样你才可以保持前进并战胜负面情绪。"——卡塔琳娜·海尔

"我的建议是不要拖到最后一刻才开始写论文，并且不要低估论文所需要的时间。论文不仅只考虑科学性，也要考虑如何表述。如果我可以回到过去，我更倾向于在第一年就开始论文的撰写，而不是把撰写论文的工作全部放到最后一年"——艾丽奥诺拉·特洛伊

"当我在第二年的时候，我就非常有计划地写一些笔记和收集归档相关的资料，这在我写论文的时候非常有用。另外我博士在读的前几年写了很多的项目申请书，这给了我学习如何展示大局的机会，也提供了

可以用来做引言的素材。"——莎拉·格拉韦姆

"致谢部分的撰写需要花费的时间不能被忽视。我认为这部分是一个对博士期间非学术的东西进行总结的一个好机会，可以表达我对博士期间帮助过我的人的感谢，我花了好几天的时间才想到合适的词汇。"——安东·戈洛博罗德科

"尽量找出你一天中工作效率最高的时间。我特别推荐的一本书是《科学家写作指南》"——莱斯利·霍姆斯

"当我写作不像预期那样顺利时，我就做点处理图片或调格式的事情。这样，我就能感知在进步。"——卡塔琳娜·海尔

4.5.3　如何写出最好的硕士与博士论文，评优的原则

拥有英国和澳大利亚的化学硕士和博士学位、有多年的研究经验且曾在多所大学担任博士后研究员和助理的安德鲁·斯台普顿（Andrew Stapleton）博士于2023 年在 academiainsider 网站上撰写了一篇题为 "The best PhD thesis and dissertations in history" 的博文，提到如何写出在评委眼里的优秀学位论文以及如何写出产生重大影响的学位论文，这里分享其中的一些要点。

评估优秀学位论文的主要因素之一是研究的原创性和意义。例如，获得2023 年学位论文奖的论文工作搭建了一个理解天文现象的突破性框架。这种新颖的研究经常引起评阅人的注意，他们正在寻找有可能在各自领域产生重大影响的学位论文。

写作质量是评估学位论文的另一个重要方面。一篇广受好评的论文通常清晰、简洁、条理分明。最好的论文有一个连贯的叙述，不管是否为本领域的专家，都可以理顺文章的内容。约翰·纳什的博弈论基础研究等理论著作以及物理学家理查德·费曼的应用研究都是如此。

论文答辩在评价过程中起着重要作用。考生需要成功地回答评阅小组的问题，展示他们对主题及其含义的深刻理解。

论文发表或实际应用的潜力经常被考虑。有一些最令人难忘的论文，比如阿尔伯特·爱因斯坦关于布朗运动的研究工作，或者克劳德·香农对信息理论的发展，都对各自的领域和其他领域产生了深远的影响。

总之，用于评估学位论文的标准包括原创性和重要性、写作质量、答辩时的表现，以及发表潜力或应用价值。这些因素加在一起有助于确定脱颖而出的论文。

文章还指出，撰写一篇杰出的学位论文的旅程是富有挑战性的，但也是有回报的，你的工作对后代的影响是可以感受到，为了尽可能写出最佳博士论文，应当做到如下几点：

（1）对你所在领域的文献有一个清晰的理解。

（2）确保你论文中的逻辑是完美的。

（3）与同事讨论你的工作，以获得反馈和见解。

（4）在你的论文中要注重清晰的写作和条理。

（5）使用诸如项目符号和分组框之类的格式工具来突出显示关键点。

（6）校对你的作品，并考虑使用拼写检查工具或聘请专业校对员。

（7）注意第一印象，并遵循打印指南，以获得专业外观的文件。

（8）记住小细节对于赢得奖品或获得认可的重要性。

为了写出最好的学位论文，我们可以去学习一下历史上最著名的学位论文。

阿里·加贾尼（Ali Gajani）于 2014 年 4 月 15 日发表在 mygreek 网站上的文章 "12 most famous PhD theses in history" 中分享了 12 篇著名学者的学位论文（其中 11 篇为博士论文，1 篇是硕士论文），分别是居里夫人的博士论文、香农的硕士论文、纳什的博士论文、德布罗意的博士论文、费曼的博士论文、爱因斯坦的博士论文、马克思的博士论文、韦伯的博士论文、萨特兰的博士论文、德雷克斯勒的博士论文、维特根斯坦的博士论文、黎曼的博士论文。

（1）玛丽·居里的放射性物质研究（1903）。

这篇论文记录了她对镭、钋等放射性物质的发现（居里夫人因此获得 1903 年诺贝尔物理学奖），随后成为她未来研究的核心。她在 1911 年还获得了诺贝尔化学奖。

（2）克劳德·香农的继电器和开关电路的符号分析（1937）。

香农的硕士论文据说是 20 世纪最有意义的论文，这篇论文奠定了一切与数字技术有关的基础。简而言之，香农的论文展示了一群 0 和 1 是如何变魔术的！

（3）约翰·纳什的非合作博弈研究（1950）。

纳什的论文名为"非合作博弈"，构成了纳什均衡的基石，他随后获得了诺贝尔经济学奖（1994 年）。

（4）路易·维克多·德布罗意的拉思河畔雷赫奇斯é量子理论（1924）。

德布罗意是 20 世纪伟大的理论物理学家之一。他 1924 年的论文《量子论》提出了波粒二象性的革命性观点，并将其应用于电子。这篇论文是他在五年后获得诺贝尔物理学奖的原因。

（5）理查德·费曼的量子力学中的最小作用原理（1942）。

论文奠定了路径积分技术的基础和著名的费曼图。费曼图被世界各地的物理学家用来用数学表达式形象地表示亚原子粒子的行为。

（6）阿尔伯特·爱因斯坦的分子尺寸的新测定（1906）。

爱因斯坦的博士论文《分子尺寸的新测定》是有帮助的，因为爱因斯坦最终得到了一个非常精确的阿伏伽德罗数。爱因斯坦的博士论文是他迄今为止引用最多的著作。

（7）卡尔·马克思的德谟克利特与伊壁鸠鲁自然哲学的差异研究（1841）。

马克思在他的论文中论证了源于古希腊多元数学的德谟克利特和伊壁鸠鲁两个学派之间的差异。正是在这里，马克思在"自由与决定论"之间展开了辩论。

（8）马克斯·韦伯的新教伦理与资本主义精神（1905）。

社会学的奠基人之一韦伯将经济社会学和宗教社会学结合起来。韦伯的论文讨论了有关市场驱动的资本主义、文化对宗教的影响以及社会分层的关键概念。

（9）伊万·萨瑟兰的人机图形通信系统（1963）。

伊万·萨瑟兰 1963 年的博士论文是计算机科学和人机交互领域的一篇里程碑式的论文。由于伊万的天才工作，我们如何与计算机交互变得更加直观。

（10）埃里克·德雷克斯勒的分子机械与制造及其在计算中的应用（1991）。

德雷克斯勒 1991 年关于分子纳米技术的论文是博士生的开创性工作。德雷克斯勒的论文是如此有影响力，它诞生了一个全新的概念机械合成。

（11）路德维希·维特根斯坦的逻辑哲学论著（1921）。

维特根斯坦 1921 年的《逻辑哲学论著》剑桥论文也许是他最重要的著作。剑桥大学的论文评阅人说，这比博士生所期望的要优越得多。

（12）伯恩哈德·黎曼基于几何学的假设（1868）。

在这篇论文中诞生了黎曼几何，成为几何界里程碑式的作品。黎曼几何是至关重要的，因为它被爱因斯坦用来解释相对论的概念。一个半世纪后，格里戈里·佩雷尔曼（Grigori Perelman）用黎曼几何来解决数学中最难的问题之一，即庞加莱猜想。

这 12 篇学位论文涵盖物理学、化学、经济学、社会学、哲学、计算机科学和数学等学科。

4.5.4　找一篇现成的学位论文作为样板

不管我们参阅多少写作指导教材，都无法替代"百闻不如一见"的作用，即看一篇已经通过的学位论文，以启发自己的论文。

前面提到，伊丽莎白·佩恩给《科学》杂志的采访稿中，有一条来自艾丽奥诺拉·特洛伊的建议："我在意大利上大学的时候，人们对我的最常见的告诫只是去参考一篇更老的论文，然后把自己的东西用类似的方法拼凑起来。"

那么，如何寻找一个样板呢？

　　最简单办法是向导师要一篇与自己方向接近的学位论文，尤其是优秀的学位论文。导师不仅有自己指导的研究生的学位论文，而且一般会通过参加学位论文评审与答辩，得到同行的学生的学位论文。

　　第二种办法是获取一篇相近方向的已毕业学长的学位论文。这样的好处是，可以要到带有排版格式的电子版。有了这样的模板，就可以专注于填写自己的内容。

　　第三种途径是从网上搜索并下载公开的学位论文。例如，我们通过简单搜索，就找到了卢卡·科里里（Luca Corrieri）于 2015 年 6 月 3 日在网站 scribbr 发表的题为 "Examples of prize-winning theses and dissertations" 文章中分享的国外获得不同奖项的 5 篇硕士论文和 8 篇博士论文，这些论文涉及不同的学科。我们还从圣安德鲁斯大学研究储存库（research-repository）网页上找到了公开的纯数学方面的博士论文。我们也可以从开放获取网站 "Open Access Theses and Dissertations"（oatd.org）通过输入作者、标题、学科、大学和院系等得到公开的硕士论文和博士论文。

4.5.5　撰写学位论文可借鉴的格言

　　《大西洋月刊》上的一篇文章提到，村上春树说："小说家在创造小说的同时，也在被小说创作"。通过写小说可以改变小说家本人。如果这句话具有普适意义，那么对于研究生，通过写学位论文，也会改变或塑造研究生本人。

　　西澳大利亚大学的钱德拉塞卡（R Chandrasekhar）总结了阿蒂基乌泽尔（Attikiouzel）关于写博士论文的七个格言，其中第一格言是，尽早开始写学位论文，不要做完研究之后再开始写论文。

　　阿蒂基乌泽尔第一格言：早点开始写作。在完成项目/研究之前不要推迟写作。当你完成每一项工作时，写出完整而简洁的技术报告。这样，你会记得你所做的每件事，并准确地记录下来，而这项工作在你的脑海中仍然新鲜。如果你的工作涉及编程，尤其如此。

　　阿蒂基乌泽尔第二格言：及早发现错误。如果有什么不对劲，应立即发现并迅速纠正。如果等了很久再去查错误，那么重新查看之前的工作会非常困难。

　　阿蒂基乌泽尔第三格言：从内到外写论文。从你自己实验工作的章节开始。因为你比任何人都更了解自己的作品，所以你会在写作中培养自信。一旦你克服了最初的惰性，就可以转到其他章节。

　　阿蒂基乌泽尔第四格言：以砰的一声结束，而不是抽泣。先做第一件事，把最好的留到最后。第一印象和最后印象更持久。安排好你的章节，让第一章和最后的实验章节完美和坚实。

　　阿蒂基乌泽尔第五格言：完成结论后写引言。评阅人首先阅读引言，然后阅读结论，看看前者所做的承诺是否真的在后者中得到了履行。确保你的引言和结论 100% 匹配。

阿蒂基乌泽尔第六格言：没有人是孤岛。通常，博士论文的三分之一是关于他人的工作；三分之二是你自己做的事。经过全面和批判性的文献回顾后，博士生必须能够确定该领域的主要研究人员，并为博士研究提出合理的建议。

阿蒂基乌泽尔第七格言：估计写学位论文的时间，然后将其乘以三，便得到正确的估计值。一次性写作要求很高，而且很容易低估写作所需的时间；将你的第一个估计值放大三倍更为现实。

克里斯托弗·穆顿（Christopher Mouton）认为，作者在权衡论文长短时，需要问问他们自己：①这项工作对该领域的贡献是什么？②论义中必须提供哪些信息才能表明有这些贡献？③哪些材料是平行的或不需要用来支持这些主要贡献（从而可以删掉或写短）？

马克·吐温（Mark Twain）的一句名言是："我没有时间写一封短信，所以我写了一封长信。"可见，写长一篇论文很容易，写短反而很难。

亚当·鲁本指出，学术文章本身不是用正统的语言写的，而是用极简的语言（原文为"英语"）撰写，目的只是为了传达数字和图形等科学发现。

英格丽德·柯尔（Ingrid Curl）发表在《泰晤士报》上的文章指出，没有黑暗艺术（黑科技）来帮助我们写出清晰、简洁的文章，好的作品主要是修改和再次修改的结果。文章还援引欧内斯特·海明威的名言，"所有初稿都糟糕透了"，因此需要不断完善。

《自然》杂志采访了一些写作专家[24]，虽然专家的建议可能是针对期刊论文的，但一些思想对学位论文写作也有参考意义。以下是部分建议。

（1）博贾（BorjaA）要求，作者应该把他们的结果放在一个全局背景下，以证明是什么使这些结果有意义或新颖。

（2）达拉斯·墨菲（Dallas Murphy）认为，清晰地回答论文的核心问题是科学论文作者的本质义务，每一部分都需要支持这一基本思想，读者要做的是关注并记住他们所读的内容，作者要做的是让这两件事变得容易。

（3）道布尔迪（Z. Doubleday）指出，科学写作应该是真实的、简洁的，并且是以证据为基础的。

（4）门什（Mensh B）提到，把你的论文集中在一个关键信息上是至关重要的，你可以在标题中传达这个信息，论文中的所有内容都应该在逻辑上和结构上支持这一观点。

格言需要依据自身情况来判断是否对自己有用。阿蒂基乌泽尔第一格言建议尽早开始写学位论文，前面介绍的六位博士生之一艾丽奥诺拉·特洛伊提到她更倾向于在第一年就开始论文的撰写，而不是把撰写论文的工作全部放到最后一年。然而，詹姆斯·海顿（James Hayton）则不得不等到最后才开始写博士论文，而且他在三个月内写成了他的博士论文。他于 2012 年 2 月 28 日在个人网站 jameshaytonphd 发表的题为 "How I wrote a PhD thesis in 3 months" 介绍了他的经验。

现在看看海顿是如何做到的。他在文章 "How I wrote a PhD thesis in 3 months" 中介绍了自己是如何做的。首先，如他所声明的，他先花了三年半的时间进行全职研究，为他的博士论文收集数据；这三个月只涉及写作，他在最后很快就完成了。以下是他写出来的经验的要点总结：

（1）正确应对压力。例如，每当遇到问题或者发现压力大时，就会开始在校园里散步。

（2）有时要放慢速度。这似乎有悖于直觉，但放慢速度有助于我走得更快，欲速而不达。

（3）适应并果断行动。所做的任何事情，要么完成，要么放手。决定不做某些事情，而用精力和决心专注于其他事情。

（4）写作前完成研究。当你知道原始材料不会再改变的时候，写起来就容易多了。

（5）做好准备工作。写作前扔掉电视，事先收集所有需要的文件，设置了一个专门的写作空间。

（6）强调目标和一致性。把你的目标设定为你知道你每天都能完成的事情，然后完成它。

（7）做好例行事情。一天中最重要的两个部分是开始和结束。尽早建立动力很重要，结束一天的工作也要有一个规律。在每天结束时，我总是给自己留下一些容易做的事情，以便第二天开始工作，所以我醒来时知道自己要做什么。我还在每天结束的时候收拾桌子，这也有助于结束一天的心理状态，也让我的大脑不再在晚上反复地看论文。

（8）将冰冷的标准应用于我面对的工作。不管是研究现状综述，还是我自己的工作，只要是不合格的，我都会删掉。我只写我所知道的东西，这使得论文比我把所有的东西都包括进去都要短、快、容易写，质量也更高。

（9）在重要的细节上花时间。我对文字的清晰度、图表和论文的整体面貌都费尽心思。

（10）一步到位。我总是边写边编辑，目的只有一个：确保我把脑子里的想法清楚地表达在纸上。直到我觉得句子有意义，没有含糊不清的意思，我才会继续写下去。思路清晰永远是第一目标。但是，如果我不趁着思想还在脑海里的时候厘清写作思路，就很难在几天或几周后再回头来整理这些乱七八糟的思想。这意味着我会不断地重读和修改刚刚写好的东西，同时也意味着当我把东西提交给我的导师时，只需要少量修改，这节省了几个月的时间，只是因为我在第一轮就尽可能地接近"正确"。

4.6　文字处理工具的重要性

有效使用文字处理工具显然可以提高学位论文的写作效率，至少那些需要植入大量图表、数学公式和参考文献的论文是如此。本节首先给出利用文字排版工具的一般性建议，接着以附录设置、参考文献列表与引用设置为例介绍技巧性内容，最后简述人工智能在写作中的可能作用和争议。需要声明的是，本节内容不能当作操作手册，而只是想说明这样一个道理：总是有一些技巧能让我们变得更轻松。

4.6.1　利用排版工具的一般性建议

首先我们需要决定选择什么样的排版工具。最常见的排版工具有 Word 和 LaTeX。对于后者，有一个所见所得的版本 Scientific Workplace，它适合录入，但生成 pdf 时最好借用 LaTeX。不同阶段我们可能用某种排版工具撰写了一部分内容，但需要转换成别的排版工具的内容。此时，有一些自动转换工具可以使用。例如，目前有两种工具可用于完成将 LaTeX 文档向 Word 文档的转换，分别为 Tex2Word 和 LaTeX-to-Word。目前将 Word 文档转换为 LaTeX 文档的工具有 Word-to-LaTeX。文档转换后，一些超链接和交叉引用可能失效，需要人工修正。一般情况下，提供了电子版的学长用了什么排版工具，那么自己也尽量使用该排版工具，好处显而易见。

学位论文往往包含章节大纲、文字类元素、非文字类元素（图形、表格、数学表达式）、参考文献目录、交叉引用以及索引等内容。其中，大纲的生成、文字的字体、段落的缩进、参考文献列表的排列和交叉引用、图表题注的位置与风格、图表和数学公式的编号格式与交叉引用等，不能采用人工形式去调整，而是要想到，所用的排版工具都能自动实现这些功能。

以图形为例，除了图形本身（其制作方式与专业相关），还有题注和交叉引用。交叉引用编号，如"图 3.4"（第 3 章第 4 幅图），不仅出现在图形题注的起始位置，而且还需要在正文中被一次或多次引用。初始生成各图的交叉引用编号不难，但有时需要在几幅图之间删除和增加一些图。如果以人工方式编辑，那么在图形多了后，就很困难。这里需要知道的是，无论是 Word 还是 LaTeX，都能做到全自动方式，即通过恰当使用工具提供的相关功能，可以在增加和删减图形时，使交叉引用编号（题注中的和正文中的）自动调整。

章节编号、数学公式编号、表格编号及参考文献编号等交叉引用编号也一样，可以自动设置（包括风格）和自动调节。

　　向导师或学长索要一篇现成学位论文的电子排版稿，利用里面已经做好的设置，就可以自己添加自己的东西。

4.6.2　排版工具利用举例：生成附录

　　一般要求附录的章节标题与正文章节有不一样的编号格式。例如，正文章、节编号是"第 3 章""3.2 节"，而附录章节编号则可能是"附录 C""C.2"。在附录中，图表和数学公式也需要独立编号和独立命名。例如，正文第 3 章的第 2 幅图可能以"图 3.2"作为编号，而附录 C 的第 2 幅图则需要以"图 C.2"作为编号。

　　对于 LaTeX，实现上面要求并不难，只需要在首个附录的起始位置加上命令"\appendix"即可，编译后，该命令行后面的内容自动设置成了附录格式。

　　然而，至少对于当前的版本，在 Word 中设置附录就没有那么直接，甚至有难度，这一难题在于 2003 年 1 月发表在 shaunakelly 网站上的题为"How to number headings and figures in appendixes in Microsoft Word"的文章中有介绍。该文一开始就说"有什么问题？"接下来指出："Word 的内置标题样式（标题 1、标题 2 等）非常适合为文档中的标题编号。内置的标题样式具有各种'神奇'的能力：它们可以用于对图形或表格进行（自动）编号，引用这些图形或表格，构建章节和图表的目录等。然而，这些神奇的功能并不能很好地应对附录。"

　　上述文章展示了如何解决附录麻烦，给出了如何对包含多个章节和一个或多个附录的文档中的标题、图形等进行独立编号。

　　简言之，不能把附录中的一级标题处理成正文中的一级标题，二级和三级也是如此，而应该处理成更低一级标题。如果正文中有三级大纲（章、节和子节），附录也有三级大纲，那么就可以用 Word 的"定义多级列表"功能将章、节和子节分别设置为一级、二级和三级标题，而将三级附录分别设置为四级、五级和六级标题。

　　用正式语言可以这么说，在 Word"定义多级列表"栏目中，选择"单击要修改的级别"中的数字列表中 1、2、3、4、5、6 作为章、节、子节、一级附录、二级附录和三级附录的内置级别，同时，从"将级别链接到样式"下拉单中分别选择内置的标题 1、标题 2、标题 3、标题 4、标题 5、标题 6。

　　对于每一级标题，"定义多级列表"栏目中提供了修改编号格式、标题大小和位置等功能。此时，可以把上面六级标题分别选择为"第 1 章""1.1 节""1.1.1""附录 A""A.1""A.1.1"的格式。

　　如何给图表等的题注独立编号呢？从顶端工具栏展开"引用"，选择其中的"插入题注"，弹出"题注"对话框。以图形为例，如果是在正文中，将"题注"对话框中的"标签"选择为"图"，从"题注"对话框右下角的"编号"，勾选"包含章节号"，章节起始样式选择为标题 1。这样，正文中的图形交叉引用编号就自动设置为"图 3.1""图 3.2"等。

对于附录，则需要有变化。在"题注"对话框中，"标签"不能选为与正文章节的一样，即不能选"图"。需要新建标签。可利用"新建标签"，将附录中的图的标签暂时设置为"附图"。在"编号"中勾选"包含章节号"，在"章节起始样式"下拉单中，选择"标题 4"。注意，这里选择的是"标题 4"，而不是正文章节中选择的"标题 1"。这是因为，我们在上面介绍的附录标题编号设置中，已经将一级附录的编号样式链接到了"标题 4"。于是，附录中的题注编号将通过内部通道"标题 4"与一级附录编号进行自动关联。

在 Word 文档全部设置完后，可以统一将"附图"更名为"图"。这样，附录中图的编号格式就自动设置为"图 A.1""图 B.3"等。

4.6.3　排版工具利用举例：参考文献列表及其交叉引用

用 LaTeX 设置参考文献比较方便，使用 Word 则存在不同选项。这里无法详细介绍各种选项，仅仅介绍其中一个相对比较简单方法：先利用"脚注"插入参考文献，再通过转换，自动转移到文章末尾的"尾注"列表之中。在尾注列表前设置一个"参考文献"的标题即可。

在引用参考文献的位置，先以插入脚注的形式将参考文献放在脚注之中。成文后，再将光标放在脚注位置，右键选择"转换成尾注"，这样就可以将脚注的文献自动转移到论文末尾的尾注列表之中。此时，交叉引用编号会自动生成。在新增尾注时，交叉引用编号会自动更新，且将参考文献按顺序放在尾注列表中的相应位置。在插入脚注和尾注的窗口，可以选择和设置尾注编号的格式。

本书的参考文献就是这样生成的。本书甚至分章给出参考文献。为了做到这点，需要利用 Word 的"布局"窗口的"分隔符"选项，在每一章的结尾处插入"分节符"。插入"分节符"时，需要选择"连续"。

这样做的一个缺陷是，当一篇参考文献被重复引用时，会在参考文献列表中重复出现。解决办法是，在重复引用一篇参考文献的位置，直接使用"交叉引用"功能，选择"尾注"作为引用类型，即可插入已经出现的一篇参考文献的编号。

4.6.4　利用人工智能帮助写作的争议

当前，人们已经发展出了基于大语言模型的生成式人工智能工具。以 ChatGPT 为例，它可以在一组提示（prompt）下，生成能满足一定要求的文本，包括写作文本，并且通过使用一种名为对抗性训练的技术来阻止 ChatGPT 被用户诱骗发生行为不端（称为越狱）。

马克·威尔逊（Mark Wilson）在他发表在 Tech Radar 网站上的文章中指出：ChatGPT 是一个人工智能聊天机器人，最初建立在一系列大型语言模型（large language model，LLM）的基础上，这些模型可以按提示理解并生成类似人类的文本。目前这些模型是根据数千亿个来自书籍、文章、网站甚至社交媒体的数据训练出来的，可以创造出反应，让它看起来像是一个友好而智能的机器人。据参考消息数字报援引法新社的报道，目前 ChatGPT 使用英伟达提供的 GPU 芯片在数秒内向全球各地数据中心输出复杂内容所需的计算能力。据雅各·罗琦（Jacob Roach）发表在 Digital Trends 网站上的文章，为了达到预期性能，这些芯片经过了许多系统级别的优化。

英国帝国理工学院传染病系呼吸系统感染的准教授（Reader）约翰·特雷戈宁（John Tregoning）发表在《自然》杂志的职业专栏版块上的文章 "AI writing tools could hand scientists the 'gift of time'" 介绍了生成式人工智能如何帮助科研人员写作。他指出，人工智能工具可以为我们的写作打基础，让我们节省的时间可用于做更多有突破性的思考和工作，创作更发人深思的文章。他还指出，人工智能在生成很花时间的低质量套话方面很有用处，能完成许多低价值任务，但人工智能程序写出的文章还没有好到能作为独立篇章发表。他还建议，人类的目标应该是避免去做人工智能程序也能做的工作。

据马丽娜·罗东尼尔（Marine Rondonnier）和伯特兰·马伦（Bertrand Mallen）于 2023 年发表在 Francetvinfo 网站上的文章，法国沙特尔市（Chartres）市长让-皮埃尔·戈尔吉斯（Jean-Pierre Gorges）在 2023 年 5 月 8 日的演说中使用了 ChatGPT 软件生成演说稿，生成的内容效果惊人：

"欧洲的胜利标志着欧洲第二次世界大战的结束。1945 年 5 月 8 日，纳粹德国投降后，人们庆祝了这一节日。这场胜利结束了夺去了数百万人的生命的欧洲六年战争。这对盟国来说是一个解脱的时刻，但对在战争中失去亲人的家庭来说也是一个悲伤的时刻。"

当然，这些工具目前还能做生成套话以外的许多事情，例如对文献进行归纳与总结。那么，它能代替我们写研究现状分析吗？据《环球科学》的报道，英国帝国理工学院的医学讲师杰克·格罗夫（Jack Grove）认为，当前的生成式人工智能工具写文献综述的能力还比较差，因为它没办法将知识综合起来，也没有分析或评价能力。4.2.2 节提到的克里斯蒂娜·坎特罗的文章指出，总结、综合与评价是研究现状分析的三个重要方面，没有综合与评价，就不可能逻辑地引出问题。

即使总结文献，人工智能工具目前也有些不足，原因是这些工具使用的当前公开的文献，那些需要付费才能阅读的论文以及尚未发表的论文和永不公开的研究报告，按理无法进入到人工智能数据库之中。因此，AI 在帮助我们检索并总结文献时，不一定能全面。最重要的是，它们不一定能找到我们正好需要的文献，尤其是不一定能按我们的需要去总结需要总结的方面。

关于 ChatGPT 对学术出版和作者的冲击，剑桥出版社在剑桥学术的一篇文章"ChatGPT 与学术出版"中进行了详细讨论。文章指出，"从作者的角度来看，在写作过程中，如果 AI 能够在不违背伦理道德的前提下，提供适当的帮助，则会极大地对作者的工作情绪和工作结果产生正向的影响。"文章还指出了当前使用 AI 存在的风险："而 ChatGPT 作为工具本身，也并非无懈可击，比如它可能会给出错误答案，可能在描述论证的时候毫无根据地进行观点表达，甚至有些数据案例都是模糊或者造假的。同时，由于模型数据库是来自现实世界的写作内容，这意味着现实世界中存在的偏见也会出现在模型中。"

其实，人工智能工具能否发挥正面作用关键在于我们自己知道什么。如果我们知道自己的方法介绍应涉及顶层思路、手段与工具、策略与步骤、数据处理方法和合理性分析五个方面，那么我们就能给出恰当提示，让人工智能工具协助我们完成那些不代表创造和思考而只是体力活的文字性工作，就像学术写作句型库能生成句型一样，接下来我们只需要去纠正一些不恰当的表述和错误。

需要注意的是，相关培养单位可能会对 AI 的使用制定一些政策性规定。当有规定时应遵守相关规定，在没有规定的情况下，应在满足学术规范的前提下使用。以满足学术规范为例，如果使用人工智能帮我们完成部分工作，应检查并剔除它擅自做主搬来的不属于自己观点或结果的东西，且如果属于文献的观点或结果，必须给以恰当引用。

总之，不能简单说人工智能工具是否有用或者好用，而是要看我们如何使用、用在哪里、目的是什么、规则是什么。按本节提到的约翰·特雷戈宁的文章所述，我们的目标可能应该是避免去做 AI 也能做的工作，让我们从"体力活"中解脱出来，腾出时间，花更多精力去做人工智能不能做的东西——创造与思考，带来更多原创成果。

另外，按照 4.5.5 节引用的亚当·鲁本的格言，学术文章的目的只是为了传达数字和图形等科学发现。因此，如果使用人工智能工具能让我们的文章更清晰地传递科学发现并节省体力活来创造更多知识，那么，人工智能工具的作用就是正面的。就像我们现在有了电脑，还去强迫学生用毛笔写论文可能就过时了。反过来，如果是一门课，比如说写作课，课程的目的本来是让学生训练如何查找、阅读、理解和总结一个给定方向的研究文献，那么，如果有人使用人工智能来完成这些工作，就没有达到训练的目的，学生这样做就属于违反学术规范。

以上关于生成式人工智能工具的价值的争议，只是针对当前的技术状态发生的，未来到底如何，还要看进一步的发展。它是否能满足我们的要求？它是否不受控制？这都是未来发展所关心的问题。按照艾德·根特（Edd Gent）于 2023 年在 *New Scientist* 发表的文章，牛津大学哲学家尼克·博斯特罗姆（Nick Bostrom）

于 2003 年提出了一个思想实验——回形针问题：当超级人工智能设定的目标是尽可能多地制作回形针，那么它可能会消灭人类，因为后者可能通过切断电源来阻止其生产，且因为后者身体有许多能用于生产回形针的原子。

4.7 致谢——可能被最广泛阅读的部分

对于学位论文，致谢也是一个核心部分。我们看到的许多博士论文将学位论文致谢放在论文封面后的第一页，可见致谢有多重要。佐治亚理工学院写作课教师简·奇肖姆（Jane Chisholm）在他的课件 "CETL 8723: Writing for International Graduate Students" 中指出："博士学位论文的致谢部分是学位论文阅读最广泛的部分。不管你相信与否，许多在写作过程中帮助过你的人可能会检查一下，看看他们是否对你有意义，即是否出现在你的致谢之中"。据 Nick 于 2021 年发表在 Hello Assignment help 网站上的文章 "Best acknowledgement for thesis"，与其他部分（如方法论）相比，撰写致谢可能有一些自由度，但绝对不轻松，有时甚至需要花很多时间。在麻省理工获得博士学位的阿尔瓦·萨恩斯-奥特罗（Alvar Saenz-OTero）的博士论文致谢有近 2000 字，接近 3 页。

那么，致谢有什么一般性的要求呢？我们看到的大多数致谢既独特又有高度，尤其是有人物、有剧情、有文采、有逻辑、有层次。

选择的被致谢人物，要么对自己的学位工作起了决定性作用、要么在整个项目期间给了自己鼓励、要么指导自己做了件事、要么提供了协助、要么给自己提供了物资支持，从而值得感谢。

选择的一些事情有剧情，例如被致谢对象对自己做了什么，使得自己有哪些收益等。这样让致谢变得独一无二，因为不同研究生经历的具体事情不一样。

研究生大多数在致谢中希望展示文采，虽然让致谢有文采需要花很多时间。伊丽莎白·佩恩发表在《科学》上的采访稿"如何写博士论文"中，麻省理工学院理论生物物理学博士后安东·戈洛布罗德科对问题"让论文写作过程更顺畅的建言"的回应涉及致谢。他说：

> "致谢部分的撰写需要花费的时间不能被忽视。我认为这部分是一个对博士期间非学术的东西进行总结的一个好机会，可以表达我对博士期间帮助过我的人的感谢，我花了好几天的时间才想到合适的词汇。我选择把它留到答辩后再写，在我不得不修改论文的几个星期里，我可以以一种轻松得多的速度写作。"

致谢逻辑是指合理安排致谢顺序，常见的顺序是，对导师的致谢，对论文评阅人的致谢，对答辩委员会致谢，对提出需求和提供建设性建议的同行的致谢，对帮助过自己的同事致谢，对秘书、学弟学妹和行政服务人员致谢。图 4-13 是

1992 年法国居里大学一篇博士学位论文按此顺序撰写的一份致谢。

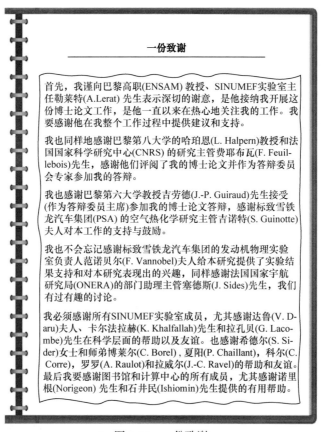

一份致谢

首先，我谨向巴黎高职(ENSAM)教授、SINUMEF实验室主任勒莱特(A.Lerat)先生表示深切的谢意，是他接纳我开展这份博士论文工作，是他一直以来在热心地关注我的工作。我要感谢他在我整个工作过程中提供建议和支持。

我也同样地感谢巴黎第八大学的哈珀恩(L. Halpern)教授和法国国家科学研究中心(CNRS)的研究主管费布瓦(F. Feuil-lebois)先生，感谢他们评阅了我的博士论文并作为答辩委员会专家参加我的答辩。

我也感谢巴黎第六大学教授吉劳德(J.-P. Guiraud)先生接受(作为答辩委员主席)参加我的博士论文答辩，感谢标致雪铁龙汽车集团(PSA)的空气热化学研究主管吉诺特(S. Guinotte)夫人对本工作的支持与鼓励。

我也不会忘记感谢标致雪铁龙汽车集团的发动机物理实验室负责人范诺贝尔(F. Vannobel)夫人给本研究提供了实验结果支持和对本研究表现出的兴趣，同样感谢法国国家宇航研究局(ONERA)的部门助理主管塞德斯(J. Sides)先生，我们有过有趣的讨论。

我必须感谢所有SINUMEF实验室成员，尤其感谢达鲁(V. Daru)夫人、卡尔法拉赫(K. Khalfallah)先生和拉孔贝(G. Lacombe)先生在科学层面的帮助以及友谊。也感谢希德尔(S. Sider)女士和师弟博莱尔(C. Borel)，夏阳(P. Chaillant)，科尔(C. Corre)，罗罗(A. Raulot)和拉威尔(J.-C. Ravel)的帮助和友谊。最后我要感谢图书馆和计算中心的所有成员，尤其感谢诺里根(Norigeon)先生和石井民(Ishiomin)先生提供的有用帮助。

图 4-13　一份致谢

依据被致谢对象对自己帮助的重要性，可适当区分致谢的层次。对于重要的帮助，如导师的帮助，可能需要用强烈的语言致谢，对于提供小帮助的人，致谢语言可以弱一些。简·奇肖姆将致谢语言的强弱分成图 4-14 所示的三档：

第一档是带有非常强烈的感激之情，可用于感谢导师、感谢委员。例如，"我非常感谢我的导师，没有他的指导我不可能取得今天的成就，更不可能这么快完成我的博士论文，他在其他方面的支持使我的读研生涯充满快乐，我几乎无法用语言表达我对他的感激之情"。又如，"我想对我的博士论文答辩委员会和论文评阅人表示最深切的感谢"。

第二档是不特别强烈但也带有感激之情，可用于感谢一起与自己共事的同行和给自己提供重要帮助的人。例如，"我很高兴在读博期间与我的同事一起共事，共同完成了一项重要实验，他给我的示范作用让我获益匪浅"。

第三档是不强烈但合适，可用于感谢给自己提供一般协助或建立友谊的人。例如，"我也感谢实验室助理对我的关照""感谢实验室师弟师妹的帮助和友谊"。

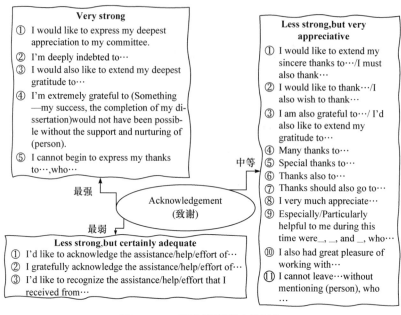

图 4-14　三种致谢强弱（英语）

参 考 文 献

[1] George E. Top-down causation and emergence: Some comments on mechanisms. Interface Focus, 2012, 2: 126-140.

[2] John C.Chapter 3 writing the introduction and conclusion of a scholarly article//Daniel P J S, Lucy W, Shona M. Writing for Scholarly Journals, Publishing in the Arts, Humanities and Social Sciences. Glasgow: University of Glasgow, 2007: 25.

[3] Dunleavy P. Authoring a PhD Thesis: How to Plan, Draft, Write and Finish a Doctoral Dissertation. London: Red Globe Press, 2003.

[4] Evans D, Gruba P, Zobel J. How to Write a Better Thesis. 3rd ed. Heidelberg: Springer, 2014.

[5] Murray R. How to Write a Thesis. 2nd ed. Berkshire: Open University Press, 2006.

[6] Steenrod N E. How to Write Mathematics. Washington D. C. : American Mathematics Society, 1983.

[7] Hartley J. Writing a structured abstract for the thesis. Psychology Teaching Review, 2010, 16(1): 98-100.

[8] Sollaci L B, Pereira M G. The introduction, methods, results, and discussion(IMRAD) structure: A fifty-year survey. Journal of the Medical Library Association, 2004, 92(3): 364-367.

[9] Mensh B, Kording K. Ten simple rules for structuring papers. PLoS Computational Biollgy, 2017,

　　　　13(9): e1005619.

[10] Borja A. 11 Steps to Structuring Ascientific Paper(That)Editors Will Take Seriously. Amsterdam: Elsevier, 2021.

[11] Burbidge E M. Synthesis of the elements in stars. Reviews of Modern Physics, 1957, 29(4): 547.

[12] Robert A D. How to Write and Publish a Scientific Paper. Westport: Greenwood Press, 1998.

[13] McIntyre M E. Science, Music and Mathematics. 2nd ed. London: World Scientific Press, 2023.

[14] Miller G A. The magical number seven, plus or minus two: Some limits on our capacity for processing information. Psychological Review, 1956, 63: 81-97.

[15] James H. The Number Seven, Essays Philological and Critical. New York: Holt & Williams, 1858.

[16] Smorra C, Sellner S, Borchert M, et al. A parts-per-billion measurement of the antiproton magnetic moment. Nature, 2017, 550: 371-374.

[17] John M. Academic Phrasebank. Manchester: University of Manchester, 2014.

[18] Stefan R. Edward Jenner and the history of smallpox and vaccination. Proceedings Baylor University Medical Center, 2005, 18: 21-25.

[19] Key K L, Rich C, DeCristofaro C,et al. Use of propofol and emergence agitationin children: A literature review. AANA Journal, 2010, 78(6): 468-473.

[20] Kevin P. Narrative and "anti-narrative" in science: How scientists tell stories, and don't. Integrative and Comparative Biology, 2018, 58(6): 1224-1234.

[21] Patricia G, Bart N. Mastering Your Ph. D. : Survival and Success in the Doctoral Years and Beyond. Heidelberg: Springer, 2006.

[22] Smith K, Baker N. Back to the thesis. Nature, 2016, 535, 22-25.

[23] Elisabeth P. How to write your Ph. D. thesis. Science, 2018-4-30.

[24] Virginia G. Interview: The write stuff, how to produce a first-class paper that will get published, standout from the crowd and pull in plenty of readers. Nature, 2018, 555: 130.

第5章 学术交流与交道

本章归纳各种可能的交流对象，通过介绍如何与导师打交道来帮助我们充分利用导师的作用与价值，通过介绍发表论文过程的交道来提高我们发表论文的能力，通过介绍如何进行学术交流让我们能提高学术交道的能力，通过介绍如何参与服务让我们提早体验如何当老师并扩大影响力，通过介绍学术礼仪让我们更容易融入学术界，最后建议换位思考来面对其他不确定性交流场合。

5.1 各种交流对象

在研究生学术生涯阶段，我们会与各类人员和机构打交道。有的交道是必需的、规定的，有的则是可选的、自愿的。图 5-1 罗列了各种我们能想到的打交道对象。这些对象可以分为七大类，每一大类又有不同子类。如果考虑到某些子类会包含许多打交道对象，我们在读研期间结交的关系很容易达到数百人。

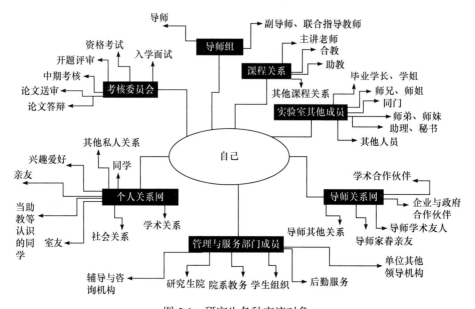

图 5-1　研究生各种交流对象

读研期间需要导师指导，因此肯定会与导师打交道。一些单位或实验室可能还要求成立导师组。

读研过程中还需要上课。如同本科生，我们会与不少任课老师、合教和助教等打交道。

读研期间一般会进入到导师的实验室，我们会与实验室的各类成员打交道，并进行交流。

通过参与实验室的活动和项目，我们还会与导师关系网打交道。导师关系网有时比想象的要广，包括但不局限于导师学术关系、项目合作关系、学术友人、亲友关系等。

作为研究生，我们会经历各种管理过程，这就需要与各种管理部门和人员打交道。

我们自己会建立自己的关系网。以学术关系为例，我们通过参加学术会议会结交同行，通过投稿和审稿等结识学报的主编和副主编。

最后，我们会经历各种考核环节，认识诸多考核委员会成员。

许多打交道对象其实都在为我们服务，为我们成长提供帮助，包括生活、学习、做研究、通过各种考核、毕业和找工作等。这些给我们提供服务和帮助的人需要面对各种各样的规则和很难预测的特殊情况，难免有工作上的不足，甚至工作失误等情形出现。在他们处理与我们相关的事具体物过程中，如果出现问题时，我们的宽容也很重要。

与这么多对象打好交道，会有助于我们顺利度过读研生涯。我们无法针对每类人群讨论如何打交道，如何交流，只能站在一个统一视角探讨打交道的基本原则，包括基本的礼仪（见 5.7 节），但如图 5-2 所示那种已经司空见惯的礼节展示并不需要在这里讨论。

5.2　如何与导师打交道

作为导师，有导师承担的责任和义务。作为学生，也有作为被指导者的责任和义务。例如，不列颠哥伦比亚大学研究生院在关于研究生指导的文章 "Supervising graduate students" 中指出：

> "导师是研究生攻读学位项目中的关键人物，在帮助他们挖掘学业、智慧和职业上的全部潜力方面具有相当大的影响力。研究型研究生与导师的关系是他们项目成功的最重要因素之一，导师最积极的成果取决于与学生之间相互开放、忠诚和尊重的关系。"

该文还给导师和研究生明确了共 60 条左右的责任和义务，其中许多涉及如何与导师打交道。下面我们援引一些专家的建议，看看如何专业、诚实和有目标地与导师保持交流，以便能有效地得到导师的指导和帮助，提高自己成功的概率。

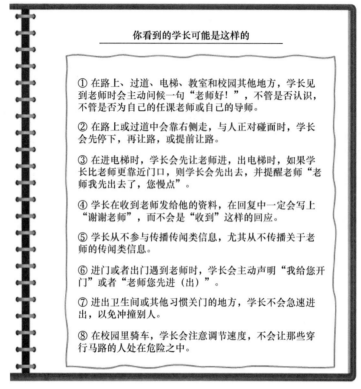

图 5-2　在校园看到的学长可能是这样的

5.2.1　与导师打交道的七项注意

这里归纳人们常提到的七个注意事项。不同的注意事项的一些内容可能有一些重复，但从不同视角重复可以体现其重要性。

第一，理解导师的作用。只有全面理解导师的作用才能通过正确打交道充分利用这些作用。玛丽安·彼得（Marian Petre）和戈登·鲁格（Gordon Rugg）指出[1]，导师有五个方面的作用。①具体的技术支持，例如，指导如何使用图书馆或培训专业软件技能；提供相关文献的指引；提供与其他研究人员的联系；指导论文结构；训练批判性阅读。②更广泛的智力支持，例如，帮助学生发展讨论和批判性思维能力；提供有关该领域和该领域研究问题的高水平知识；提供在该领域进行研究的专业知识。③行政支持，例如，寻找资金；查找其他资源；保护学生解决机构内部行政方面的困难；宣传学生的工作。④帮助管理，例如，提供一个（可执行的）框架（会议、截止日期、目标）。制定最后期限并监督执行。⑤个人支持，例如，职业建议，情感支持和咨询。总之，研究生阶段的导师有许多作用，若能有效利用，则会终身受益。导师会为学生学位论文工作提供全方位指导，教会学生如何撰写论文并与审稿人打交道，为学生顺利通过各个检查环节提供支持，为学生提供生活来源，为学生结交学术界朋友提供方便，为学生找工作提供推荐或道义支持，为工作后的发展提供进一步协助（如升职时撰写推荐信）。

第二，不能刻意犯错误。按多拉·法卡斯（Dora Farkas）于 2015 年 6 月 8 日发表在 finishyourthesis 网站上的文章 "5 mistakes your thesis supervisor may never forgive"，公然蔑视导师，让导师对自己工作的变化或进展一无所知，在未经导师批准的情况下从事附带项目，发送带情绪的邮件，剽窃，或不给予应有的致谢等五个方面属于不可原谅的错误。

第三，保持积极沟通。成为一名好的被指导者才能得到导师好的指导。与导师的交道有时是导师占主动，有时是研究生占主动。显然，不能出现两者都不主动的情形。按詹姆斯·海顿于 2019 年 5 月 29 日在他的个人网站 jameshaytonphd 上的文章 "I can't contact my PhD supervisor until I have something to show" 中的建议，即使没有取得任何进展，也需要联系导师。经常联系导师，可以告诉导师有何新进展、是否有任何进展、是否有工作滞后、是否有困难需要帮助等。如果不保持联系，那么时间流逝得越多，积累的事情就越多，于是导师就越难伸出援手。

第四，提高沟通效率。海顿指出，向导师通报情况时，需要保持简短，如果你有技术问题，寻求指导，建议每两周给导师发一封信息，简要更新一下，不管进展得多好或多坏，告诉他已经做了什么，正在做什么，下一步打算做什么。例如：

　　　"只是快速更新：我还在分析……这比预期的时间要长一点，因为我必须边走边学（技巧）。实际上，这可能还需要一两个星期，下一步将是……"

导师只需要花 30 秒钟的时间了解你的动态，这确保了导师总是知道你的项目处于什么阶段。

第五，预约见面时替导师着想。图 5-3 给出了一个预约邮件示例。其特点是，提供了可选的见面时间。导师如果在这些选择中能抽出时间，回复就可以简单到同意哪个时间段，不需要让老师反过来约时间。

第六，维护导师的关系网。在研究生培养阶段，往往还需要与其他老师、专家或同行打交道，例如邀请别的导师参加各种培养环节的报告，又如通过参与项目与项目合作方打交道。这需要平常见到其他老师、专家或同行时有礼貌，并对自己的导师保持足够的忠诚，因为只有这样，才既能维护导师的关系网，又能接触导师的关系网。在与关系网打交道遇到困惑时，尤其是遇到关系网中的一些人过分接近自己、暗示不合理的要求、拉拢自己去干私活或有其他相似行为时，需要理性思考与判断，必要时与导师沟通。

第七，学会驾驭自己的导师。科罗拉多大学微生物学的在读博士生凯蒂·希夫

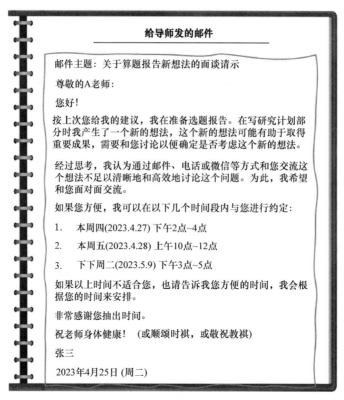

给导师发的邮件

邮件主题：关于算题报告新想法的面谈请示

尊敬的A老师：

您好！

按上次您给我的建议，我在准备选题报告。在写研究计划部分时我产生了一个新的想法，这个新的想法可能有助于取得重要成果，需要和您讨论以便确定是否考虑这个新的想法。

经过思考，我认为通过邮件、电话或微信等方式和您交流这个想法不足以清晰地和高效地讨论这个问题。为此，我希望和您面对面交流。

如果您方便，我可以在以下几个时间段内与您进行约定：

1. 本周四(2023.4.27)下午2点~4点

2. 本周五(2023.4.28)上午10点~12点

3. 下下周二(2023.5.9)下午3点~5点

如果以上时间不适合您，也请告诉我您方便的时间，我会根据您的时间来安排。

非常感谢您抽出时间。

祝老师身体健康！（或顺颂时祺，或敬祝教祺）

张三

2023年4月25日 (周二)

图 5-3　给导师的邮件示例

斯（Katie Shives）于2014年9月4日在 insidehighered 网站发表的文章"Managing your advisor"中指出，与导师建立积极的关系可以帮助自己充分发挥作为学术研究人员的潜力，而消极的关系则会使这一过程变得极其困难，以至于难以获得自己的学位。为此，他提出了一种向上管理的思想，用以"驾驭"自己的导师，这种向上管理，就是一种主动行为。在向上管理中，至少每隔一周申请安排一次面对面的交流，每次提前明确会面的目标，交流时采取积极主动的方式。以"积极主动"为例，通过与导师提前沟通，反映遇到的困难，可以得到需要的反馈——或者尝试不同的方法，或者改进目前正在做的事情。向上管理还适用于处理你的导师的长处和短处。导师可以分为两大类：精细化管理型导师（the micromanager）和粗犷管理型导师（the absentee advisor）。前者会主动关心自己的工作，后者不太积极关注。对于后者，学生尤其要增加自己主动联系导师的频率。

5.2.2　寻求导师帮助的建议

2018 年，伊丽莎白·佩恩给《科学》职业栏目写的采访稿"How to write your Ph. D. thesis"中，有关于寻求导师帮助的建议。在这些建议中，既有充分利用导师帮助的情形，也有导师的帮助无法满足要求的情形，下面摘录文中一些如何寻求导师帮助的建议或经验。

麻省理工学院理论生物物理学博士后安东·戈洛博罗德科提到了已毕业研究生与导师的共同作用。安东说：

"说到论文，没有人能像你所在的研究组那些已毕业的研究生那样能提供有效帮助。比如说，当我向我们实验室的毕业生寻求建议时，他们帮助我了解了论文写作的整个过程，估计完成不同部分所需要的时间，并注意潜在的陷阱。我还下载并浏览了他们的论文，以了解最终论文应该是什么样的。我的导师在构成我博士论文的每一篇论文中都参与了大量的写作工作，所以他不会太挑什么毛病了。尽管如此，在坐下来写作之前，我和他进行了一次谈话，在谈话中我们确定了我的博士论文主题，以及应该使用哪些已发表的论文来撰写自己的博士论文。后来，当我要完善我的博士论文时，我的许多朋友和同事，以及我的妻子——一名生物物理学家——提供了宝贵的建议。"

加拿大金斯敦皇后大学生物学博士候选人莎拉·格拉韦姆还提到博士指导委员会的作用。莎拉指出：

"我把每一章的方法和结果都发给了我所有的博士指导委员会成员，这样我们（指我和指导我的委员会成员）就可以确保在深化内容之前，框架已经打好了。我的导师和我保持联系，随时回答问题。他也是一名优秀的、非常全面的期刊编辑——拥有这样一名指导教师，他把你的文章分割，并帮助你重新整理和组织，这是非常重要的。临近结尾的时候，我的研究生同学也帮我删除了很多不需要的单词。"

美国马里兰大学天体物理学副教授艾丽奥诺拉·特洛伊在其读研期间无法获得导师的有效帮助情形下，寻求别的导师的帮助：

"我的导师介入了几次。一开始我向他请教如何撰写一篇博士论文，最后我给他看了我的草稿。但我仍然觉得完全迷失了。所以，当我最好的朋友告诉我他要去拜访他的导师并讨论如何写博士论文时，我毫不犹豫地跟着去了。他的导师明确了毕业委员会对毕业生的期望，给了我们一些有用的建议，并向我们保证一切都会好的。那次会面让我不再不知所措，更加自信。我的一位同事是另一所大学的博士生指导教师，他也向我提供了帮助，并审阅了我论文的每一章。我会在他开始审阅下一章的时候，处理修改当前的章节，这让修改变得更容易规划，节省了很多时间。当时，我多么迫切需要有人告诉我，我正在做的事情不是全错了，或者在做愚蠢的事情。"

英国爱丁堡大学计算神经科学研究助理卡塔琳娜·海尔除了有效利用导师

的帮助，还充分求助他人帮助改进一些不需要打扰导师的琐碎问题：

　　　　"我会把我写好的内容一章一章地发给我的导师。有时，我会通过
　　电子邮件或网络电话得到及时的反馈。其他时候，我需要发送一两个提
　　醒。我为自己设定了最后期限，并让我的导师知道这些期限，这让我更
　　有责任感，也帮助我坚持按照时间表完成任务。当我需要关于论文具体
　　方面的指示而我的导师又真的很忙的时候，我就会去他的办公室请教。
　　有时，我所需要的只是得到一句快速的'是的，你正在朝着正确的方向
　　前进'的话来帮助我继续前进。我还向我认识的对我的研究感兴趣的人
　　发送了单独的章节，主要是为了校对，我还试图向母语为英语的朋友寻
　　求帮助，检查语法和拼写。我给他们预留了足够的时间，这样他们就可
　　以在什么时候以及如何给我反馈上有一定的灵活性。"

瑞士洛桑大学癌症生物学博士后研究员阿诺克·佐莫有一位不错的导师一
直帮助他：

　　　　"我很幸运，有一位非常关心我的导师，他总是敞开大门。然而，
　　只有当我觉得必须做出关键决定时，比如当我完成一个大纲或一章时，
　　我才试图征求他的意见。他主要是通过添加到我草稿中的跟踪修改来提
　　供反馈，我觉得非常方便。当我收到他的意见时，我会立即处理小的修
　　改意见，暂时留下需要更多工作才能答复的评论性意见。通过先处理快
　　速地修改，我觉得我正在取得进展，这帮助我保持动力。"

5.3　发表论文过程中的交道

　　研究生阶段发表论文可以锻炼自己的学术研究能力和写作能力，这些过程涉
及一系列的学术交道。

5.3.1　论文发表与四类人群，读者、作者、审稿人与编辑

　　如图 5-4 所示，论文发表涉及读者、作者、审稿人和编辑等四类人群，也涉
及出版社。一般情形下，我们会先当读者，有了研究发现后同时当作者，有了一
定影响后能同时当上审稿人，最后可能同时当编辑（例如主编、副主编、编
委）。每一类人群都有其价值，也有需要承担的职责和掌握的技巧。

　　作为读者的职责和技巧，我们在 3.2 节有所交代。

　　作为作者，我们会走过被指导、合作发表、独立发表和主导发表这样的过
程（分别对应不同层级）。我们在开展研究时，会有一些决策，例如是否发表
一些内容、发表哪些内容、选择什么期刊等等。做完发表决策后，我们会按照
目标期刊指南的要求来撰写初稿。有了初稿，我们会先对初稿进行自评，以规

避不满足学术规范和有夸大其词的表述等很容易带来麻烦的陷阱。在写作过程和投稿过程中会涉及一系列交道（见 5.3.2 节和 5.3.3 节）。哪怕论文录用后，还需要与出版社编辑部打交道，以配合完成排版、校对和出版等工作。论文发表后，如果引起其他研究人员兴趣，可能会收到咨询邮件、邀请交流与合作等信息。当然，如果发表的论文产生重大影响，我们还有可能晋升不错的学术职位，获得学术奖励和荣誉等。作为作者，如果能写出好的文章，那么更多意想不到的交道还在后面。

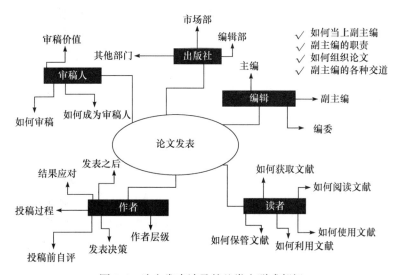

图 5-4　论文发表涉及的几类人群或部门

有几种途径会使我们成为审稿人：导师推荐、成为通讯作者后被编辑相中、被作者推荐、被出版社稿件系统的 AI 搜索到、向编辑自荐等。有了作为作者时与审稿人打交道的经历，我们就不难把握如何当审稿人。例如，我们会选择性答应审稿，严格按期刊指南审稿（期刊或审稿邀请函一般会提供审稿提示），用建设性语言善待作者，做到客观公正等。审稿是一种积极的学术交道，对年轻人是一种学术荣誉，通过审稿可以率先接触新的发现，可以了解不同学者近期工作，可以训练自己评价能力，可以为以后成为编委甚至副主编积攒信誉。顺便指出，在审稿时所表现出来的专业、积极和公正，会留下记录，一些期刊会要求主审编辑对每位审稿人每次审稿质量进行评价。留下卓越记录的审稿人在遴选编委时会得到优先考虑。

一部分人在未来会成为期刊编委甚至副主编。如何能当上副主编？首先，有独特的研究方向和地域优势，主编能找到邀请你当副主编的理由。其次，长期成为期刊的忠实且理性的作者（投稿时，即使被拒稿，也写感谢信）并给期刊理性审稿（例如审稿意见足够客观）。当然，机遇也很重要。

如果能当上副主编，那么就有条件经历不一样的学术交流与交道。

首先，是副主编职责范围内的交道。需要参加出版社组织的活动，需要为出版社组织与期刊发展相关的学术交流活动，需要给期刊做宣传，需要给期刊发展提供咨询，需要为期刊变革做贡献，还需要对多项事务负责（对出版社负责，对期刊学术声誉负责，对作者负责，对审稿人负责）。

其次，是组织论文过程中的交道。副主编在组织遴选论文时，会充分理解期刊指南要求，会为学术声誉负责，会在必要时听取审稿人合理建议，拒稿后可能会面临作者的申诉。对于不少情况，副主编有权力直接录用一篇文章或者直接拒稿一篇文章。但更多情形下，会邀请审稿人提供审稿意见作为参考。作为副主编，邀请审稿人也是一项有难度的工作。有的系统会使用 AI 自动推荐审稿人，有时会从引文中寻找相关审稿人，有时会从作者建议的审稿人选择，有时会从前述类似稿件选定审稿人。

最后，副主编还需要应对各种意想不到的事情。例如，遇到质量一般的稿件，如何平衡作者与审稿人。如果直接拒稿，那么作者会不高兴，如果邀请审稿人，审稿人也会不高兴，因为他们希望收到的稿件应该经过了初选。有时，一部分论文很难找齐审稿人。有时，审稿人发来的审稿意见不明确。可能会遇到不友好的作者，遇到本单位同事投稿给自己难以处理。还有可能遇到一些特殊情况，例如，审稿人生病或与作者发生矛盾，可能会写信与副主编沟通，此时副主编需要写信安慰。另外，还有一些审稿人很难打交道。

5.3.2　论文写作过程中的交道

依据个人在论文写作中的地位，可以分为从属地位、平行地位和主动地位三种。以导师或学长为主要执笔人，那么自己属于从属地位。如果自己为主要执笔人，那么自己属于主动地位。与人合写，自己在里面占据足够的比重，那么属于平行地位。当然，对于论文中的部分内容，个人地位并不绝对，对于有的部分属于主动地位，对于某些部分属于从属地位。

如果是写第一篇论文，那么建议将自己放在从属地位，逐步由从属地位到平行地位到主动地位。

论文写作不仅涉及论文的科学质量和写作质量，还会涉及资料的选择、思想的表达和论文署名等问题。如果按规则，署名会影响到自己的毕业，或者影响到未来在学术界的发展，那么在满足学术规范的前提下，可以适当在导师面前坚持有利于自己的署名顺序。在认定自己个人贡献时，人们往往会强调通讯作者和第一作者的重要性。第一作者是排位第一的作者。通讯作者首先是具有重要贡献的作者，其次是在出版过程中处理手稿和信件的人，代表所有合著者处理与手稿出版有关的所有事宜。无论如何，如果希望论文发表后读者能找到自己，应列上自己的电子邮箱。在某些情形下，人们可能会选择"阿尔法-贝塔"法则排序，即按姓的首写字母的顺序排名。

无论何种情形，利用论文发表独立掌握撰写论文的能力是主要目的之一。因此，无论自己处于何种地位，需要见证论文从无到有的细节与过程，同时从写作专著或写作文章掌握一些写作技巧或法则，如图 5-5 所示的、由托米斯拉夫·亨格尔（Tomislav Hengl）和迈克尔·古尔德（Michael Gould）在题为"Rules of thumb for writing research articles"的文章中提出的拇指法则。

论文写作的速度有各种模式。有的一边工作一边撰写，即形成所谓的工作文

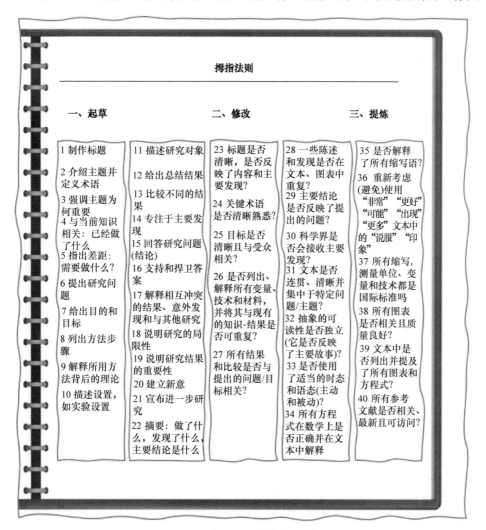

图 5-5　撰写论文的拇指法则

档，有发表论文需要时再从工作文档摘取内容。撰写工作文档的好处时，可以逐步积累，且可以将其中有价值的内容随时与导师或合作者交流。有的则突击写论文，例如，玛蒂娜（Martina）在 Writing Scientist 网站的文章"How to write a whole research paper in a week"分享有过一周内写出论文全稿的经历。玛蒂娜自认为这种方法专注而高效，使得她每天都在前进，感到动力和满足。下面归纳一下玛蒂娜突击法的要点：

（1）做好充分的准备。考虑读者群是什么，并选择合适的期刊；为论文创建故事情节，将能够令人信服地呈现故事所需的所有结果放在一起，其中要收集必要的数据，完成分析，并创建图形和表格。选择并阅读相关的背景文献以及想要比较工作的其他研究。起草一个初步的摘要。

（2）计划整整一周的写作时间。确定一个可以不受干扰写作的场所；取消（所有）这一周的社会义务；如果可能的话，从伴侣、家人或朋友那里获得支持。

（3）智能地工作。将写作和修改过程分开。从 10 分钟的自由写作开始写作日，这如同热身、消除杂念、调动情绪。定期断电，如每写 25 分钟休息 5 分钟。吃得好，睡得好。适当奖励自己。

（4）以合理的顺序编写各个部分。从"方法"部分开始。第二步写结果。第三步写引言。第四步写讨论。第五步写摘要。第六步写标题。

5.3.3　论文投稿过程中的交道

投稿时，除了提交稿件，还需要起草一份投稿附言（cover letter），投稿附言是写给编辑的关于稿件的说明。投稿附言是用于传达关于稿件的许多重要信息的机会，可以帮助编辑更快地做出决定。因此，如果按要求撰写投稿附言，会给编辑留下好的印象并更有利于编辑善待稿件。目前，大部分出版物都采用在线投稿，在线投稿系统提供了录入或上传投稿附言的窗口。

一些出版物会给出如何写投稿附言的详细指南或模板。例如，泰勒-弗朗西斯出版社在其官网上给出了一个模板（图 5-6）。

从模板可以看出，在投稿附言中，需要给出稿件的标题和提交的刊物名称，声明稿件以前没有发表过且目前没有被其他期刊考虑，简要描述在论文中报道的研究及其重要性，说明为什么你认为期刊的读者会感兴趣。除此之外，给出你和任何合著者的联系信息，确认你没有竞争利益需要披露（如果有，可以列出推荐审稿人和排除审稿人信息）。

泰勒-弗朗西斯出版社的指南还指出，千万别把论文的摘要复制到附言中，而是要用自己的话通俗易懂地解释工作的意义，正在解决的问题，以及为什么稿件属于目标期刊所考虑的类型，不要使用太多行话或首字母缩略词，保持语言简

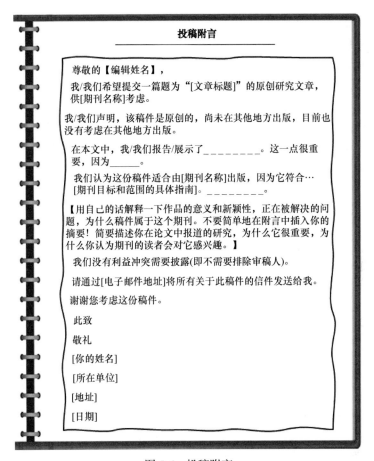

图 5-6　投稿附言

单易懂，避免给出太多细节——把你的附言控制在一页以内，作为介绍和简要概述，避免任何拼写和语法错误，并确保附言在提交前经过彻底检查。

　　其他一些出版物，如《自然》，给出的期刊附言指南也有类似要求。例如，艾莉森·德尔（Allison Doerr）于 2013 年发表在《自然》网站的文章"How to write a cover letter, general interest"介绍了写投稿附言的注意事项。

　　论文投稿后，就进入了审稿过程。

　　论文提交后，主审编辑会做出如下处理决定：①直接录用；②直接退稿；③邀请审稿人审稿。

　　值得讨论的是第三种情况。此时，主审编辑会给潜在审稿人发信，将稿件标题和摘要发送给潜在审稿人，邀请审稿，一直到答应审稿的人数达到要求为止。答应审稿的潜在审稿人会收到论文全文和审稿要求。也不排除有这样的审稿人，看到全文或者经过仔细阅读后，发现自己不适合审稿，或者由于时间问题，最终不提交审稿意见。此时，主审编辑要么在缺少审稿意见情形下，依据收到的审稿意见做出决定，要么继续邀请新的审稿人。

主审编辑收齐审稿意见后，就会对稿件给出一个处理意见。一般会综合几位审稿人的意见和自己的判断来做出录用、修改或拒稿的决定。

如果做出录用决定（或者是经过几轮审稿后做出该决定），那么主审编辑会发来热情洋溢的录用函，并提示如何上传出版材料（一般包括供出版社排版的稿件编辑文档、高分辨率图片、版权转让协议等）。出版物机构收到材料后，会进行排版和文字校对，将校样稿（proof）发送给作者进行最后校对。出版社收到作者校对结果后，就会排队刊登论文。

如果做出拒稿决定（或者是经过几轮审稿后做出该决定），那么主审编辑会给作者发送道歉型拒稿信或冰冷型拒稿信。当多数审稿人建议拒稿，或者某一拒稿理由极其充分，那么就会采纳拒稿建议。以下十种情况可能会成为拒稿的理由：

① 论文的主题没有意义；

② 结果和结论没有价值；

③ 论文逻辑或写作不严谨；

④ 存在重大原则性错误；

⑤ 低水平工作；

⑥ 基于陈旧方法的工作；

⑦ 结果和结论不可靠；

⑧ 论文内容与目标期刊不符；

⑨ 论文工作质量与目标期刊的要求相距甚远；

⑩ 疑似有学术不端。

比较让作者难以接受的是，有时审稿人明显是出于认识不足或者有误解而做出拒稿建议。如果主审编辑依据审稿人的建议做出了拒稿决议，那么一种方式是给主编写申诉信（出版物指南中一般给出申诉的方式），另一种方式是按审稿意见改进稿件后再次投稿。

更多情形是主审编辑要求作者按审稿意见对稿件进行修改。此时，有几个方面需要注意：了解并读懂常见的审稿意见；按审稿意见修改稿件；上传修改稿时，给审稿人上传答复函（reply to referees）。任何一项不注意，都可能导致论文最终被不必要地拒稿。

审稿意见一般会包含 6 个部分的内容（虽然一些部分会整合在一起），这六部分内容分别是：①稿件信息，②简介，③论文的优点，④重点评论，⑤次要意见，⑥推荐意见。

按审稿人意见修改稿件，就变成了与隐名审稿人打交道了。有一些审稿意见很好面对，也有一些很难面对，例如：

（1）不同审稿人针对同一问题看法不一。此时需要权衡，在回复信中，需要就此进行详细说明。

（2）审稿人对某一结果、结论或方法等有误解。此时，不应采取指责的方式来回应，而应该说自己没有说清楚，并在修改稿中说得更清楚一点。

（3）审稿人有偏见。此时应采取平和的心态进行解释。

（4）有一些修改要求工作量或难度比较大。如果无法完成，可以给出合适的理由。

当回应审稿人的一些困难意见变得棘手时，应该在给审稿人答复函中下功夫。如果只专注于修改稿件本身，而不注意花时间去撰写足够清晰且引人注目的答复函，那么往往导致不愉快的结果：审稿人和作者之间由此可能产生严重的误解，前者最终可能会因此拒绝高质量的手稿。

可以参考图 5-7 所示的诺布尔规则[2]来撰写答复函。

另外，应注意答复函的撰写结构。我们收到的审稿意见一般有三个部分。首先是一个概述，末尾有一个推荐意见，中间是具体意见。与此相对应，建议答复函分解成一般性答复（general reply）和具体答复（specific reply）两部分。在一

答复审稿人的诺布尔规则

规则1：先写一段针对所有审稿人的概述，总结有哪些重要的修改，权衡多名审稿人的意见，再针对每位审稿人，逐条回应意见。

规则2：礼貌并尊重所有评论者。如果审稿人未能理解某件事，错误很可能在一定程度上在于你没有把要点说得足够清楚。

规则3：接受指责。如果审稿人不理解某件事，请反过来为你自己没有说清楚而道歉，向审稿者展示你在倾听他。

规则4：使回应自成一体。在答复函中指出来哪些地方做了什么修改。一封自成一体的答复函让审稿人更容易理解你到底做了什么，而不必在你的手稿和回复函之间来回翻动。

规则5：回答审稿人提出的每一条意见或评论。

规则6：使用排版帮助审阅者浏览你的回复。使用字体、颜色和缩进的变化来区分三种不同的元素：审稿人的意见、你对意见的回应以及你对稿件所做的修改。

规则7：在可能的情况下，你对每条评论的回应直接以"是"与"否"开始。

规则8：在可能的情况下，按照评论者的要求去做。

规则9：指明有什么相对于前一版本发生了变化。

规则10：如有必要，两次书写答复。第一次回应是给自己看的，目的是帮助自己修改稿件。第二次是最终回应，是给审稿人看的。

图 5-7　答复审稿人的诺布尔规则

般性答复中，对稿件有何大的修改，如何权衡不同审稿人意见进行说明。在具体答复中，逐条回应审稿人意见。逐条回应时，对于每一条可以采用三段结构。

第一段是审稿人意见。将第 n 条审稿意见拷贝在这里。字体可以使用意大利体。

第二段是作者回应。声明你是否认同审稿人的这条意见或评论。如果认同，简要指出你将如何做（例如，将对其进行修改、补充、改正等）。如果不认同，说明你的理由。字体可以用黑体。

第三段是修改说明。如果你认同审稿人的要求修改的意见，那么在这里指出你在论文中如何进行了修改，包括指出修改内容出现的位置，以及是否有其他相应的调整。如果添加、更正的内容较短，可以拷贝在这里。如果太长，则可摘录一些修改内容放在这里。字体可以使用正体，拷贝到这里的内容建议放在引号里。如果没有修改，那么不需要第三段。

图 5-8 是雷内·特茨纳（Rene Tetzner）于 2021 年 7 月 6 日在校对机构网站 proof-reading-service 发表的题为 "Responding to peer reviewer comments: a free example letter" 中给出的三段结构示例。需要指出的是，无论最终结果如何，给主审编辑写一封感谢信是非常有意义的。

逐条回应三段结构示例

Comment4: The formatting of the discussion section seems inconsistent with the preceding sections of the manuscript and the journal's guidelines. The discussion itself follows a logical line of reasoning for the most part and presents persuasive interpretations and conclusions, but it is a little complex at times, so more divisions and a more defined system of organisation would be helpful.

Response: Thank you for this excellent observation. The discussion section is a little dense at times and could use more structure and clear guidance for the reader.

Changes: We have added a number of subsections with informative headings that summarise key points in the discussion. We used as a model an article published by the Journal of the Shipping Manuscripts Society and recommended by Dr Wordsmith, and we believe that the argument is clearer as a result, but we would welcome comments on particular sections and headings if you have further concerns. The new material is marked in red in the revised paper.

评论意见4： 讨论部分的格式似乎与稿件前面的部分和期刊的指导方针不一致。讨论本身在很大程度上遵循了逻辑推理，并提出了有说服力的解释和结论，但有时有点复杂，因此更多的分节和更明确的组织体系会有所帮助。

回应： 谢谢你的精彩观察。讨论部分有时有点密集，确实可以为读者使用更多的结构和清晰的指导。

修改情况： 我们增加了一些子节，标题内容丰富，总结了讨论中的关键点。我们使用了《航运手稿学会杂志》发表的一篇文章作为模型，该文章由 Wordsmith博士推荐，我们认为这一论点因此更加清晰，但如果您有进一步的担忧，我们欢迎对特定章节和标题发表评论。新材料在修订后的文章中用红色标记。

图 5-8　逐条回应审稿人意见的三段结构示例

5.4　如何做学术报告

出席学术会议、组内介绍工作、应邀在学术机构交流，以及与学位论文相关的历次考核中（如开题报告、预答辩和答辩），我们都需要进行演讲，尤其使用 PPT 演讲稿进行演讲。这种学术报告交流有许多值得注意的事项[3]，这里从三个方面介绍一些可以注意的事项。

5.4.1　学术报告与论文的区别

学术报告往往基于论文工作，有的在前，有的在后。考虑到各种场合的不同要求和不同时间安排，有时 PPT 演讲稿比文章更丰富，有时更简练。但这不是最本质的区别。最本质的区别是文章与其他书面报告是给读者读的，而演讲是自己用来讲的。

克里斯·斯特肯（Chris Sterken）总结了演讲稿与论文之间的更多区别[4]。

第一，论文中没有任何有意或无意的肢体语言，而演讲中有肢体语言。

第二，论文要求措辞谨慎，以免被误解，或避免被断章取义，演讲时不清楚的则可以通过答问来解决。

第三，论文允许作者在描述研究程序和结果时呈现不同程度的细节，而演讲不会给出太多细节。

第四，出版论文不是即时的，需要数周甚至数月的时间，而演讲可以交流当时的信息。

第五，发表的论文中的文字会被永远记录下来，而演讲中的口头叙述通常只持续很短的时间，甚至过后就被人忘记。

第六，一篇写得不好的论文会传达这样的信息——写作水平不高的文章，其科学价值也存疑。而对于再糟糕的演讲，听众也可以去欣赏一些有价值的东西，例如精心设计的幻灯片。

第七，人们读论文时有一种孤独的体验，但讲座是一种社交活动，演讲者和听众之间有预先安排的关系。

5.4.2　学术报告的基本原则

就像日常交流一样，每人都会有自己学术演讲的风格。虽然如此，人们会相互模仿、相互借鉴，最终人们自然遵守一些共性原则。阿什什·阿罗拉（Ashish Arora）于 2020 年发表在 sketchbubble 网站的文章 "8 tips to give a memorable academic presentation" 中，针对会议学术报告，总结了八项基本原则。下面介绍这八项原则时，添加一些可以应用到不同的场合的讨论。

1. 理解演讲的目的

对于外部学术交流，常见的目的有，激发听众阅读自己的论文的兴趣，与研究领域的同行建立联系。对于组内报告，除了锻炼能力，还用于暴露问题，寻求帮助。

2. 保持研究的最新状态

对于外部学术交流，报告内容不能陈旧，一些刚发表或尚待发表的工作对于听众而言属于新的概念。对于组内报告，每次报告都在上一次的基础上有改进，补充新内容。

3. 使用经过验证的框架

这涉及风格与逻辑。幻灯片的风格包括格式、字体、颜色、排版等。报告逻辑有比较成熟的框架，例如，按顺序出现概述、引言、理论框架/研究方法、研究发现、研究发现的分析、结论。以引言为例，常见的框架是，引出已有研究和存在的问题，并提出和解释待研究问题。对于组内报告，可能会沿袭研究生以前的报告风格。

4. 精简每页幻灯片

在每页幻灯片只给必要的条目、必要的文字和必要的图表。听众是来听演讲的，幻灯片只是用于帮助理解演讲内容。千言万语不如一幅画，有许多内容适合用图像介绍。关于幻灯片制作的更多考虑见 5.4.3 节。

5. 提前演练演讲

如果报告准备得很清晰、逻辑，那么演讲起来会很轻松，因此演练可以反过来促进改进演讲稿。在报告中跌倒后再试图爬起来会给个人形象留下非常不好的印象。可以先邀请同事试听并提供反馈，也可以录下来，自己扮演听众来查问题，检查节奏、流畅程度、发音和语感。研究生在组内做报告可以得到锻炼的机会。

6. 遵守时间限制

遵守时间被认为是一种智慧能力，因为许多人是提前预留时间来听报告的。

通过规划时间和演练可以对演讲时间进行控制。放演 PPT 时可以通过设置显示演讲时间来控制时间。不仅需要遵守总的时长，各部分相对时长也需要规划好。例如，如果研究发现很重要，可能需要预留更多时间报告研究发现。把时间浪费在前面、浪费在不必要的细节都是灾难性的。

7. 不要紧盯着幻灯片照念

演讲不是阅读，需要与听众保持必要的目光接触。虽然如此，个别内容可能用于给听众必要的解释，此时可仔细盯着幻灯片的细节，用激光笔或其他方式在幻灯片上移动，让听众被带进绝妙的细节，最后走出来。

8. 随时接受提问

报告过程中可能会被听众的问题打断，此时应该能从容回答，否则会被认为不熟悉自己的工作。演讲结束时，通常会有问答环节。从容回答问题能让自己留下深刻印象。

回答提问时有一些情况值得提前考虑：

（1）提问者问到自己不熟悉的知识时，可以回应自己不熟悉。如果某部分内容来自于合作者的具体贡献，在介绍时就提及合作者的贡献，那么在被问到时无法详细回答就不会引起尴尬。

（2）从容面对幼稚问题和刁难问题，不能流露出对提问者的不满。

（3）遇到好问题时，可以通过致谢的方式表示赞许。

（4）提到一个尚未研究从而没有答案的问题时，可以先思考一下，如果无法回应可简单答复此问题可能启发更多研究。

（5）无人提问的情形很常见。此时主持人可能会打圆场。如果最终没有提问，且主持人没有打圆场，那么 10 秒钟后可主动说，谢谢大家，有问题可以单独联系，以坚决地结束演讲。

5.4.3　PPT 的制作讲究

论文有自己的逻辑结构，原则上不限长度，可以详尽地展示重要的内容，读者可以选取自己的节奏和时间周期来读完全文。然而，演讲时间有限制，听众会受演讲者的节奏左右，无法控制自己的节奏。因此，在布局、取材和控制节奏方面，PPT 演讲需要考虑听众的感受，与书面论文有较大的区别。

1. PPT 的大纲

通过大纲将 PPT 有逻辑地分为几个意义明确的板块。一种方式是在概述之后，以引言、理论框架/研究方法、研究发现、研究发现的分析和结论作为大纲。当然，依据学术报告的场合，也可以是其他逻辑的大纲。

2. 给每一页幻灯片设置标题

一篇论文的标题涉及文章的总标题、大纲（章节）标题、题注标题等。对于PPT演讲稿，首页大标题可以和论文的标题一致，也可以不一样。如果一次演讲涉及多篇论文的贡献，那么PPT的大标题就会更宽一些。有时，一篇论文涉及的内容不适合全部演讲，因此，标题可以窄一些。演讲稿的大纲组织也可以依据情形与论文的大纲不一样，目的是更方便演讲。比较特别的是，PPT演讲稿的每一页幻灯片还应有自己的标题，放在标题栏。可以想象每页幻灯片是一篇短文或一个段落，需要满足什么要求。以下是按这种逻辑思考启发的对幻灯片标题的一些建议。

（1）在幻灯片标题中给出答案。

如果当页幻灯片要展示的结果涉及一堆数据或图表，可以考虑使用结论或答案作为该页幻灯片的标题。因为，听众很难在极短的时间内理解数据和图表，如果以数据和图表代表的结论作为当页幻灯片的标题（如 "三国疫情数据均符合本福德定律"作为当页幻灯片的标题），听众就不必费力自己做分析，只需要从你念完标题后介绍的具体结果中确认你在标题中声明的结论。这样，听众很容易记住你的要点。

（2）以提问型标题吸引注意力。

如果当页幻灯片将给出令人意想不到的结果，或者人们期待已久的答案，则可以使用提问型标题，以强烈吸引听众注意力。例如，依据常识，人们认为北半球的澡盆涡都是逆时针旋转，而你要报道存在顺时针澡盆涡的这一令人意想不到的发现，可以使用标题 "北半球澡盆涡都是逆时针旋转吗？"又如，人们对是否存在暗物质的答案期待已久，你可以使用"暗物质果真存在吗？"作为标题。

（3）意义明确法则。

如同论文的标题需要满足用词具体、句型简洁和意义明确等法则一样，每一页幻灯片的标题也应满足这些要求。例如，如果当页幻灯片用于展示两个不同现象的比较，那么在标题中就得出现比较一词。不仅如此，幻灯片的标题应只代表一个意义，即满足单一意义法则，且当页幻灯片的内容也围绕该标题代表的意义填充内容（扣题）。如果当页幻灯片包含的内容涉及多个意义，那么在给标题时，应给出涵盖这些意义的更宽标题。

3. 内容取舍与排列

一些论文，尤其是学位论文，可能包含许多内容。在任何场合下作演讲时，不应该像在语文课堂上念自己的作文，而应对内容进行取舍甚至重组。假如你是针对博士论文进行汇报，博士论文可能有 7 章，那么在演讲时，可以把一些次要章节的内容与主要章节合并。试图事无巨细地介绍所有内容会让听众跟不上节奏。

如果论文中有许多幅图表，那么在演讲时就只能展示极具代表性的图表，而对于其他图表代表的、重要性一般的结论，用文字或口语归纳一下即可。

一些次要的结果和结论可以不展示。一些需要费很大力气解释且不重要的结果可以不展示。

我们容易组织自己的引言，但核心部分的内容需要取舍。如果强调的是处理了几个不同主题，那么按不同主题组织内容。如果有几条重要的发现或结论，则按重要发现或结论组织内容。如果研究过程重要，则可以按研究过程重要节点组织内容。对于后者，可以按故事情节吸引听众。

研究结果的介绍应做到让读者信服。如果结果之间有承前启后的关系，则按承前启后的顺序介绍。如果没有承前启后的关系，那么可以采取由简单到复杂的顺序。这是因为，听众在听报告的过程中，其接受能力在逐渐递增，因此最复杂的应放在最后。如果演讲的目的是让听众接受最重要的结论，那么可以按由次要到重要的顺序排列，因为最后的往往能记住。中间的最容易忘记。

为了达到立竿见影的效果，需要突出重点。平平淡淡本来是科学研究强调的本质，但演讲时应针对若干突出的内容树立标杆。这如同观众观看一场节目，期望节目中掀起一些高潮。

演讲中的标杆可以是某一无法解释的发现、某条重要结果、某个有趣的现象、某个令人感叹的发现过程、某项极其困难的工作。可以通过渲染提示、加重语气、延长时间来突出这些重点。当然，标杆不宜太多。

4. 精心设计幻灯片

我们可以下载各种各样的幻灯片模板，也能找到很多参考建议。例如，弗吉尼亚理工学院建筑系提供了标准的专业设计的幻灯片模板，给出了幻灯片制作建议。这里介绍一下他们针对预答辩给出的幻灯片制作建议（图 5-9），这些建议对于其他报告也具有一定的参考性，可以最大限度地提高报告的效率。可以练习向一群朋友或同样在做演讲的同行展示您的幻灯片。

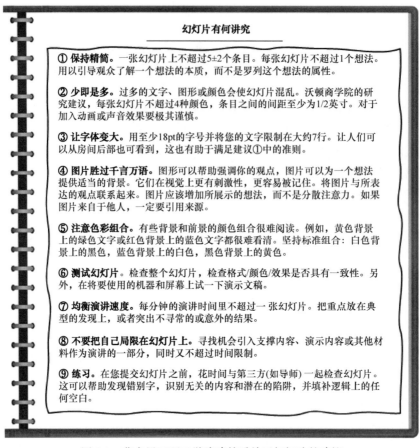

图 5-9　弗吉尼亚理工学院建筑系关于幻灯片的建议

5.5　墙报、电梯间演讲、短演讲或快闪演讲

墙报（conference poster）和电梯间演讲（elevator pitch）是研究生重要的学术交流方式，在没有做学术报告机会的前提下，这是实现学术交流的最佳途径。美国物理学会流体动力学分会（American Physical Society's Division of Fluid Dynamics）从 2019 年开始提供"电梯间演讲+墙报"混合模式，以帮助年轻学生与博士后研究人员展示自己的工作。2023 年 11 月的会议继续提供这种形式的交流。该会议将电梯间演讲称为短演讲（short oral presentation）或快闪演讲（flash presentation），演讲时间是 1 分钟。会议组织者在邀请函中提到，1 分钟的口头演讲和接下来的墙报对话可以最大限度地暴露个人贡献，对于寻求与未来潜在雇主建立联系的高年级学生或博士后来说，这是重要的机会。另外，在某些情况下，可能需要用一句话介绍自己的工作。

5.5.1　墙报

墙报属于会议论文之一，不少会议允许与会者现场发表墙报。创建墙报是为了让参与者展示他们的成果，其优势是，参与者可以在鼓励直接讨论的氛围中以自己的速度观看和讨论材料。

由于墙报的重要性，许多大学的写作中心都会给出写墙报的指南甚至样板。以下是给出写墙报指南的部分写作中心。

① 田纳西大学写作中心（含样板）；

② 罗得岛大学写作中心（提供了制作墙报的电子模板）；

③ 纽约大学图书馆（提供了 个做得差的墙报）；

④ 剑桥大学图书馆指导中心（提供了制作墙报的课程）；

⑤ 威斯康星大学麦迪逊分校写作中心；

⑥ 南加州大学图书馆写作中心。

伊丽莎白·佩恩于 2022 年在《科学》职业栏目发表了如何制作墙报的采访报告 "How to prepare a scientific poster"。报告指出，科学会议上的海报演示可以为早期职业研究人员提供宝贵的机会来练习他们的沟通技能，获得对他们研究的反馈、激发新的想法并导致合作，进一步可扩大他们的网络。但制作一张有效的墙报并不总是那么简单，且不同科学家的策略和偏好也有很大差异。该采访稿汇集了一系列学科和职业阶段的研究人员在会议上充分利用墙报的技巧。以下是采访提纲以及一些要点：

（1）你通常花多少时间和计划来准备墙报？要点：制作墙报的时间并不短，需要几天到几周时间。

（2）如何选择和构建墙报内容？要点：少即是好，好的结构（如背景、方法、结果以及思路），精选的图形，清晰传达有趣的和重要的发现。

（3）你是如何制作墙报的？你使用什么工具和软件？要点：存在一些软件（Scribus，Adobe Illustrator，Affinity Designer，PowerPoint，Google slides，LaTeX for poster layout，Inkscape）可以帮助制作墙报。

（4）你有关于如何为准备墙报找到指导的建议吗？要点：依赖导师和合作者，多看好的墙报样板。

（5）你如何建议在实际的墙报环节中最大限度地增加互动？要点：提前准备好，可以演练数分钟的演讲，以便临场发挥。

（6）你曾经在网上做过墙报展示吗？如果是这样的话，你是如何调整你在面对面会议上应该做的事情的？要点：需要提前针对线上会议工具做些适应性准备。

（7）作为一名墙报会议的访客，你是否有任何遭遇挫折的经历需要提醒他人？还有什么建议吗？要点：避免拼写错误，需要看得清，需要避免容易卡壳的内容的东西。不要太多内容，突出重要内容。不要害怕失败或在演讲中挣扎——这只会帮助你学习哪些有效，哪些无效。

国际高等教育体育协会（Association Internationale des Écoles Supérieures d'Éducation Physique，AIESEP）在该协会官网上发表的题为"Best poster awards"的文章公布了 2002 年以来获奖的部分最佳墙报，我们可以参考这些获奖墙报。

国内一些会议以如下标准来评价墙报的质量：目标和研究问题的清晰性；研究设计和方法的准确性；进行展示的研究质量和影响；设计和整体视觉效果。

总结而言，墙报是展示自己工作、重新理解自己的工作和得到反馈和与同行建立联系的好机会。需要在导师帮助下制作；需要在参考好的样板前提下花时间精细准备；需要展示要点、思路和重要发现；需要图文并茂，在视觉上清晰、美观，富有吸引力；需要提前练习；需要在展示墙报时能有效面对听众。

5.5.2　电梯间演讲、短演讲或快闪演讲

为了便于在各种场合向偶遇的人介绍自己的工作，需要准备好一份电梯间演讲。顾名思义，电梯间演讲是在乘坐电梯式期间便能完成的演讲，用于简短地介绍你是谁、你做了什么等。这种演讲也适合在排队等咖啡或其他短时间等待等场合。一些会议或机构则参照电梯间演讲形式组织短演讲或快闪演讲。往下我们仅介绍电梯间演讲。如果会议或机构对短演讲或快闪演讲要求没有给出指南，则可以参照下面介绍的电梯间演讲准备。

摘要如果能紧凑地总结论文，那么甚至连读者在读完你的摘要后，也能对你的文章进行电梯间演讲[5]。因此，可以用写得好的摘要进行电梯间演讲。

可以按一个研究工作的几个要素来准备电梯间演讲，这几个要素是：背景、研究目的、研究方法、研究结果与发现，研究结论（即工作的价值与意义）。

华盛顿大学研究生院官网的一篇题为"Elevator speech: An effective way to communicate your work"的文章指出，你可以用电梯间演讲简明扼要、清晰而自信地进行自我推荐，且按以下基本原则事先准备好：

（1）压缩时间（30 秒到 2 分钟）。

（2）第一时间引起对方的注意，并清楚地陈述你的目标。

（3）聚焦于"为什么"，以传达了你工作的大局观和重要性。

（4）为对方着想，不要使用人们可能听不懂的行话或缩写词。

（5）热情地讲述你的故事。

（6）用第一人称：它是关于你，你的工作或研究，你的优势。

（7）留出一些想象的空间。如果人们有兴趣了解更多关于你的信息，他们肯

定会提出后续问题。

华盛顿大学还给出了一个介绍个人研究工作的示例（图 5-10），并强调，电梯间演讲不是可以当场编造的，应提前思考、准备草稿并练习，可以与同事或导师一起练习，或者在办公时间来我们这里寻求反馈。

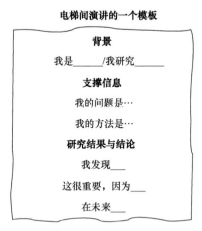

电梯间演讲的一个模板

背景

我是_____/我研究_____

支撑信息

我的问题是…

我的方法是…

研究结果与结论

我发现___

这很重要，因为___

在未来___

图 5-10　电梯间演讲的一个示例（用于介绍自己的研究）

上述文章还提供了如何制作电梯间演讲的一些其他文章连接，例如：

（1）academic positions 网站的文章"How to write a PhD elevator pitch"。文章提到全球 200 多所大学参加了由昆士兰大学创办的三分钟演讲比赛。

（2）《自然》职业栏目上的文章[6]。文章提到电梯间演讲最常见的陷阱之一是在演讲中塞满了大量的细节，因此，按照 COMPASS 的科学外联主任南希·巴伦（Nancy Baron）的建议，应聚焦于问题是什么、为什么重要、潜在的解决方案和解决问题的好处。

5.5.3　一句（段）话介绍，要素句

越重要的工作越能用短短的一句话介绍，3.5.2 节就是给出了历史上一些重要工作的一句话介绍，这些介绍的句子往往不超过两行，例如："艾伦·图灵（1936）引入了图灵机的概念，奠定了计算机科学和计算理论的基础"。

对于一般性工作，无论是为了放进空间有限的表格中，还是用短信（包括短邮件）方式或者用电话介绍，如果留给我们可写可说的只有一段话的空间，如何办呢？

若涉及的内容是一项完整的工作，则建议将工作的五个要素放到这段话之中，将背景、研究目的、研究方法、研究发现与研究意义有机地结合起来。构成这段话的句子也因此称为要素句。以下是一个虚构的例子：

　　"为了了解研究生宿舍条件对研究生培养的影响问题,我们采取问卷调查研究比较了六个国家的单间居住人数与延期毕业的相关性,发现一间宿舍每增加一人,延期毕业率就提高 n 个百分点。这一研究刚一发表就引起关注,许多大学因此决定将通过改善研究生住宿条件来提高研究生培养质量。"

　　如果空间允许,那么可以加入更多元素,例如结果的特征可以放在结果右侧的括号中,可以给出完成工作的时间,发表论文的期刊名称等。

　　依据对话的场景不同,也可以缩减某些要素。例如,如果只需要告知研究发现,上面一段话就缩减成:"我们发现,研究生单间宿舍每增加一人,延期毕业率就提高 n 个百分点"。

5.6　通过参与服务提高交道与交流能力

5.6.1　教学类:当助教的交流与交道

　　在研究生阶段,培养单位和研究室可能会提供各种参与服务的机会。服务可以分成三大类:教学类、事务类和学术类。这一节的目的仅仅只是指出,可以通过服务来提高打交道与交流的能力,至于是否有必要去参与这类服务,应由研究生本人去把握。

　　一般情况下,研究生可以获得当助教的机会。把握好当助教的机遇,可以让自己提前体验当老师的滋味。卡塔琳娜·海尔在回应伊丽莎白·佩恩给《科学》写的采访稿"How to write your Ph.D. thesis"时指出,当助教时与同学们的交道可以给论文工作分散注意力,参与项目和会议的活动让自己从论文工作中脱离出来,得到了很好的休息,当助教的付出受到别人的欣赏,尤其是在没有回报的写作时间,这是一种激励。

　　助教一般会被要求完成一些基本的任务,例如:

　　(1)批改作业。

　　(2)答疑。

　　(3)进入课堂。

　　(4)教会选课学生一些与课程相关的必要技能。

　　(5)传递一些课程信息。

　　(6)在主讲老师和选课学生之间起桥梁作用。

　　(7)建立和维护课程群或其他联络平台。

　　上述基本任务属于助教职责范围内的事情,仅仅完成基本任务并未起到当助教的真实作用。为了提升助教的价值,可以与主讲教师沟通,适当参与如下工作:

（1）检查老师的课件、习题和考卷。

（2）讲授部分课程内容。

（3）演示部分课程内容。

（4）参与出作业，例如试做作业。

（5）参与出考题，例如试答考题。

（6）参与监考。

（7）参与判卷。

进一步可以协助主讲教师完善课件、参与课程网络内容建设甚至参与教材建设。

如果事先吃透主讲教师的讲课内容，能代替老师答疑和批改作业，那么至少在本科生眼里，助教会如同老师那样有地位，可能被本科同学亲切地称呼为老师。

当好助教对自己有许多积极作用。通过当助教，可以接触教学，可以像老师一样进入课堂，通过点名和收发作业等树立从容面对众多学生的自信心，可以认识许多同学，可以提升与任课老师的关系，可以从更高层次上掌握知识，可以掌握传播知识的能力。助教甚至有机会锻炼当任课老师的初步能力，为今后当老师提供难得的训练机会。

某些大学可能直接聘请研究生授课。埃文·汤普森（Evan Thompson）在 The BestSchools 网站上的文章"The hierarchy of professors, explained"把美国的大学教师分成九个类别（图 5-11），其中第一类叫研究生助教。这类研究生助教是一名研究生，给本科生上课或协助给本科生上课，同时也在专业学术领域学习，大学给他们支付助学金和少量工资，作为回报，这些研究生必须教授一门或多门本科课程。

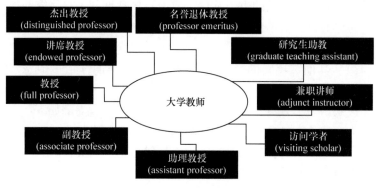

图 5-11　大学教师九大类型

5.6.2　事务类

事务类除了我们熟悉的社工，还有研究室管理工作和项目研究等。适当参与这些事务类服务工作可以增加交流机会，也能锻炼打交道能力（当然是在不耽误正常科研情形下）。

研究室管理涉及财务工作、会议组织工作、差旅和访客接待工作等。通过参与财务工作，可以熟悉采购物资、建立与学校部门的联系并熟悉一些线上管理系统。通过财务工作可以了解项目分类和财务开支的规范。通过研究室组会和访客接待，可以锻炼组织能力并能结交学术界更多朋友。

以差旅为例，可以熟悉平台的使用。好的差旅平台能便捷地完成车票、机票和住宿的选择和预订，以及自动完成报销工作。我们举一个订车的例子。有各种平台可以订车。平台上虽然可以提供上车地点输入，但稍不注意，发车位置与期望位置可能有较大区别。为了准确给出位置，需要将定位地图放大，将定位指针准确地放在期待出发位置。选好车后，应利用平台上的行程分享功能将行程分享给乘车人，这样，乘车人就可以看到车是否到了，以及停车的具体位置。对于上了年纪的人，如果旅途比较遥远，应与导师商量一下如何选择车型。

通过参与项目研究，可以熟悉项目立项、任务书的收发与沟通、合同管理、任务研究、报告撰写和验收等过程，除了锻炼自己执行项目的能力，还能给自己学位论文提供背景资料，与企业界建立联系，为未来独立申请和承担项目积累经验，练就团队合作能力等。通过项目研究，有可能开发出某项关键技术或产品，成果转化时将有自己的贡献在里面。

5.6.3　学术类：期刊审稿

作为研究生，参与学术类服务的机会不多，但可以尽早获得给期刊审稿的机会。

在发表论文时留下自己的电子邮件，或通过导师推荐，往往能获得给某些期刊审稿的机遇。通过审稿不仅可以提前了解本方向的一些最新动态，也锻炼了与主审编辑和作者打交道的能力。

我们可以从其他审稿人的经验学习如何审稿。伊丽莎白·佩恩 2016 年在《科学》杂志上的采访稿 "How to review a paper" 汇编了各类专家关于审稿的经验与建议。被采访人不仅有资深教授，也有博士生，采访提纲如下：

（1）当你决定是否接受审查论文的邀请时，你会考虑什么？

（2）一旦你接受审查文章的邀请，你将如何处理这篇文章？

（3）你如何着手起草审稿意见？你会签名吗？

（4）你是什么时候和怎样决定你的推荐意见的？

（5）你审查一篇文章要花多长时间？

（6）对于那些对同行评审过程不熟悉的研究人员，你有什么进一步的建议？

（7）总结：良好的同行评审需要学科专业知识、敏锐而批判的眼光和得体与建设性的方法。

一些期刊指南也会给审稿人提出要求。例如，剑桥大学出版社一些期刊在其官网上发布的给审稿人的忠告。虽然这些忠告是针对特定期刊写的，但其内容对一般性审稿具有普适参考意义。下面是这些忠告的要点。

审稿是同行评议科学出版的重要组成部分。它可以显著地提高论文的质量，有助于推动整个科学的发展，哪怕是在拒稿时也是如此。提交的文章的录用将由副主编在专家审稿的建议和推荐的指导下做出决定。编辑和作者都非常重视审稿人所做的工作。期刊的首要政策是，研究文章应包含足够的信息，以便其他人能够理解、复制和验证研究结果，并将其与其他研究进行比较。在您的审稿意见中，请提供可传达给作者的叙述性报告，其中包含以下内容：

（1）对论文工作的简介，强调其中的新内容和有趣之处。

（2）您对该论文的整体质量及其对期刊的适用性的判断。

（3）您对论文在技术上是否正确和科学上是否合理的评估。

（4）评估论文是否写得清楚，长度是否合适。

（5）关于改进文章的一般性建议，包括关于文章总体方法和结构以及可能需要的额外工作的建议。

（6）详细的改进建议。

审稿人的报告以匿名方式传达给作者。匿名可以避免直接冲突，并允许编辑调解以科学问题为重点的疑难案件。审稿报告应该是合理的，注重科学和学术问题。可以向副主编提供不会传达给作者的评论，例如披露潜在的利益冲突。

5.7 学术礼仪

学术礼仪是指在校园和其他学术交流场合，是需要注意的一般礼节之上的与研究生学术身份相关的礼仪。

5.7.1 学术报告礼仪

亚伦·瓦格纳（Aaron Waggoner）于 2018 年刊登在得克萨斯大学埃尔帕索分校研究生院网站上的文章 "How to present at an academic conference" 指出，学术报告场合是专业级别的场合，因此首先对着装有讲究。可能不适合穿 T 恤（短袖汗衫）、带洞的牛仔裤、戴帽子，不要让头发未经梳理。由于会议被认为是专业活动，所以要反映最好的专业自我。

保罗·N·爱德华兹（Paul N. Edwards）发表在密歇根大学官网上的文章 "How to give an academic talk" 流传甚广，他总结了有效报告的三个原则：传达你的论点和证据，说服你的听众你的正确性，引人入胜。他同时给出了学术报告的拇指法则（图 5-12），其中与学术礼仪直接相关的法则有：身体姿态、身体动作、声音、说话方式、眼神。

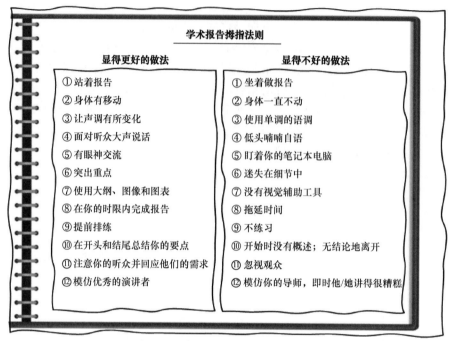

图 5-12　爱德华兹学术报告拇指法则

5.7.2　致谢是一种礼仪

致谢有明示与暗示两种形式。明示有口头致谢和书面致谢，暗示有肢体语言和赠送纪念品等。

先说口头致谢。据说，一个人一天说的话如果以词汇计，大概在 2 万个左右。那么，什么词汇说得最多，且说错了也没有关系？那就是致谢。难怪有传说提到，企业家稻盛和夫说过这样一句话："不管遇上好事或坏事，都要感谢"。

书面致谢可以通过社交媒体和邮件等实现，也可以写在论文致谢之中。这里以感谢信为例进行说明。克里斯·德鲁（Chris Drew）在他于 2019 年发表在 helpfulprofessor 网站上的题为 "51 short thank you messages for teachers" 文章中指出，给老师发感谢信不仅是一件好事，还可以帮助自己在未来保持积极的关系，你永远不知道将来什么时候会需要那个老师（也许是为了一封推荐信！）。他还提到，给老师发一封感谢信真的能使他们的一天变得愉快，它会帮助你的老师记住并欣赏你。为此他搜集了感谢老师的七种场合下的合适致谢信息，这些致谢信息合起来有 51 条。他还给感谢老师的各种情形汇编了致谢模板，包括：

（1）老师最喜欢的感谢信息模板。例如"当我去上你们的课时，我会精力充沛，兴奋不已。您就是我心中的老师那样-谢谢您的激励！"

（2）温馨感人的留言模板。例如"老师，您总是对我有信心，即使我没有。谢谢您帮助我度过了这一学年。没有您，我做不到。"

（3）上课第一周结束时感谢模板。例如"这周很高兴见到您。我很期待今年剩下的时间和您一起工作。下周见！"

（4）在第一年或第一学期结束时感谢信模板。例如"大学的第一年太难了。这是一个巨大的学习曲线，您的支持使之成为可能。谢谢您，我真的希望我能再上您的课！"

（5）研究生感谢论文导师模板。例如"这篇学位论文是我做过的最难的一件事，但在您的指导下我成功了。非常感谢。"更多见图 5-13。

感谢导师的致谢模板

This dissertation was the hardest thing I've ever done, but with your guidance I made it through. Thank you!
这篇学位论文是我做过的最难的一件事，但在您的指导下我成功了。非常感谢。

I can't believe we made it to the end! You were right beside me all along, and for that I'm so incredibly grateful.
我不敢相信我们能做到最后！您一直就在我身边，为此我非常感激。

When we first started working together I had no idea how to do my dissertation. With your patience and support, I was able to make it through. Thanks so much! I'll never forget your kindness.
我们刚开始合作时，我不知道怎么写论文。有了您的耐心和支持，我终于熬过来了。非常感谢！我永远不会忘记您的好意。

Your support and guidance through the dissertation process wasn't only helpful-you also inspired a new passion in me! Without you it would have been impossible. Thank you!
您在毕业论文过程中的支持和指导不仅对我很有帮助，还激发了我新的热情！没有您，这是不可能的。非常感谢。

Writing a 15,000 word thesis seemed like an impossible task at the start. You helped me to break it down and see how it was manageable if only I put my time and energy into it. Day by day, it all came together and I'm so happy with the result. Thank you so much for all you did for me!
一开始写一篇15000字的论文似乎是一项不可能完成的任务。您帮我把它分解，看看只要我把时间和精力投入进去，它是如何可控的。一天又一天，一切都在一起，我对结果非常满意。非常感谢您为我所做的一切！

Writing so many words was like climbing the tallest mountain!!! You walked alongside me the whole way, giving me advice and tips. You showed me how to break it down to manageable parts and used your deep knowledge to show me! the way. Thanks so much!
写这么多字就像爬上了最高的山！！！您一直陪着我，给我建议和提示。您向我展示了如何将它分解为可管理的部分，并用您的深刻知识向我展示了方法。非常感谢！

图 5-13　感谢导师的致谢模板

（6）毕业时感谢老师模板。例如"真不敢相信我们今天在这里！这是我做过的最难的事，您一路都在。谢谢您对我的信任，让我明白我也应该相信自己！"

（7）感谢老师的特别支持模板。例如"在过去的几个月里，我真的很难过，而您一直都很友善。您温柔的指导和乐于助人对我来说是如此重要。谢谢您。"

（8）感人肺腑的感谢信。例如"我读了这句话，想起了您…您是一个伟大的老师。谢谢您这么棒！"

我们在做报告时，可以通过鞠躬来对听众来听自己的报告表示感谢，也可以在赢得掌声后以鞠躬形式表示感谢。这就是用肢体语言表示致谢。我们不难想象还有多少种其他场合用什么肢体语言表达感谢。

赠送纪念品是常见的致谢方式。人们通常通过赠送小纪念品来表达对人的尊重、友好、感谢或关怀。克里斯·德鲁（Chris Drew）教授于 2022 年发表在 helpfulprofessor 网站上的题为 "31 best thank you gifts for professors" 文章中总结了作为老师的他经常收到的小礼品清单：地球仪和望远镜书靠，教师搞笑书，威士忌酒杯，护理包，"教授如何骂人"成人彩绘书，办公桌组织者，个性化冷水杯，趣味教师邮票套装，皮套笔记本，教师酒杯，一套会话启动程序，一套杯垫，定制杯垫，带激光指针的无线演示器，感谢饼干，主题便签，教师答谢杯，盆景树，一包 6 棵办公室多汁植物，数学钟，茶几簿，教师营养杯，数学主题领带，"最差测试答案"手册，每日灵感日历，教师袜，地理主题领带，信差包，教导、爱、激励手提袋，帆布墙报，饼干。他指出，"作为一名教授，我总是从学生那里得到感谢的礼物，永远不会忘记那些给我体贴、关怀的礼物的学生。送给教授的礼品不一定很贵，重要的是，礼物要表明你对你的教授的想法，以及他们可能喜欢或欣赏什么"。他还说道，"如果这位教授改变了你的生活，或者是你的论文导师，那么给他们买些更高级的（可能更贵的）东西可能是明智之举"。当然，赠送纪念品需要考虑到不违反行为规则，例如，送太贵重的东西可能会触犯纪律。

5.7.3　发邮件与礼仪

在任何情况下，发邮件都需要将礼仪与邮件内容或目的相结合。在 2.4.1 节我们已经介绍了在联系潜在导师时，发送邮件需要注意的礼仪。这里再举一个例子—学生给任课老师发邮件。此时，发邮件的目的可能是为了问一个问题、询问成绩、联系答疑、告诉老师缺课原因、交作业等等。据 2023 年 Spark 网站刊登的文章 "How to Email a Professor: Tips and Samples"，给老师发邮件九条值得注意的地方。

1. 确保你真的需要发那封邮件

在给老师发邮件问课程问题之前，先看看之前的大纲、上次课件和网上的课堂信息，并与同学们交谈，以明确发这封邮件的必要性。如果没有必要，就不发邮件。

2. 使用学校电子邮箱

学校的邮箱看起来很专业，不容易被当作垃圾邮件送到垃圾箱。如果确实没有学校邮箱，那么建议将邮件地址改为 "姓名@域名"，而不要用"昵称@域名"。

3. 写一个清晰的主题行

确保主题清晰、简洁且切题，例如"关于历史课作业的问题"。一个好的主题告诉老师你的邮件是关于什么的，以及他们应该如何处理。

4. 拥有适当的电子邮件问候

邮件一开始要适当并尊敬地称呼老师，如"尊敬的张教授您好！""尊敬的刘老师您好！"在发送电子邮件之前，仔细检查他们的名字是否拼写正确。

5. 提醒你是谁

主讲一门课的老师有很多学生，甚至在上多门课，所以在邮件里开门见山地告诉他你的名字和你正在上的课是很重要的。

6. 清晰地陈述邮件目的

简洁明了地介绍邮件的目的，尽可能一目了然，以便能直接处理。

7. 礼貌地结束邮件

结束邮件也很重要。按顺序写上致谢，感谢老师抽出时间（如"非常感谢您抽出时间"），祝福（如"老师周末愉快！""顺颂时祺"），签上姓名，写下日期。

8. 校对你的邮件

用正式的语言，莫用表情符号，确保邮件语法正确，没有拼写和标点符号错误，尤其别把名字拼写错。

9. 发送前设身处地为你的老师着想

邮件起草后，停顿一段时间，打开反复阅读，把自己当作收到邮件的教授看看邮件是否合适，思考邮件的语气是否礼貌和尊重，看上去是否是一封正式邮件。如果没有问题，且最后确认邮件的必要性，便发送邮件。

5.7.4　网络礼仪

网络礼仪是网络空间的礼仪，是一套在网上保持正确行为的规则。例如，将收到的邮件转发给别人时，需要十分谨慎，转发前应征求发件人是否同意。

某些邮件尤其是官方邮件具有法律效力，往往会给出下述或类似的免责声明（Disclaimer）：

"Disclaimer. This email is intended solely for the recipient and may contain confidential information. If you have received this email in error, please let us know and then delete the original email and any attachments. Do not use, copy or disclose the contents of this email or any attachment. Any views or opinions in this email are solely those of the author and do not necessarily represent those of（the Institution of the author）, unless specifically stated."

"免责声明。此电子邮件仅供收件人使用，可能包含机密信息。如果您错误地收到了这封电子邮件，请告诉我们，然后删除原始电子邮件和任何附件。请勿使用、复制或披露本电子邮件或任何附件的内容。除非特别说明，否则本电子邮件中的任何观点或意见仅为邮件作者的观点或意见，不一定代表（发信人代表的单位）的看法或观点。"

据弗吉尼亚·谢伊（Virginia Shea）刊登在 albion 网站的文章 "The core rules of netiquette"，有 10 项需要遵守的网络礼仪规则（图 5-14）。

这些礼仪规则本来针对一般行为规则，当然也适合学术交流，因为学术交流对网络空间依赖性更大。

5.7.5　研究生的一种人物特征：学术礼仪与学问的结合

我们有了两个概念：学术礼仪与学问。前面分四个子节选择性地提到了要注意学术礼仪的场合，虽然这可能只涵盖了极少一部分需要展示礼仪的可能场景，但据此可以启发我们如何面对其他场合。在 1.4.2 节我们还提到了学问的概念，尤其是研究生级别的学问，这种学问能反映研究生的治学态度与治学精神。

现在我们看看两个概念的结合是否能赋予研究生不一样的人物特征。

拥有科研能力、发表学术成果以及完成了学业可能只是研究生人物特征的一个侧面，学问与学术礼仪的结合可能会产生更全面的人物特征。这种人物特征虽然是读研期间自发蕴蓄的，但在人看来好像是与生俱来的。有了这样的人物特征，了解自己的人一提到你就能用一句令人放心的话语介绍，后来结识的人从一开始就对自己的行为举止和价值产生信任感。我们还能有这样的影响力，学弟学妹们自然获得图 5-2 中所展示的学长们早就具备的一些基本礼节和相似场景下的礼节，在周围无法滋生 7.3.4 节将要介绍的冗余信息。

网络礼仪10条规则(弗吉尼亚·谢伊)

规则1：记住是在和人类说话。想象成在当面说话时有何讲究。在网络空间说的话是书面的，很可能被储存在你无法控制的地方，很有可能会回来缠着我们。在网络上说话甚至要求比当面更谨慎，因为我们没有机会用面部表情、手势和语气来表达额外的意思。

规则2：像现实生活中遵循行为标准那样遵守网络规则。想象在现实生活中的道德标准或个人行为。在网络上不能采取更低的道德标准或个人行为。

规则3：知道是在什么网络空间。网络礼仪因域而异，在一个领域完全可以接受的东西在另一个领域可能非常不妥。当进入一个陌生的网络空间领域时，环顾四周，了解已经在那里的人是如何行动的。

规则4：尊重他人的时间和带宽。今天的人们似乎比以往任何时候都有更少的时间。当我们向讨论组发送电子邮件或帖子时就占用了其他人的时间(或希望如此)。

规则5：让自己在网上看起来不错。网络不是一个寒冷、残酷的地方。就像在整个世界一样，大多数在线交流的人只是想被人喜欢。虽然谁也看不见我们，不会根据你的肤色、眼睛或头发、体重、年龄或衣服来判断我们，然而，写作质量将被评判，所以拼写、语法、语气、清晰、符合逻辑、友好与礼貌很重要。不要使用冒犯性语言，也不要为了对抗而对抗。避免不必要地冒犯任何人。

规则6：在网络上多分享专家知识。互联网本身的建立和发展是因为科学家们想分享信息。渐渐地，我们其他人也加入进来。分享你的知识很有趣。它让世界变得更美好。

规则7：帮助控制火战。火战来自少数人，可能会主导讨论的基调，破坏大家的友谊，对其他成员不公平，因此任何人应帮助控制火战。

规则8：尊重他人的隐私。别人网络上的东西如同抽屉里的实物一样，也属于隐私。

规则9：不要滥用权力。网络空间中的一些人比其他人拥有更多的权力，例如群主、系统管理员、电子投票监督员。比别人知道得多，或者比别人拥有更多的权力，并不意味着你有权利用他们。

规则10：原谅别人的错误。每个人都曾经是网络新手。因此，当有人犯了错误——拼写错误、愚蠢的问题或不必要的长答案——要善待他。如果你决定通知某人一个错误，礼貌地指出，最好是通过私人电子邮件，而不是公开。

图 5-14　网络礼仪规则

　　通过不断增加的抽象程度也许可以对以上人物特征有更多描述。但人们可能觉得进行更抽象的描述会不够，期待在这里说得更具体一些。但是，这种自发蕴蓄的看似与生俱来的学问与学术礼仪的结合的人物特征具有独特性，即每位研究生所展示出来的人物特征会有差异，无法通过具体描述来诠释。这种特征可以是被想象的或为人所期待的，或者通过换位思考得到启发的，就像人们阅读一部古书时，期待里面能有知书达理型"学圣"所表现出来的既有学问又懂礼仪的人物特征。

　　如果一定要有点具体的东西，那可以借用人们都熟悉的礼节概念来讨论一下。如果学术礼仪和学问相结合的人物特征得到体现，那么我们在人看来将显得比一般人更懂礼节，在礼节方面会更自然做到如下几点：

　　（1）礼节的一致性。不会因为打交道对象缺乏某种地位而在礼节上表现出歧视性，除非是那种尊老爱幼所表现出来的必要区别。例如，除了礼貌性礼节，在面对人们的学术研究时，会基于学术工作本身的质量和价值来给予尊重。就像非学术场合人们所期待的那样，宁可不懂礼节，但不能刻意展示礼节的差异性或歧视性。礼节的一致性可以从论文评审得到启发，审稿人绝对不会依据作者的不同地位来做出不必要的歧视性评论，而只会依据论文工作本身做出评论。

　　（2）礼节的延续性。我们明天可能不一样了，但不会因为不一样而刻意丢失本该有的礼节。例如，不会因为自己已经通过了某个环节，获得了学位，得到了晋升，拿到了荣誉，而突然刻意表现出对过去帮助过自己的人失去必要或者最基本的尊重，尤其不会刻意通过散布负面传闻来否定过去得到的帮助。

　　（3）礼节的自主性。以自身条件来规范礼节的高度和质量，而不会因为自己从属了看似级别更高的团队（例如国外某大人物团队或其他相似情形）而刻意展示某种不该有的霸气，更不会因为在读研期间或毕业后获得了某种机会而刻意蔑视自己的导师、同事和同学。

　　（4）礼节的自觉性。作为研究生，我们会非常理解学术人生的不容易，其他人独一无二的能力是他们毕生付出的结果。因此，我们知道如何尊重别人，我们绝对不会因为有了某些特殊资源或机会而刻意用某种方式去抵消别人该有的机会或价值。这种刻意行为因为很难被发现，因此注重这类礼节需要极高的自觉性。

　　把既有学问也懂礼仪作为研究生应有的人物特征，可能会让社会对研究生的价值有更多认可和认识。

参 考 文 献

[1] Marian P, Gordon R. The Unwritten Rules of PhD Research. London: Open University Press, 2004.

[2] Noble W S. Ten simple rules for writing a response to reviewers. PLoS Computational Biollgy, 2017, 13(10): e1005730.

[3] Don K. Advice on giving a scientific talk. Astrophysics of Variable Stars ASP Conference, Pecs, 2005.

[4] Chris S. Advice on writing a scientific paper. Astrophysics of Variable Stars ASP Conference, Pecs, 2005.

[5] Mensh B, Kording K. Ten simple rules for structuring papers. PLoS Computational Biollgy, 2017, 13(9): e1005619.

[6] Kwok R. Communication: Two minutes to impress. Nature, 2013, 494: 138.

第6章 从入学到获得学位的各个环节

研究生入学时，会按学科（一级学科或专业学位类别）注册。研究生入学后，会按照培养单位制定的培养方案学习课程与文献，开展选题与研究，参与学术交流，完成论文撰写，进行论文答辩等。在不同阶段需要通过研究生管理部门和委员会的监督，如资格考试、选题报告、中期检查、论文评审、论义答辩和学位审议等环节。本章介绍与各个环节相关的一些共性知识，以及成功完成各环节需要避免的一些陷阱，尤其强调提前启动一些环节对顺利完成学位论文的重要性。

6.1 各个环节之间的匹配，七大类陷阱

研究生有全日制和非全日制之分，虽然两者的培养要求具有相同的标准和同等质量，但非全日制研究生培养在时间节点上可能有一些灵活性，具体学习方式、修业年限、收费标准等由各研究生培养单位在招生简章中明确。本章对于非全日制研究生可能存在的特殊要求不做介绍。

1. 各个培养环节的匹配

对于大多数硕士与博士项目，读研过程中需要完成课程学习、文献调研、论文选题、科学研究、学术交流、论文撰写和论文答辩等规定任务。同时，还有一些自选任务，如助教、助研、助管、社工、社会实践、业余技能和社交活动等。也有一些学校或研究生项目把社会实践（医学类是临床实践）当作规定任务。

如图 6-1 所示，自选任务对规定任务有几种可能的作用：自选任务促进规定任务，自选任务与规定任务互不干扰，自选任务抵消规定任务，自选任务替代规定任务，自选任务破坏规定任务。可见，合理安排自选任务可以反过来促进规定任务，至少可以做到自选任务不干扰规定任务。

按照管理规则，研究生培养涉及课程学习、资格考试（可能仅限博士生）、选题报告、预答辩（可能仅限博士生）、论文送审、论文答辩和学位审议等环节。这些属于需要接受监督的环节。对于部分研究生，在选题报告和答辩之间可能还需要穿插中期检查，以便监督是否在正常推进研究工作。

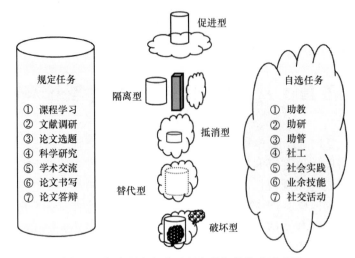

图 6-1　规定任务与自选任务的各种关系示意图

　　对于研究生本人，则可以适当考虑进行有利于自己把握的工作分解。这种分解可以将整个过程分解成七个方面：课程学习，文献调研，论文选题，科学研究，学术交流，论文撰写和论文答辩。

　　一种分解模式是机械分解，把上述七个方面当作不同的基本没有覆盖的阶段，即先进行课程学习，接下来按顺序进行文献调研、论文选题、科学研究、学术交流、论文撰写和论文答辩（图 6-2）。这种方式的优点是，可以与官方培养环节的监督节点形成一对一的时间匹配。研究生入学后一直在接受监督和评估，例如，每年的新学年注册和每年年底的总结都在接受导师的监督与评估。在培养环节各个阶段，一般通过导师、委员会和外审专家来进行评价。以博士生为例，在各培养阶段遇到的委员会有：资格考试委员会、选题报告考核小组、中期检查考核小组、最终学术报告（预答辩）考核小组、学位论文评阅人和学位论文答辩委员会。在博士生资格考试阶段和硕士生课程结束阶段，会检查研究生是否有潜力在整体科学质量、对知识与学科的贡献和写作能力（相关概念见 1.4.1 节）达到要求。在选题报告阶段，会检查研究生是否在整体科学质量、对知识与学科的贡献和写作能力上符合期望。在中期检查阶段，检查研究生的工作是否接近目标。在答辩阶段，检查研究生是否在整体科学质量、对知识与学科的贡献和写作能力上达到要求。

　　另一种模式是灵活分解，让七个方面在时间上有一些必要的重叠（图 6-3）。例如，虽然在规定的时间段会完成规定的课程学习，但可以在其他部分环节开始后选修一些有利于科研的课程。从入学开始即开始文献学习与调研，一直持续到论文答辩。在规定的窗口期完成选题，但之后依据需要进行修正。科学研究和学术交流贯穿整个培养周期。早期的科学研究可以是零星的，与其他研究生合作型

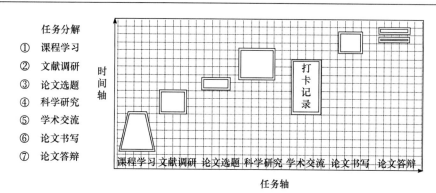

图 6-2　任务机械分解示意图

的，可以与最后的选题不完全匹配，但可以借此锻炼能力和熟悉科学研究方法。学位论文一开始就可以创建一个初始版本，至少可以记录已经看到的参考文献。这种方式的缺点是，某些提前启动的环节可能无法在短期产生效果。

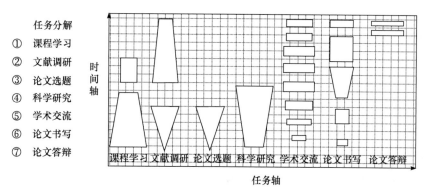

图 6-3　任务灵活分解示意图

机械分解和灵活分解分别有各自的优缺点，作为研究生，灵活分解可能更容易取得长远效果，尤其让自己能及时发现问题并尽早取得一些成效，缩短修业年限。当然，具体如何分解，可能需要考虑到自己的研究性质、研究生院的安排、实验室指导风格和个人情况等几个方面的差异。

2. 七大类陷阱

各培养环节有一些目标性要求。课程学习是为开展具体的科学研究积累知识，资格考试是为了证明有潜力开展科学研究，选题报告是为了说明方向正确，预答辩是为了证明已接近答辩标准，答辩是为了说明达到了学位要求。

在完成各培养环节时，研究生可能会遇到一些陷阱。常见的陷阱是，所在单位可能规定了相邻两个培养环节考核节点的最短时间。

例如，如果规定选题报告考核与论文答辩之间的间隔不少于一年，那么就需要在答辩之前一年完成选题报告考核。虽然研究生本人早就选好题并已经完成了学位论文主要工作，但如果没有及时完成选题报告考核，就无法按预期答辩。

其他两个相邻节点之间的周期问题也类似。因此，为了避免落入这种本身完成了相关环节但没有及时走考核程序的情形，研究生应该每一个月查看一下单位研究生手册规定的各培养环节时间节点要求。

有时可能会出现这样的情形。为了第二年六月毕业，研究生计划当年六月完成开题，即完成选题考核环节。然而，临近六月时，虽然自己的报告准备好了，但在预计的开题时间段，要么导师出差了，要么发生其他类似事情，导致无法及时开题。

学分不满足要求也有可能是一个陷阱。研究生课程往往分成几个类别，例如公共基础课、专业课程和任选课程。如果培养计划对每一类课程的学分做了最低规定，但由于选课时忽视统计或者某些课程性质发生变更，那么可能会发现在申请毕业时，课程学分没有达到要求。为了避免出现这种情形，应在规定的课程阶段结束时，通过教务确认是否满足了要求，如果不满足要求，还有足够时间选课完成学分要求。

在读研各个阶段，可以与导师和学长进行广泛交流，以提前发现可能出现的陷阱，包括人们经常遇到的陷阱，以及与自身特殊情况相关的陷阱。以下是常见的七大类陷阱：

（1）错过考核节点时间，导致不必要延期。

（2）学分与课程类型未达到要求。补学分有时需要等待下一个学年，不仅导致延期毕业，还有可能导致超越修业年限限制。

（3）一些规定的培养环节没有完成。补培养环节同样需要等待下一个学年。

（4）学术成果类型与所在学科要求不匹配，导致需要重新开展研究。

（5）违反纪律，导致无法获得学位。研究生手册上对此应该有规定。

（6）犯有学术不端错误，导致即使通过答辩也可能拿不到学位。学术不端即使被事后查出，那么获得的学位也会被撤销。

（7）各重要节点考核把关不严。例如，在开题、中期检查、预答辩等阶段，没有邀请负责任的专家，导致研究的明显不足未得到及时发现，以致最后无法毕业或者无法及时毕业。

读研过程很漫长，付出的代价很大，我们没有必要掉落到稍微注意就能避开的陷阱里，让自己承担不必要的损失。

6.2　课程学习与资格考试

研究生需要完成一定学分的课程学习，但课程学习的目的不仅仅是为了学分，更多是为了科学研究。至少博士研究生需要经历资格考试一关。康奈尔大学研究生院的信息似乎显示，该校硕士生也需要经历资格考试。无论是硕士生还是博士生，我们从本单位的研究生培养手册可以了解到自己是否需要通过资格考试。一些培养单位在课程学习结束后即可以申请资格考试（甚至存在成绩排名靠前的学生可申请免除资格考试的情形），也有一些培养单位可能需要满足更多要求后才能参加资格考试。课程学习和资格考试没有太多惯例可循。

6.2.1　研究生课程学习的特征

研究生的课程设置目的不是为了单纯满足学分要求，而是需要考虑建立有利于开展科学研究的知识结构和获得相关技能。因此，课程学习除了需要满足研究生培养计划的规定外，还需要由未来的研究计划所指引。正因为如此，研究生选课是在导师指导下进行的。导师会依据拟开展的科研方向的要求，给研究生选择课程提供指导。

如果正在开展研究，那么对于相关课程，研究生会将课程学习内容与科研工作相结合，将相关内容应用到自己的具体工作之中。同时，为了满足科学研究的需要，应一边学习课程知识，一边收集更多文献，补充相关内容。正常情况下，对于某些与自己科研方向密切相关的内容，应该在课程学习时与自己的导师交流，讨论是否满足了未来科研需要。

研究生课程学习会有一些官方的学分要求，甚至会细分到学校开设的公共基础课、院系开设的可覆盖一级学科的基础理论课和研究所一级的单位开设的专业课（含核心专业课和任选课）各有多少学分要求。然而，官方要求仅仅是最低要求，更多的是系统地掌握开展研究所需要的基础知识和专门知识，无论所需要的知识是来自课堂还是来自文献。

课程学习的知识与最后做研究创造的知识存在一定的区别。以物理学为例，廖玮指出[1]，教科书总结的是系统的、逻辑严密的精妙理论，可以由少数的原理解释广泛的现象，而在科学研究过程中，需要面对少量线索，在面对困难的情况下找到合适的方法并获得答案，甚至在不知道答案为什么是正确的情况下得到正确的答案，然后再考虑如何完善打造出逻辑严密的理论体系。

6.2.2　资格考试

资格考试的结局可能是继续深造，也可能是失去继续读博的资格，可见资格考试有多么重要。因此，为了有效应对资格考试，应预先了解资格考试的时间、资格考试的要求、资格考试的形式、资格考试的淘汰率，以及不通过后有何处理等。

1. 预先了解资格考试的时间

资格考试的时间一般由官方规定。有的将资格考试设置在课程学习结束后和正式开展科学研究之前。然而，也有一些单位，如加州大学伯克利分校的电子工程与计算机科学系，允许部分课程在资格考试以后学习。对于博士生，资格考试往往发生在第二学年结束的时候，一般要求在第三学年结束前完成。

2. 资格考试的要求

不同单位对资格考试的要求可能不一样。有的可能用于综合检查课程学习带来的收获，比如说课程学习的成绩达到一定的排名标准就可以通过资格考试。有的要求检查博士生是否掌握了坚实和宽广的学科基础和专门知识、是否有潜力综合运用这些知识分析和解决问题和是否具有创新潜力。有的要求对研究领域开展调研、明确研究方向和展示有研究能力的证据。有的甚至允许把资格考试和选题报告结合起来，通过开题答辩来自动通过资格考试。资格考试可能会要求提供一些材料，证明自己有潜力在整体科学质量、对知识的贡献和写作上达到学位要求。

3. 资格考试形式

资格考试有免现场考试（通过填写的资料来检查）、现场口试和现场笔试等三种形式。每个培养单位对资格考试形式会做出详细规定。资格考试的形式也可从资格考试需要准备的东西看出。以加州大学伯克利分校电子工程与计算机科学系为例，如果参加的是 A 类资格考试，那么要求：①准备一篇总结特定研究领域的文章和演讲，最好是你打算在其中做论文的领域，你的总结应该调研这个领域，并描述开放和有趣的研究问题；②描述你为什么选择这些问题，并指出你的研究未来可能选择的方向；③准备展示所呈现主题以及委员会认为相关的任何相关材料的专业知识；④至少简短地谈论迄今为止的任何研究进展（如硕士研究、博士研究、课堂项目等），希望有一些证据表明其有能力进行研究。委员会会根据研究生对研究领域中适用的基本事实和原则的理解，以及该领域理论和实践方面进行深入和批判性思考的能力，对学生进行评估。学生必须充分掌握内容，并有能力设计并撰写一篇合格的学位论文。如果参加 B 类资格考试，那么除了 A 类外，还需要完成选题报告。

4. 资格考试的淘汰率

资格考试往往会设置一定的淘汰率。事先了解本单位的淘汰率或通过率可以增加准备资格考试的能动性。国外一些大学的资格考试淘汰率非常高。

5. 资格考试处理结果

若资格考试不通过，一般会有一些补救选项。例如，可能允许再次参加资格考试（但不会无限地允许再次开始）。对于博士生还存在博转硕选项。最糟糕的情形当然是退学。

由于更详细的规定只能在培养单位的培养方案等官方文件中查阅，以上讨论只是强调不同单位的资格考试时间、要求、形式、淘汰率和处理等所具备的多样性。

需要强调的是，应事先了解相关规定，因为有的选项在临近考试时再准备就来不及了。对于本单位的资格考试，我们还可以从学长那里了解一些无法从官方文件上看到的细节。我们从网站上也可以搜索到一些公开讨论或建议，例如西北大学的博士生加布里埃拉·洛佩兹（Gabriela Lopez）于 2022 年发表在《科学》上的文章"My Ph.D. qualifying exam was a nightmare-but I'm not letting it define me"强调了资格考试的困难，而太斯宁·克勒默（Tyasning Kroemer）在 Gold Biotechnology 网站分享的文章"Everything about the Ph.D. qualifying exam and tips for success"则强调成功应对资格考试的技巧。

6.3 选题与选题报告

作为学位论文工作的承前启后环节，硕士生和博士生选题报告用于提出研究问题、梳理研究现状、明确研究思路、整理初步结果和规划后期工作。在选题报告会上，可能同时要求提供书面报告和口头报告等。一些单位采取集体开题（硕士生的开题可能如此），也有的是个人开题。正确和顺利地通过选题，可以为余下的工作打下良好的基础，增加及时毕业的可能性。

6.3.1 选题价值、选题来源、选题确认与前期研究

通过了解选题价值或意义来理解选题的重要性。选题有途径，表面上看有的途径让研究生本人不需要操心选题，但选题确认则需要研究生依据文献调研和思考付出较大努力。即使如此，确认的选题往往还需要通过前期研究来验证合理性。

1. 选题价值

太斯宁·克勒默在 Gold Biotechnology 网站的文章"10 helpful steps for writing a graduate research proposal"指出，撰写选题报告除了属于研究生院规定的环节，还有 7 个方面的价值：

（1）它让学生对研究项目更加熟悉。

（2）为研究生培养研究技能和学术写作技能。

（3）让研究生发展综述文献的技能。

（4）让研究生学习如何识别研究问题、目标、研究内容和假设。

（5）让研究生学习探索不同的方法来收集和分析数据，并选择最合适的方法来解决研究问题。

（6）让研究生学习根据逻辑和时间顺序设计研究步骤。

（7）这个过程培养了批判性思维和逻辑推理能力。

可见，选题的目的不仅仅是通过一个规定的环节，更重要的是培养上面七个方面的能力。在 6.3.3 节将指出，在开题报告会上，考核小组会对研究生整体科学质量、对知识与学科的贡献潜力以及写作能力进行评价，这说明，研究生通过选题来展示或者获得较高的整体科学质量、期待有能力给学科做出贡献且能提高自己的写作能力。

2. 选题来源

研究生选题有自由选题和规定选题两大类。自由选题的来源又可以分为主动来源、被动来源和反馈式来源。

主动来源是指研究生本人找到研究问题。自己找到研究问题有两种途径，第一是通过广泛阅读相关方向的文献发现新的研究问题，第二是通过参与研究室与企业的合作项目并进一步通过阅读文献，来发现值得研究的问题。

被动来源是指导师定义研究对象，研究生本人围绕研究对象，通过广泛阅读文献，明确现有研究基础和待解决的问题。导师定义的研究对象往往是导师感兴趣的问题或已毕业研究生工作延续的问题。这种情况对研究生而言相对轻松一些。

反馈式来源是指先通过研究一个目标不明确或尚不清楚是否符合要求的兴趣类问题，但在过程中突发灵感，找到了值得研究的具体问题。例如，通过做辅助性的实验，突然发现一个令人意想不到的现象，于是把它作为研究对象开展研究。

规定选题是那些企业或其他部门给研究生提供资助，包括项目和奖学金资助，而必须针对双方规定的方向开展研究。

3. 选题确认

选题确认是选题的核心，不仅需要明确研究问题，还需要明确研究假设或研究目标，明确研究思路，以便开展前期研究和写出研究计划。好的问题需要有好的研究思路，好的研究思路离不开合理的假设或清晰的研究目标。

选题确认需要与背景问题即研究背景进行关联，将需求置于更广阔的背景下，或者在背景下提出需求。在需求牵引下提出研究主题。再通过文献综述来指出围绕研究主题还遗留哪些值得研究的内容。接下来结合自身的知识结构和学科方向，提出研究假设、研究目的与研究思路。

与问题选择、研究假设和研究目的相关的一些内容已经在 3.3 节介绍，这里不再赘述。

总之，选题确认向前展示了课程学习、文献调研和前期思考的能力，向后预示研究取得成功的可能性，带来重要贡献的期望值。

4. 前期研究

前期研究是指提交选题报告之前完成的一些研究，这些研究除了锻炼研究生研究能力外，也有助于确认选题的合理性和正确性。

前期研究包括文献研究和初步工作。初步工作是指具体研究工作，包括熟悉和掌握研究方法，获得一些初步研究结果。

在整理和分析初步研究结果时，很有可能有一些发现，如果发现有趣，那么就可以开展进一步的研究。如果发现没有预期结果，那么可以考虑重新选题。

初步研究结果也是撰写选题报告时需要考虑的，将作为是否通过选题的依据之一，因此需要按正式研究结果对待。

不排除一些工作是先开题，开题通过后再做正式研究。对于那些只有通过选题报告明确了研究问题、目标和思路后，才能获得或者落实研究资源的研究就是这种情况。假定我们的研究工作是到地球某个角落观测预计在某个时间段出现的潮汐现象，那么务必会要求先通过选题报告来明确要做什么、如何做，才能得以允许开展接下来的工作。理由是，这种研究消耗的资源大，往往需要到研究室以外的地点工作或创建新的资源条件，必须事先规划好，不能采取试试看的方式来提前开展研究。这种选题是预选选出来的。

大多数情况下，在开题报告前已经有了实际研究成果。对于这种研究，研究生一边选题，一边开展研究，或者说一边研究一边选题，甚至会依据初步研究成果来最终确定名义上的选题，以降低风险。在开题前已经有了初步研究成果。这种研究相对而言比较自由，对于资源投入比较少的研究可以这么做。一名研究生可能从本科毕设阶段就跟随了一名导师，到博士三年级，该研究生可能有了较多研究成果。在这种情形下，只需要沿着已经开展的某项工作进一步深入或拓宽就可能能拿到学位，于是，选题报告就沿着这个可能拿学位的工作撰写。这种选题往往是提前做出来的。

也不排除有一些混合情形，即一部分工作偏理论，可以在开题之前就开展了一些研究，另一部分偏技术，需要在开题报告明确思路后，才能投入资源开展研究。在这种情形下，也可以介绍前期研究的理论成果。

6.3.2　书面选题报告的构成

这里首先介绍书面选题报告的一般性构成，接下来重点介绍其中的文献综述、研究计划和前期研究内容的一般性参考要求。

1. 书面选题报告的一般性构成

我们首先可以参考一个样板来规范自己的选题报告。最符合自己要求的选题报告范例是实验室学长的选题报告。另外，一些单位也会公布一些选题报告供参考。理查德·A·切尔维茨（Richard A. Cherwitz）博士在 ut-ie 网站以 "Sample Dissertation Proposals" 为题分享了包括人文与艺术、社会科学以及自然科学与工程等几大类学科的选题报告样板，提供了作者、标题（及下载链接）、领域与方法以及具体学科方向等信息。按照切尔维茨博士的说法，选题报告中应该包含标题、引言、目的、文献综述、研究问题与假设、研究方法、研究意义和影响。如果本单位没有提供模板，可以按如下方式划分章节：

① 研究背景与意义；
② 文献综述；
③ 研究内容与研究目标；
④ 研究思路与方法；
⑤ 研究计划；
⑥ 现有研究成果；
⑦ 参考文献列表。

事实上，各单位一般会发布相关指南。例如，麻省理工学院脑与认知科学系规定了选题报告的大纲和要求（图6-4）。

2. 选题报告中的文献综述

文献综述是选题报告的核心部分，文献综述被认为是研究生开展研究的重要能力之一。克里斯蒂娜·坎特罗（Christina Cantero）在圣何塞州立大学写作中心（San José State University Writing Center）就文献综述的目的指出：

　　　"文献综述是对某一特定主题的当前已发表材料的回顾或讨论。它试图根据研究问题、论文和中心主题对材料和信息进行综合和评估。换句话说，文献综述不是支持一个论点，也不是简单地列出一个总结研究的清单，而是综合和评估其他人对你感兴趣的特定主题的想法。这可以让读者了解关于你的主题，这些来源之间的比较，以及研究中存在的差距。"

在文献综述的起始部分，需要有一段概述，围绕上面界定的研究主题，解释你文献综述将覆盖的范围并规划文献综述将采用的架构。

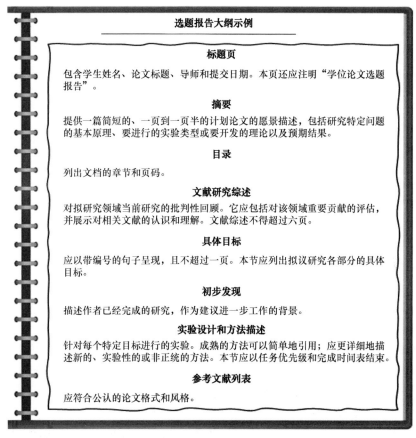

选题报告大纲示例

标题页

包含学生姓名、论文标题、导师和提交日期。本页还应注明"学位论文选题报告"。

摘要

提供一篇简短的、一页到一页半的计划论文的愿景描述,包括研究特定问题的基本原理、要进行的实验类型或要开发的理论以及预期结果。

目录

列出文档的章节和页码。

文献研究综述

对拟研究领域当前研究的批判性回顾。它应包括对该领域重要贡献的评估,并展示对相关文献的认识和理解。文献综述不得超过六页。

具体目标

应以带编号的句子呈现,且不超过一页。本节应列出拟议研究各部分的具体目标。

初步发现

描述作者已经完成的研究,作为建议进一步工作的背景。

实验设计和方法描述

针对每个特定目标进行的实验。成熟的方法可以简单地引用;应更详细地描述新的、实验性的或非正统的方法。本节应以任务优先级和完成时间表结束。

参考文献列表

应符合公认的论文格式和风格。

图 6-4　麻省理工学院脑与认知科学系选题报告大纲

接下来是文献综述的主体部分。如果太长,可以通过子标题来进行分类。常见的分类方式有按年代进行分类、按主题进行分类和按研究方法进行分类:

(1)如果以往文献研究具有时代感,一波波研究起到了推波助澜的作用,不同时代的贡献具有鲜明特征,那么可能适合按年代分类。

(2)如果以往文献研究分成了特色鲜明的小主题,不同小主题有相对而言比较独立的研究群体(虽然个别团队也涉足不同主题),那么适合按主题分类。

(3)如果以往文献研究有几类不同研究方法,不同方法给出不同层次的结果(虽然不同结果之间有互补性和可借鉴性),那么适合按研究方法分类。另外,如果一篇文章同时使用了不同方法,那么对这篇文章的介绍可以出现在不同方法部分。

除了以上常见的三种分类方法，也可以按研究结论或研究采用的理论进行分类。具体采取何种分类法，看论文本身想突出什么。

文献综述需要遵照一定的内部逻辑，以至看起来像文献分析。正因为如此，文献综述也称为研究现状分析。一般情况下，可以使用"总结-综合-评估"这样的逻辑结构。

通过总结进行归纳，例如，可以针对所研究的问题进行归纳。

通过综合给出不同文献之间的有机联系，例如，可以通过综合得出人们达成了什么一致的结论，达到了什么样的高度或目标等。

通过评估指出任何方法上的缺陷、研究中的差距或理论和发现中的不一致之处。

将文献介绍与你的分析（"总结-综合-评估"）结合起来，向读者展示其与你的整体研究问题的联系。

在文献综述中，适当强调里程碑进展、强调原始贡献、强调论文中要用到的前人工作的介绍。

在文献综述的结尾，需要进行更高级别的综合，例如最重要的贡献是什么、不同类别的研究之间的关系、有什么重大不足、遗留的问题是什么，解决遗留的问题有什么意义等。

需要注意的是，在文献综述中，不要介绍文献研究的细节。如果在研究中要用到前人的一个具体方法、具体结果或具体结论，那么详细介绍应放到前期研究成果之中，具体用到前人工作细节的地方。需要用标准的文献引用格式进行引用。如果摘录别人的观点，需要采取引述格式。所有引文都放入最后的参考文献列表之中，且按国标（著者出版年制或顺序编码制）引用和排列参考文献。

3. 研究计划

研究计划包括之前、当前和之后的规划，其意义本来不言自明，但作为选题报告，是向委员会说明研究计划的合理性、可行性和科学性等。

于是，研究计划不能被编造，而应该通过"研究"、思考和讨论来制定。一般有两种方式撰写研究计划。

详细型研究计划：在制定研究计划时，需要将研究分解为几个阶段，每一阶段要准备什么、要做什么、如何完成、拟达到什么目标、与前一阶段和下一阶段有什么关系等。

概括型研究计划：使用表格形式，罗列每一阶段拟达到的目标，以及这一阶段的时间范围。例如，维多利亚大学地球环境与科学学院选题报告指南的范例文章"Sample PhD thesis proposal"中，要求使用规范的计划表细致地列出每一项内容拟完成的时间段，包括文献研究阶段（图 6-5）。

RESEARCH GOALS	Year 1 2009				Year 2 2010				Year 3 2011				Year 4 2012	
	FMA	MJJ	ASO	NDJ	FMA	MJJ	ASO	NDJ	FMA	MJJ	ASO	NDJ	FMA	MJJ
Phase I:Project Development														
Review computer modelling of glacier systems literature	▨	▨	▨	▨										
Review physics of glaciers and their reactions to climate	▨	▨	▨	▨										
Reconnaissance field work-*Brester + Cameronglaciers*	▨													
Attend Outdoor First Aid. Alpine Instruction, and Defensive Driving courses		▨												
Begin using MATLAB and familiarise myself with code		▨												
Explore existing computer models				▨										
Literature review of the Cameron. Brewster, and Ben Ohau glaciers and their climatic histories			▨											
Compile preliminary maps in ArcGIS & FreshMap		▨												
Plan and execute field work on Cameron Glacier-GPR. GPS, snowpit, ablation stakes		▨												
Present at Geol. Soc. NZ Meeting. Oamanu				▨										
Present at a departmental seminar					▨									
Submit research proposal					▨									
Phase 2:Data Collection														
Begin GPR and GPS analyses of Cameron					▨									
Computer modelling of Cameron, Whale, Irishman, andBrewster glaciers					▨	▨	▨							
Present talk at SIRG M eeting. Queenstown					▨									
Prepare manuscript on Ben Ohau model results							▨							
Complete followup fieldwork on Cameron							▨							
Prepare manuscripts on forcing glaciers to noraines, and forcing glaciers using pollen temperature records							▨	▨						
Glacial Modelling Course-Karthaus, Italy							▨							
Adjust course material to 1improve this project							▨							
Present at AGU 2010 Meeting, San Francisco								▨						
Potential field work on Brewster Glacier									▨					
Prepare manuscript on spatial variations									▨	▨				
Prepare manuscript on what drives glaciers to advance									▨	▨				
Compare findings to similar studies on a global scale,									▨	▨	▨			
discuss the habits of maritiine glac1ers with glaciologists									▨	▨				
Present talk at SIRG Meeting, North Island									▨					
Phase 3:Completion														
Publish papers, assemble thesis, compile questions and issues to explore in future research									▨	▨	▨			
Thesis write-up and editing										▨	▨			

图 6-5　表格形式的研究计划示例

4. 已完成的研究成果介绍

前面提到，对于某些资源投入型研究，需要完成选题报告并落实资源后才能开展。此时，前期研究成果可以局限于深化研究思路和策略，适当加入一些对预期成果的预测。

对于那些确实已经开展了具体研究的情形，前期研究成果撰写方式也有一定的自由度。主要有两种方式：一种是采用学位论文标准的写法，另一种是总结性方法，即提纲性地列举已经开展的工作和取得的成果。

标准的学位论文写法：把每一项已基本完成的工作按写作逻辑进行详细交代，包括介绍采用的研究方法（手段与步骤）、得到的结果、对结果进行讨论并形成当前的结论。最后指出遗留哪些问题需要在后续工作中完成。

总结性方法：先简要介绍开展了哪些工作及这些工作是如何开展的，接着安排几段介绍主要研究结果，指出这些结果的意义。最后指出遗留哪些问题需要在后续工作中完成。

前期研究成果的介绍应像标准的学术论文那样有科学质量，用文字主张数学表达式、图形、表格等形式展示结果。这些结果要么显示你将能实现学位论文目标（剩下的工作可以按计划完成），要么显示你抓住了问题的本质、形成了清晰的思路，从而按计划可以达到最终目标。在写作上，需要按与学位论文最终版相同的标准撰写。

6.3.3　选题报告评审会及其评价

首先是了解所在单位选题报告评审会评审规则，比如说需要准备几份选题书面报告、不通过比率、报告时长、评审专家组成、专家等级打分规则等。

可以通过请教学长和参加学长的选题报告会来了解选题报告会的形式与要求。

虽然书面报告会写得很详细，但准备 PPT 时需要花时间。可以通过阅读6.6.2 节关于答辩 PPT 的准备方法，结合选题报告评审会的基本要求，对内容进行适应性调整。

在选题报告评审会上，需要回答评委的提问。可以参照 6.6.3 节面对答辩时的提问要求，针对选题报告进行适应性准备。

在口头汇报中，强调选题与文献分析的逻辑性，通过介绍前期工作来证明选题的正确性、开展学位论文工作所具备的潜力以及完成学位论文工作的可行性，通过系统规划后续工作来强调目标的可实现性。

对于考核委员会的评价规则，不同学校可能有不同要求，因此需要阅读所在培养机构的具体指南，以便提前一年以上的时间对此有所准备。以下分别针对博士生和硕士生选题报告介绍两个不同单位的评价规则。虽然不一定与自己所在的培养单位的评价规则相同，但许多打分项具有一定的普适意义，即可能属于普遍性要求。

作为第一个例子，明尼苏达大学德卢斯分校对博士生选题报告的等级评价规则"Ph.D. dissertation research proposal rubric evaluation"要求从整体科学质量、学科贡献、写作和整体水平进行评估（图 6-6）。每一项又包含了不符合预期、符合预期和超出预期三个选项。最后，作为整体，选择不符合预期、符合预期或超出预期，并写下不对学生公开的评语。

作为第二个例子，威斯康星大学麦迪逊分校针对细菌学硕士论文选题报告的等级评价规则"Research thesis and defense form with rubric for evaluation of the thesis proposal"要求在学生陈述和提问期结束后，选题报告考核委员会讨论学生的表现，并应提供：

① 选题报告和答辩的总体评估；

② 书面选题报告的反馈；

③ 对口头选题报告的反馈。

考核委员会基于不公开的标准（shaded criteria）加上分析和讨论来进行选题报告和答辩的总体评估，包括以下几点。

（1）背景、知识和意义。

超出期望情形：充分解释项目的背景和信息差距，阐明令人信服的研究理由，以特殊的方式阐明研究意义。

符合期望情形：提供项目背景，充分阐述研究原理，阐明研究意义。

不符合期望情形：未能充分提供背景，未能很好地阐明研究原理，未能阐明研究意义。

（2）研究设计和研究。

超出期望情形：针对文献中已确定的差距并对其进行很好的解释，清楚地陈述假设，将经验知识应用于形成问题并进行很好的解释，详细阐述方法并很好地进行解释，研究数据清楚地回答了陈述的假设。

符合期望情形：找到了文献中已确定的差距，陈述了假设，应用经验知识来形成问题，阐述了方法，研究数据联系到了已陈述的假设。

不符合期望情形：未能找到文献中已确定的差距，未能陈述假设，未能应用理论框架来形成问题，未能阐明方法，研究数据未涉及假设。

（3）文献综述。

超出期望：在主题领域展现出卓越的关键概念知识，在主题领域展示出卓越的知识深度，用于确定文献中存在的差距的论点异常连贯、清晰和有组织。

符合期望：展示对主题领域关键概念的充分了解，展示出主题领域知识的深度，用于确定文献中存在的差距的论点连贯、清晰、有组织。

不符合期望：表现出对主题领域的关键概念了解不足，表现出主题领域的知识深度不足，一些论点不连贯、不清晰或组织不好，无法识别文献中的差距。

（4）整体评价。

以优异成绩通过。

通过。

不通过。

选题报告等级打分项

整体科学质量评价

不符合预期的情况：论证不正确、含混或有缺陷；目标定义不明确；展示不成熟的批判性思维技能；反映出对主题和相关文献理解不足；表现出对理论概念不理解；展示的原创不足；显示创造力和洞察力不足；研究成功的可能性很小。

符合预期的情况：论证符合逻辑、清楚，目标清楚；展示平均水平的批判性思维技能；反映出理解主题和相关文献；表现出对理论概念能理解；展示有原创；显示有创造力和洞察力；研究成功的可能性较大。

超出预期的情况：论证优越；目标定义很明确；展示成熟的、具有批判性的思维技能；反映出掌握了主题和相关文献；表现出掌握了理论概念；展示有非凡的原创；显示杰出的创造力和洞察力；研究成功的潜力巨大。

对知识与科学的贡献评价

不符合预期的情况：发现潜力不足；以前研究的有限扩展；理论或应用意义不足，发表潜力不足。

符合预期的情况：一些潜在的发现；基于以前的研究；合理的理论或应用意义；合理的发表潜力。

超出预期的情况：非凡的发现潜力；极大地扩展了以前的研究；非凡的理论或应用价值；非凡的发表潜力。

写作水平评价

不符合预期的情况：写作能力很弱；存在许多明显的语法和拼写错误；内容组织很差；文档管理很差。

符合预期情况：写作合适；存在一些明显的语法和拼写错误；内容组织是合乎逻辑的；文档合适。

超出预期情况：具有出版物的写作质量；没有明显的语法或拼写错误；内容组织非常出色；文档非常好。

图 6-6　明尼苏达大学德卢斯分校对选题报告的等级评价规则

6.4 预答辩：最终学术报告

预答辩的正式名称可能是最终学术报告，往往发生在正式答辩前的几个月。一般会要求博士生通过预答辩才能进行论文评阅和答辩。对于没有强制规定的硕士生，可能会在研究室内部组织预答辩。

预答辩通常被当作是答辩的预演。预答辩对通过最终答辩有重要作用，通过展示自己的工作和表达能力，考核小组可以为报告提供指导，以确保符合要求并能有效地交流自己的工作。按田纳西大学查塔努加分校健康、教育和专业研究院的预答辩指南，预答辩是最终答辩的彩排（dress rehearsal），是解决最终答辩前的任何编辑、问题或顾虑的最佳时机。

预答辩一般要求准备学位论文初稿，以便判断学位论文在研究质量和写作质量上是否迫近最终目标。预答辩还有一场学术报告，通过报告和答问来展示自己工作的优点和不足。预答辩的时间长短不一，从半小时到两小时的都有。预答辩要求的相似性和多样性可以从图 6-7 分享的两份预答辩指南看出。

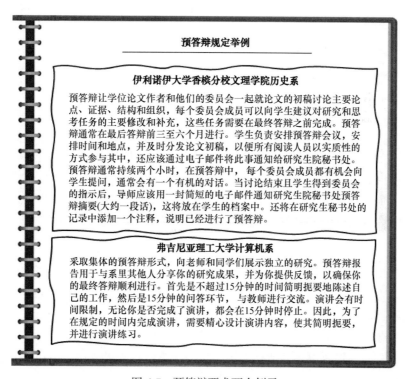

图 6-7　预答辩要求两个例子

弗吉尼亚理工大学计算机系对预答辩演讲稿可以包括的提纲给出了模板（图 6-8）。

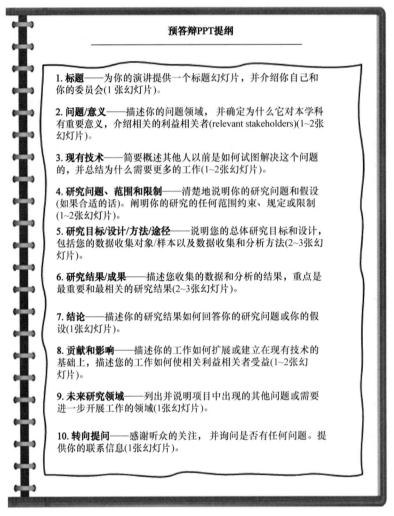

预答辩PPT提纲

1. **标题**——为你的演讲提供一个标题幻灯片，并介绍你自己和你的委员会(1 张幻灯片)。

2. **问题/意义**——描述你的问题领域，并确定为什么它对本学科有重要意义，介绍相关的利益相关者(relevant stakeholders)(1~2张幻灯片)。

3. **现有技术**——简要概述其他人以前是如何试图解决这个问题的，并总结为什么需要更多的工作(1~2张幻灯片)。

4. **研究问题、范围和限制**——清楚地说明你的研究问题和假设(如果合适的话)。阐明你的研究的任何范围约束、规定或限制(1~2张幻灯片)。

5. **研究目标/设计/方法/途径**——说明您的总体研究目标和设计，包括您的数据收集对象/样本以及数据收集和分析方法(2~3张幻灯片)。

6. **研究结果/成果**——描述您收集的数据和分析的结果，重点是最重要和最相关的研究结果(2~3张幻灯片)。

7. **结论**——描述你的研究结果如何回答你的研究问题或你的假设(1张幻灯片)。

8. **贡献和影响**——描述你的工作如何扩展或建立在现有技术的基础上，描述您的工作如何使相关利益相关者受益(1~2张幻灯片)。

9. **未来研究领域**——列出并说明项目中出现的其他问题或需要进一步开展工作的领域(1张幻灯片)。

10. **转向提问**——感谢听众的关注，并询问是否有任何问题。提供你的联系信息(1张幻灯片)。

图 6-8   弗吉尼亚理工大学计算机系对预答辩提纲

各单位可能还会有一些其他要求。例如，有些单位规定，考核小组对博士生的整体科学质量、对知识与学科的贡献和写作水平做出达到目标、迫近目标和未达目标的判断，导师和考核小组就是否送审给出建议。对于达到和迫近目标的，导师和考核小组对论文送审形式（全公开、部分隐名、全隐名）提出建议。

为了有效通过预答辩并能最大限度发挥预答辩的积极作用，可在读研过程中积极参加学长的预答辩、仔细了解所在单位的预答辩指南，同时参考上面提到的准备 PPT 的一般性要求。

6.5　论文送审与论文评阅意见

论文送审是指将论文寄给同行专家进行评阅，以判断论文是否达到了获得学位的要求，并提供对论文工作改进的建议。

6.5.1　论文送审的前提、类型与作用

在满足了培养方案规定的其他要求（如课程、资格考试、选题报告和预答辩等均满足要求）的前提下，如果研究生申请了答辩，且论文通过了格式审查和查重，一般就获得了论文送审资格。

论文送审可能分为全公开、全隐名和部分隐名几种类型。一些单位通过预答辩或抽签等方式来决定这种论文送审类型。

论文评阅人对论文的肯定，会加强论文作者本人对自身工作价值的了解，使作者本人获得认同感和自豪感。依据评阅意见指出的不足，进一步修改完善硕士或博士论文最终稿，使得论文的质量得到进一步提升。在评阅人不反对的情况下，有了评阅意见，就可以着手准备论文答辩。

6.5.2　预先了解评阅意见的可能构成

从论文评阅意见的构成，不难让我们提前了解到论文需要满足什么要求才能申请答辩。

不同的评审专家写出的论文评阅意见的差异很大，有的特别精简，有的特别详细；有的以褒奖为主，有的以提出建设性意见为主。总结而言，有两种形式的评阅意见比较常见：详细评论型和成果归纳型。

详细评论型大致包含三大部分：简介、详细评论和结论。例如，高冈忠雄（Tadao Takaoka）教授对博士生宋恩培（Sung Eun Bae）的博士论文的论文评阅意见就是这种类型。下面归纳一下这种类型的要点。

（1）简介。

一般分为两段，第一段对论文所涉及的问题进行描述并适当介绍现状，第二段对论文取得的成果进行简介。

（2）详细评论。

最常见的详细评论是分章给出要点。对于每一章，首先介绍该章的目的和内容，接着指出优点（如有什么特别之处）和不足（包括建议修改的地方）。需要指出的是，国内一些论文评阅意见的模板则要求将不足放在一个单独表格之中。

（3）结论。

在结论中，对论文取得的成果类型与质量（包括写作质量）进行评价，对成

果的意义进行评判。最后，对作者是否可以获得博士学位提出推荐意见，同时指出在提交论文修改稿时，对具体章节指出的不足是否必须考虑采纳。

成果归纳型包含研究目的与选题意义、成果归纳、推荐意见三部分。

（1）研究目的与选题意义。

指出研究问题是什么，研究问题在学科或行业中的重要性。

（2）成果归纳。

指出有哪几项工作，各自的创新点或贡献或重要性是什么，有何特点等。由于评阅人需要指出论文的贡献或创新成果，因此在自己的论文结论中应对自己的贡献或创新成果进行归纳，以方便论文评阅人直接认可或调整自己对论文贡献或创新成果的描述。

（3）推荐意见。

对问题的重要性、论文的创造性、研究的价值与意义、写作质量等进行评价，对是否可以进行答辩给出建议。也有在这里指出论文不足的。

除了写出评阅意见，一般还要求评委勾选一些如图 6-9 所示的常见打分项（有的单位要求的打分项更多），以便对论文成果的创造性、选题意义、学生的理论与专业基础、论文的写作和学位论文工作的质量是否达到要求进行判断。

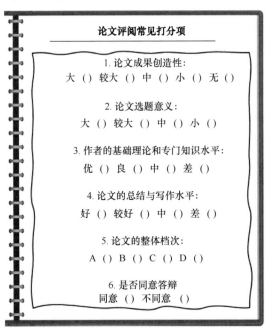

图 6-9　论文评阅意见常见打分项

清华大学于 2020 年实施了破除唯论文的研究生创新成果认定新举措。在没有发表论文的前提下，评审专家有什么二级指标可以参考，用以评价是否创造了新的知识？本书作者针对清华大学两个一级学科（力学、航空宇航科学与技术）制定了相应的二级指标来判断新知识，清华大学电机工程与应用电子技术系也采用了此二级指标。二级指标被分成了三大类：原始创新知识、对现有知识的完善，以及拓展现有知识的边界。在3.5.1节介绍了每一类的常见形式，其中带来原创知识有5种常见形式，完善现有知识有10种常见形式，对现有知识进行拓展有3种常见形式，见图6-10。

原始创新知识	对现有知识的完善	拓展现有知识的边界
① 提出了新的思想、观点、原理、理论或假设 ② 创造了新的研究方法 ③ 给出了新材料、作品、模型、方案等的设计原理 ④ 预测或发现了某种效应、行为、规律、存在、现象、趋势等 ⑤ 创造了一种过程知识，即解决问题的独特思路	① 证明或证伪了某条假设、猜想 ② 解释了某种已知现象或效应的原因 ③ 表征了某种行为、性质、特性或特征 ④ 纠正了现有认识的错误 ⑤ 解决了两个不同观点之间的冲突 ⑥ 对观察到的现象进行了分类 ⑦ 将知识体系规范化 ⑧ 得到了某理论模型的解析解 ⑨ 验证了某类方法的使用价值或有效性 ⑩ 具体化别人的思想	① 填补了某个空白 ② 拓展现有理论或方法的适应范围 ③ 把两个或多个已有的概念结合起来，展示出新的、有用的东西

图 6-10　清华大学部分院系采用的创新成果认定二级参考指标

6.5.3　积极面对论文评阅专家

在面对论文评阅专家时，不需要心生不必要的畏惧。一方面，如果自己的论文确实存在自己和导师未曾发现的重大问题，被论文评阅人指出来是一件好事。如果反过来不存在问题，却被评阅人误判，那在证据确凿情形下，本单位的分学位委员会一般会对论文评阅意见做出合理的取舍。

另一方面，应理解论文评阅专家本身也会善待论文评阅工作。

原来，对于任何同行专家，被邀请为论文评阅专家是一种学术荣誉，表明评阅人具备评价博士论文的水平、相应的学术地位且拥有责任心。

一些大学甚至还给出了写评阅意见的指南。以曼彻斯特大学为例，该校通过指南对兼具论文评阅人和答辩委员会委员角色（或者将两个角色合二为一）的内部审查人（internal examinar）和外部审查人（external examinar）的各项要求进行了几乎面面俱到的规定。这些要求包括：判断自己是否适合参加论文评审、担任评阅人的潜在好处、决定是否评阅的考虑因素、评估论文的正式准则、机构指导方针、学科指导方针、评估论文的非正式准则、对"独创性"和"对知识的贡献"的评判、标准的范围、阅读论文的策略、评审意见中包括什么等。

即使没有官方指南，论文评阅人也会通过其读研期间的所见所闻和成为导师后的经历以及导师之间的相互借鉴，形成一种满足当地学术规范的习惯性做法。

自己的导师一般会充分了解论文评阅人的职责和习惯性做法，因此，在达到（至少是自己认为的）要求之前，一般不会允许贸然送审。一旦送审，就表明站在导师的视角，论文应该可以考虑答辩了。

即使论文确实有问题从而没有通过论文评审，但有了这样的评阅意见，也有助于我们更快地完善论文工作，争取尽早毕业。

考虑到以上因素，我们选取论文评阅人时，应做好能通过评审的心理准备。鉴于此，可以同时考虑选择评阅人的原则，以争取一些其他合理的利益。

论文评阅分为公开评阅和隐名评阅两种。

对于隐名评阅专家，各单位一般会随机从专家库选取。可以通过导师及时向单位要求更新与自己研究方向相关的隐名专家库。

对于公开评阅专家，一般有两条基本原则用于选取公开评阅专家。

第一条原则是，通过选择论文评阅专家，提前落实一些答辩委员会成员，因为从论文评阅专家产生答辩委员会成员是一种自然选择。

第二条原则是，通过邀请评阅论文，让同行专家认识和了解（研究生）自己。

对于第二条原则往往有意想不到的效果。例如，如果你的论文工作有突出的地方，那么论文评阅人可以在自己的工作中参考你的工作。例如，论文评阅专家弗兰斯瓦·弗勒布瓦（Francois Feuillebois）在他 1998 年发表的论文[2]的摘要中，对其评阅的一篇博士论文的工作进行了引用，原来，该博士论文工作中提出了一个理论模型，后来成为该论文评阅专家即弗勒布瓦（该专家出现在图 4-13 所示的致谢中）的一个实验研究对象。又如，一些专家（所在单位）可能需要引进博士毕业生，邀请其作为论文评阅专家可以提前建立联系，产生额外的工作机会。除此之外，还提供了让同行专家认识自己的机会。

6.5.4 如何面对论文的评阅意见，尤其是棘手的意见

管理部门收齐论文评阅意见后，一般会请相关学科分学位主席签署评审结果。以博士生为例，在评审结果通知中，一般会先列出各评阅人针对类似于图 6-9 的打分项的统计结果。分学位主席依据评审结果，一般会做出同意申请答辩、复审、复议、重新送审等选择：

（1）同意申请答辩。此时，可能只需要对学位论文进行适当或少量修改，不需要寄回评阅人给进一步意见。

（2）复审。如果有评审专家有异议但可以在短期内处理好，此时按评阅意见修改后邀请原有专家复审。

（3）复议。如果评审结果在自己看来不公正，需要申辩，那么可以申请复议。

（4）重新送审。指学位论文尚未达到要求，需要做重大修改，再重新送审。

不难看出，某些选择，例如复议，需要分学位主席与研究生导师共同做出决定。

如果允许答辩，可能还会建议是否抽查。在打分项出现中的情形下，可能会要求抽查。如果抽查，答辩时导师不作为答辩委员会成员。

无论何种情形，论文评阅人均会指出不足甚至错误，因此需要做好审回后立即修改的准备。由于不同评阅人审回时间不一，因此一种提高效率的做法是，每收到一份就立即按要求修改。

可能会遇到一些棘手的情形：

（1）自己和导师明显感觉自己的学位论文比另外一名同学的学位论文工作要好，但评阅意见却反过来，得分没有另外一名同学高。

（2）论文评阅意见写得草率，或者论文评阅人根本就不是同行专家，给出的意见无法参考。

（3）论文评阅打分项的大项分与小项分的集合缺乏一致性。例如，小项分都很高，但大项分很低，或者反过来。

（4）不同评阅人的评阅意见差异很大，尤其是打分项的差异很大。例如，有的认为是优秀，有的认为只能算合格甚至不合格。

遇到棘手情形时，如果认为不公正，尽量用文字形式向分学位主席申辩，以便得到最好的处理结果。这些处理必须有记录，因为在答辩和学位审议时，委员们还能看到评阅结果，在面对质疑时，有记录的申辩处理会使得相关专家（在学位审议时，一般需要由委员介绍每位研究生的论文评审与答辩情况）在面对进一步质疑时有准备。

6.6　论　文　答　辩

通过论文答辩是最终获得学位的必要条件，论文答辩的一个重要特征是，需要回答评委的问题，且面对质疑需要进行辩论，即论文答辩离不开"答"与"辩"。论文答辩往往具有评委职能全、答辩流程严谨和答辩过程长等特点。各单位会对论文答辩需要准备的资料、答辩的组织形式（答辩委员会的组织与组成、答辩预告、答辩委员会等）、答辩过程（流程）和答辩结果处理方式做出详细的规定。不同单位，尤其是不同国家的学位论文答辩有一些差异。这里简要介绍国内一些常见的答辩形式。

6.6.1　答辩委员会，创新点与学术亮点

答辩时，你的答辩委员会除了有一般的答辩委员会成员外，应当还有至少两名会行使其他职能的委员。

（1）论文评阅人：答辩委员会成员中至少有一名论文评阅人，该评阅人对论文较为熟悉，可能会提出更细致深入的问题。不仅如此，该论文评阅人还会向答辩主席介绍你的工作，这对撰写答辩决议有重要影响。为此，准备 PPT 和答辩时，需要重点熟悉该评阅人的评阅意见。

（2）分学位委员：答辩委员会一般会包含一名分学位委员（即答辩后参与审议你学位的成员），该委员将在分学位审议会上依据你的答辩表现简介你的工作，以便其他分会委员投票时有依据，因此你的答辩能留下可圈可点的印象十分关键。

当然，其他答辩委员会成员也不能忽视。

我们往往需要在学位论文和答辩报告的总结部分给出所谓的创新点（对于硕士生，则可能只要求提"贡献"）。然而，我们从国际期刊论文的总结和审稿要求中，很难看到关于创新点的说法。于是我们可以从字面来推断，创新点有可能是学位论文创新性贡献的要点，是可以用少数几个条目（如三个）概括的创新性贡献。可以参考 3.5.1 节或 6.5.2 节介绍的带来原创知识的 5 种常见形式、完善现有知识的 10 种常见形式和对现有知识进行拓展的 3 种常见形式来归纳创新点。对于每个条目，在指出其创新点是什么的同时，指出其价值。

下面我们想象或虚构几个不一定与自己学位论文密切相关的几个创新点：

（1）提出了……理论，该理论挑战了……的假设，为……问题的深入研究开辟了新的方向。

（2）发现了……现象，该现象的发现为……找到了解释。

（3）为……这类问题的处理给出了独特的方法，为解决……提供了新的思路。

（4）提高了……可靠性，为解决更复杂的……问题创造了条件。

（5）将……提出的……推广到了……，拓展了……的使用范围。

（6）应用……提出的……，验证了……的使用价值。

（7）开发了制约……发展的……，使得……效率提高了 10 倍，有望被相关行业使用。

上面提到的论文评阅专家往往可以帮助进一步提炼创新点或贡献，尤其是写在答辩决议中的创新点或贡献。

在某些情况下我们可能需要用一段话总结我们工作的学术亮点（例如某一章的学术亮点和全文的学术亮点）。

学术亮点可以包含两部分。

第一部分用于高度概括论文的五个要素，按顺序介绍问题是什么、目的是什么、方法要点是什么、重要结果是什么以及结果的意义是什么。第二部分用精练的语言介绍最突出、最独特、最具创新性的贡献是什么，可以是全文创新点的归纳，也可以只交代其中最吸引人的，如方法或思路的独特创新或重大发现。

在学位审议时，往往需要提供学术亮点，由上面提到的参加答辩的分学位委员介绍。

6.6.2　如何面对答辩中的演讲

我们在自己答辩之前参加的许多答辩自然会形成我们自己答辩报告的参照。下面的 10 条提示也许能为我们进一步改进答辩报告提供更多视角：

① 突出每一页幻灯片的主题并将其用作标题；

② 尽量用短语替代长句子；

③ 优化排版；

④ 控制图形、表格与公式等对象的数目；

⑤ 使用不同语气区分不同来源；

⑥ 充分认识到前三页幻灯片的重要性；

⑦ 特别注意引言的要求；

⑧ 核心内容重组建议；

⑨ 强调结尾的艺术；

⑩ 掌握时间与时间分配。

现在对每一条提示进行说明，其中第①条至第⑤条内容可以进一步借鉴 5.4.3 节介绍的一般学术报告的 PPT 的要求。

1. 突出每一页幻灯片的主题并将其用作标题

每一页幻灯片应有一个与本页内容密切相关的主题作为标题出现。例如，介绍某一假设时，以假设名称作为标题，介绍某一条结果时，以主要结果作为标题。不同主题的内容应分配到不同页面之中，或者在一个更大的主题下作为不同子内容出现。这如同论文的大纲，可以起到导航作用，评委看到标题就大致了解你当页幻灯片的内容了。

2. 尽量用短语替代长句子

为了避免一页的文字太多，可使用包含关键词的短语句来交代你的意思。这些短语单独出现时并不要求满足语法规则，但在你演讲时需要采用完整的满足语法逻辑的句子。例如，幻灯片里面有一个短语"气候变化的影响"，那么演讲时可能表达为"已经知道，气候变化具有下面四个方面的影响"。

3. 优化排版

优化排版后，不仅视觉效果好，而且更容易理解。建议排版时考虑如下几个方面：

条目可定位。如果使用条目排列内容，建议不用大点作为条目符号。用数字或字母序号容易定位，这样，评委提问时，可以明确指出是第几条，否则还需要数数。

统一文法风格，统一文献引用风格，统一字体（至少对于相同内容，统一字体）。字体大到让最末排的观众能看得清幻灯片里的主要元素。

有的颜色在投影屏上会失去本来色彩，或者看不清。因此，除非必要，尽量不要使用彩色文本。

一页幻灯片有不同内容或条目时，按某种逻辑顺序（如时间、重要性、繁简、因果等）排列内容，且逻辑顺序按由左到右由上至下匹配。

尽量下载一些经过排版设计的模板，在其中填写自己内容。例如，一些资源（如 Slide Team 网站）可以提供为引言、文献、方法、结果和讨论等专门设计的PPT模板。詹姆斯·海顿在他自己的网站给出了制作PPT的其他一些要求。这些要求涉及避免花哨的背景、尽可能避免使用动画、翻页注意事项等。

4. 控制图形、表格与公式等对象的数目

除非用于对比或关联，一页幻灯片尽量不超过一幅图形（可以包含子图）。一幅图占的页面尽量不到半页。一页幻灯片不能有太多数学公式，只放关键的公式，可以用文字或口语介绍其推导、意义和作用。

5. 使用不同语气区分不同来源

使用不同语气区分对通用知识、文献知识和自己的贡献的交代。对于通用知识可以使用"我们知道"启动介绍。对于文献知识可采用"据某文献研究"启动介绍。对于自己的贡献可采用"我们得到""我们给出"或相似短语启动介绍。如果不愿意使用"我们"，也可以说成"本文"。

6. 充分认识到前三页幻灯片的重要性

前三页分别是首页（标题页）、简介与内容提要。任何人都会聚精会神地注视最先出现的三页幻灯片。如果起始的三页幻灯片效果不好，观众就会对余下的演讲不抱希望。

（1）首页与开场白。

首页包含硕士论文或博士论文答辩报告、用醒目的字体给出论文题目、学生姓名、导师姓名+职衔、一级学科或专业学位类别名称、单位（院系或对等机构名称）、日期+地点。

首页用于开场白。好的开场白让你接下来更顺畅。起调不宜太高，就像唱歌起调太高会唱不下去一样。说明首页幻灯片时，尽量不要看屏幕，而要面对评委。一般不会记不住题目、导师姓名和自己的姓名。

建议的开场白：一边用诚恳的表情环视一圈答辩委员会成员，一边念"各位

答辩委员会老师，你们好！我论文的题目是……，我的导师是……老师（职衔高的应将'老师'改为'职衔'，如'我的导师是……院士'）。现在向各位评委老师汇报我的具体工作"。

不建议的口语："欢迎各位老师参加我的汇报或答辩"。（欢迎词应该是主持人说的）

（2）论文工作简介。

论文工作简介可概括本论文面对的问题是什么，问题的来源是什么，概括论文开展了什么工作，必要时指出目标是什么。

建议：论文简介所包含的信息应尽可能简练，以一分钟的时间交代完，最后接一句口语"下面是具体内容介绍，先看内容提要"，并翻到下一页内容提要。

（3）内容提要。

第三页是内容提要。不超过 7 个条目。核心内容的标题应尽量揭示主题或重要结论（不能写成第 n 章）。在每一条目对应的内容出现的起始位置，应重复出现内容提要一页，并将对应条目的颜色加深。

口语建议：以"报告分为如下几个部分"开始，接着念完各条目，最后是"下面介绍第一个方面引言"。

7. 特别注意引言的要求

引言的目的是交代问题的来龙去脉并给后面介绍核心内容进行铺垫。书面论文的引言需要从引言的逻辑结构介绍三部分内容。对于 PPT 演讲，也需要突出这种逻辑结构。

第一部分是研究背景及其意义。以第三者的角度从背景引出需求，以需求牵引研究主题。这部分内容可以用一页 PPT 展示。如果研究主题涉及比较重要的专业术语或概念，则可用另起一页对具体术语或概念进行适当讲解，必要时采用示意图。所谓重要性，要么是对更宽广的领域有价值（横向价值），要么对推动一件事情的发展有价值（纵向价值），要么本身重要（提出一个原创主意）。

第二部分是研究现状。围绕研究背景中的需求和研究主题，交代研究动态。首先介绍如何来综述文献。接下来是文献综述的主体：可以按研究历史、研究方法、理论或作者分类；通过总结、综合和评估来分析文献。最后给文献综述下结论，用于总结你从文献中获得的主要发现，并强调其意义；通过总结遗留的问题和需求，把它和你的主要研究问题联系起来。

第三部分是本文工作。按顺序交代：为了满足背景中的需求，现有研究遗留了什么需要进一步研究的内容；本文将研究其中的什么内容；本文的研究目标；本文的研究思路（或理论框架）。本文工作介绍尽量不要超过两页，其中研究思路最好是单独一页。

引言用于提出问题，并指出问题的重要性。需要强调的是，还有不少其他方式产生问题，将如何定义或寻找研究问题/对象？如果问题来源于企业，可以在研究背景中介绍。

引言还引出本文研究思路（或理论框架）。

你的研究就像要在地图上找到一个要到达的目标，你给一个卫星地图，在上面清晰地标明了路径和关键切换路口，哪里该换乘什么交通工具，哪里有崎岖道路。

可以指明你采用了什么方法（现有的、改进的、自创的），经过什么主要步骤，突破什么关键问题，获得什么结果，分析什么等。

研究思路一定要简单明了，让评委获得了一个概要，接着往下听就轻松多了。介绍研究思路时可以减缓语气。

引言的介绍常见的不足是，引言的三部分内容各自为政，没有形成逻辑关系，没有厘清问题的来龙去脉和建立上下文关系。具体而言：

研究背景中未指出需求，未牵引出实现该需求的研究主题应该是什么。

研究现状讲得太细，但没有提炼要点，没有围绕背景中的需求介绍动态。

本文工作没有呼应研究背景中的需求，没有结合研究现状遗留的研究内容来引出自己的内容。

8. 核心内容重组建议

研究方法、研究结果和研究结果的分析是核心内容。书面学位论文有足够的篇幅展开这些内容，但 PPT 演讲有时间限制，因此无法将论文中的全部内容不加区分地一章接一章地拿来介绍，好像在快速宣读书面论文一样，还需要选择与重新组织内容。有三种安排方式可选，具体选哪种，可以与导师商量。

第一类安排方式：第一部分交代方法、第二部分交代结果、第三部分讨论结果。这种方式中规中矩，适合这三部分内容权重接近的论文。

第二类安排方式：按解决的问题进行分类。这种方式适合解决了几个不同的重要问题的论文。

第三类安排方式：先交代完成了哪些工作，接着按顺序交代主要贡献。这种方式适合包含几个特别重要的、特别新颖的贡献的论文。

无论选择何种方式，可以突出重点和难点，尤其突出意外的发现，突出自己独到的思路。在核心内容部分适当引用相关文献，尤其是用到的别人的方法，有不同于别人的结果和超越别人的地方。依据本文原创、别人的观点和常识等区分语气。

9. 强调结尾的艺术

在介绍核心部分的内容时，由于复杂程度高，难免会有一些失误或者卡壳，但这些不足可以通过好的结尾"捞回来"。结尾是结论与展望，此时，可以像背书一样念为此精心准备的 PPT，以避免卡壳和失误。

首先概括论文工作：概括论文针对什么问题、做了什么工作、有什么最重要的结果、是否实现了目标等。

清晰地提炼创新点：以条目形式罗列主要创新点，数目不要超过 4 条，并指出这些创新点有什么重要性或作用。创新点可以是提出了一个独特的问题，可以是想到了一个解决问题的特殊思路，可以是一个重要的发现，也可以是一个不一样的见解。需要用一句话总结每个创新点的创新之处、重要性及其意义。

给出展望：指出论文工作的不足、提出了什么值得进一步需要开展的工作、个人有什么打算。

最后可列出致谢对象。可以在最后一页列出致谢对象作为结尾。

结尾时应面向评委，用"我的汇报完了，谢谢各位老师！"结束，避免在结束时拖泥带水、侃侃而谈。那些本由答辩委员会主席说的话，如"现在请评委老师提问"，应由答辩主席来说。

10. 掌握时间与时间分配

各单位对答辩人汇报 PPT 的时间可能有所规定。

如果答辩流程规定了宣讲 PPT 的时间范围，那么建议取最短时间。例如，如果答辩流程规定用30～45分钟宣讲 PPT，那么尽可能按30分钟演讲时间来准备 PPT。

那么如何分配各部分时间呢？

由于核心内容的组织存在前述的三种不同情况（见核心内容的重组建议），因此很难统一地规定各部分所占的时间。凯特·赫米恩（Kate Hemeon）于 2020 年在加拿大网站 msvu 上发表的题为 "Preparing for a thesis defense" 的文章建议将内容分成研究目标、文献综述、整体思路、研究方法、发现和建议几个部分，提出的相应的时间分配如下。

研究目标：2 分钟。

文献综述和整体思路：5 分钟。

研究方法：5 分钟。

发现：10 分钟。

建议：5 分钟。

如果按上面的构成分配时间，那么再加上开场白和其他一些时间，总的时间应控制在 40 分钟以内。

在时间分配上，不管得到什么建议，需要将主要时间留在那些能打动评委，让他们记住要点和能突出你的特点和贡献的内容上，而不应机械地为了平衡各部分要素来分配时间。

迪·皮尔（Di Pierr）于 2010 年在 asq 网站上发表的题为 "Preparing for the oral defense of the dissertation" 的文章提供了准备答辩的更多建议。她指出，对许多博士生来说，博士论文答辩——博士研究的顶点——存在于遥远的未来。但如果不给出警示，他们会自认为这是一道屏障。他们想知道，作为研究生，他们将如何或是否会设法完成这一 "最后的表演"，并作为真正的学者进入学术领域。学生们从来没有像他们所希望的那样为这场活动做好准备。这一通过仪式作为一个神秘和未知的事件，一个哥特式的恐怖（Gothic terror）在他们面前时隐时现。当然不应该是这样，一些预先的考虑和准备将会大大增强信心。皮尔还给出了一些有助于学生控制这种令人紧张的感觉并将其转化为令人兴奋、难忘和快乐的事件的建议。

6.6.3　如何面对评委的提问

答辩时不仅需要通过宣讲 PPT 来展示自己的工作，而且需要回答评委的提问。评委的提问也会包含质疑，虽然最终通过后都会给予祝贺。既然是答辩，那么就需要答和辩，即当被质疑时，就需要为自己的论点辩护（defense）。为了突出以评委为中心，需要像前面介绍的一样精心准备 PPT 和汇报，让 PPT 适合讲，避免由于讲得不到位、重点不突出而增加回答质疑的难度。

由于回答问题很重要，因此需要事先了解可能存在的问题。常见的问题可能较多，除了与论文工作本身密切相关的问题，可能还有一些共性问题。Artistswithavision 网站在题为 "List of 20 common thesis defense questions you should be prepared for" 的文章中归纳出了 20 个常见问题，其中一些问题与特定学科相关，而以下 10 个问题可能是共性问题：

（1）你从所做的研究中学到了什么。

（2）你为什么选择这个特定的主题，你在这项研究背后的灵感是什么。

（3）你研究的重要性是什么，它将如何对现有知识体系做出贡献。

（4）总结你的主要研究发现。

（5）你为这项研究做了什么类型的背景研究。

（6）你为什么选择这种特定的方法进行研究。

（7）你的假设是什么。

（8）你如何将你的研究与现有理论联系起来。

（9）这项研究的未来领域是什么。

（10）完成学位后，你打算做什么。

常见问题也可以概括为七大类。下面给出这七大类问题和应答建议。

（1）评委要求针对论文工作本身产生的或使用的某概念、术语、方法、发现或结论等提供解释或更多说明——用尽可能简洁的方式解释，坚信没有人比自己更熟悉自己的工作。

（2）评委问一个与论文工作密切相关的常识性问题或专业知识问题——依据自己的知识掌握程度来回答。

（3）要求指出最重要的贡献或要点是什么——需要提前准备好这类问题（如创新点、关键技术、最重要发现和主要结论等）的回答。

（4）评委指出论文工作的不足或错误——如果不是错误，澄清一下；如果是错误，则答应将改正过来。

（5）评委指出回答问题时的不足或错误——哪怕评委错了，尽量避免针锋相对（可以参考上面第（4）条的应对方式）。

（6）评委对工作做一番评价——这种评价往往是观点类和建议类，一般不需要除礼节性回应以外的其他解答。

（7）评委之间产生分歧，提问转为争论——不主动介入争论，除非被评委邀请介入争论，或者等时机成熟时介绍有助于平息争论的看法。

在回答问题时，表情、专注、礼节、卡顿、时间和被打断等均需要有所考虑。

（1）表情。

回答问题时应尽可能避免像背书一样的表情，注意恰到好处的目光对视方式，尤其避免死盯着提问者。

（2）专注。

专注于回答学术问题，避免节外生枝。在接到问题后直接回答问题，不宜先对评委进行一番评价，例如，不要脱口而出"您的知识真渊博"和"没想到您能提出这么好的问题"之类的话。

（3）礼节。

提前想好回应每一类提问的礼节性语言。例如，提前想好如何以致谢来启动每一个回应，提前想好出现重复问题、错误问题、无关问题和刁钻问题等可能让你不开心的问题时的礼节性应对方式。

（4）卡顿。

如果确认不知道答案，先停顿一下（表明在思考），最后简单地以某种方式回复回答不了。例如："对不起，确实不知道如何回答"或"抱歉，我真的想不出答案，往下会思考或学习您提出的问题"。

（5）时间。

回答问题时尽可能在回答完整和言简意赅中取得平衡，有效把握回答问题的时间长短。例如，小的问题简要回答，大的问题适当展开。在回答问题时也需要注意控制自己回答问题的时间。尽可能言简意赅地完成一个问题的回答，避免绕圈子和将自己绕进去。

（6）打断。

如果在汇报过程中被评委提问打断，应尽量简洁回答，如果无法简洁，可请示在汇报结束后再回答，以免耽误汇报和打乱思路。

需要指出的是，不同文化背景的评委可能对各项注意的理解会有所差异。以"专注"为例，一些人认为对其进行评价是某种居高临下的表现（表情和语气不合适的话还会被理解为奚落或嘲笑），也可能有一些人认为是对其恭维且乐意听到恭维。又以"时间"为例，有的确实希望你言简意赅切中要害，有的则认为高谈阔论旁征博引更展示水准。考虑到不同人的这些差异，应尽量避免节外生枝，专注于回答学术问题。

6.6.4　答辩决议书

虽然答辩决议书是答辩委员起草和定稿，但作为研究生，我们可以了解答辩决议书的构成和要求。下面仅仅以博士论文答辩决议为例进行介绍，硕士论文答辩决议理论上类似，只是要求的程度低一些。

常见的答辩决议分为四部分——选题与工作及其意义、贡献或创新点总结、工作质量和能力评价、建议。所在单位对答辩决议书的字数可能有限制，另外，答辩决议是独立阅读的文本，一般不会有无法辨认的符号和缩写语。

1. 选题与工作及其意义

指出论文面对的问题是什么，指出问题的重要性，指出论文完成了什么主要工作，指出最主要的研究结果或结论，指出选题以及相关研究成果对领域（或学科或方向）具有的学术（或工程或社会）意义（或价值或影响）。

2. 贡献或创新点总结常见模板

对论文工作主要贡献/创新点进行归纳，总数一般不超过三条，超过三条时可以整合成三条。一般会指出贡献/创新点及其意义、作用或价值（见6.6.1节）。

3. 对工作质量和能力评价

一般会指出论文工作是否表明作者掌握了本学科坚实宽广的基础理论和系统深入的专门知识（知识的广度与深度的评价），是否具有独立从事科学研究的能力（对科研或其他能力的评价）。对论文整体科学质量（可指出独创性、创造性、创新性、洞察力、批判性思维能力等是否突出）、对知识与学科的贡献（可指出是否极大地扩展了以前的研究、是否具有非凡的理论或应用价值、是否具有非凡的发表价值、是否具有深远的影响力或影响潜力）和学位论文写作规范和学术规范（书面写作能力）进行评价。对答辩过程表述是否清楚，回答问题是否正确（答辩能力和口头交流能力）进行评价。

4. 建议

一般会提到，答辩委员会经讨论和无记名投票表决，认为论文达到了博士学位论文水平（指出是否达到学位标准，进一步可以指出是否为优秀论文），一致同意通过博士论文答辩（指出是否通过答辩），建议授予……同学……（指出学科门类或专业学位类别）博士学位（给出最终推荐意见）。

6.7　学位审议、学位授予与毕业典礼

通过答辩的研究生，在满足《中华人民共和国学位法草案》规定的一般性要求、满足培养计划规定的要求（如课程学分要求，通过了资格考试、选题报告、预答辩、答辩甚至社会实践）、学位论文满足通过查重和纪律满足要求等前提下，可以申请学位，先通过学位审议，再通过学位评定，最后可以获得学位。

6.7.1　学位审议与学位评定

各学位授权点会依据《中华人民共和国学位条例》和《中华人民共和国学位条例暂行实施办法》结合本单位学科特点制定本单位学位授予实施工作细则。例如，清华大学制定的《清华大学学位授予工作实施细则》（2019 年），对学士学位授予、硕士学位授予、博士学位授予、名誉博士学位授予、委托给学位评定分委员会的学位审议规则、学位撤销等做出规定。

各学位评定分委员会往往依托院系建立，负责一个或多个相近的一级学科。一般设立分学位主席一名，副主席两名左右，分委员的委员覆盖各负责一级学科的所有二级学科研究方向。学位评定分委员会制定所负责的一级学科的培养方案（包括课程设置和各培养环节需要满足的要求），最终逐个审议研究生的学位。

在学位审议过程中，原则上对拟申请学位的研究生的综合素质进行全面介绍。未能遵纪守法、不符合国家对研究生的基本要求、论文未能通过查重等可能会导致无法授予学位。在学位审议会上，针对每名博士生和硕士生，会有一位参加了答辩的分学位委员介绍答辩情况和论文的学术亮点（见 6.6 节）。最后由全体与会委员对每一名研究是否通过学位审议进行投票。学位审议通过的研究生，将提交学位评定委员会（在高校，学位评定委员会依托在学校，往往由校长担任主席）最终评定是否可以授予学位。

6.7.2　学位授予，工程硕士、工程博士与名誉博士的特殊性

在 1.3 节已经指出，学术学位按学科门类（的名称）授予，专业学位按专业学位类别名称授予。以"教育学"学科门类为例，在其一级学科"体育学（0403）"完成培养的博士生授予"教育学博士"学位，而在其专业学位类别

"应用心理（0454）"完成培养的博士生授予"应用心理博士"学位（而不是按学科门类授予教育学博士）。又以"文学"学科门类为例，在其一级学科"新闻传播（0503）"完成博士培养的授予"文学博士"，而在其"翻译（0551）"专业学位类别完成培养的博士生授予"翻译博士"（而不是按学科门类授予文学博士）。硕士学位的授予也类似。

在公开的清华大学硕士学位证书和博士学位证书样本中，按顺序出现的照片、姓名、性别、校长签字和证书编号。正文部分除了给出学位获得者的姓名、性别和出生日期外，其余部分的内容如下：

"经审核，符合本校计算机科学与技术学科硕士学位授予规定，依据《清华大学章程》，特授予其工学硕士学位。"

"经审核，符合本校计算机科学与技术学科博士学位授予规定，依据《清华大学章程》，特授予其工学博士学位。"

这里的"计算机科学与技术"便是一级学科的名称。"工学"是学科门类名称。

对于专业学位类别，我们以清华大学针对专业学位类别"0451 教育"的博士学位证书为例来进行说明。专业学位类别"0451"属于教育学学科门类下的专业学位类别（图 1-6）。在学位证书上有正文内容：

"经审核，符合本校教育专业学位授予规定，依据《清华大学章程》，特授予其教育博士学位。"

这与学术学位的正文内容稍有区别，除了标注专业学位类别，学位也是按专业学位类别授予，而不是按学科门类（教育学）授予。

工程硕士和工程博士是一种很特殊的情形。在 2020 年前，直接授予工程硕士或工程博士学位，文字表述为：授予其工程硕士学位，或授予其工程博士学位。从 2020 年开始，工程硕士和工程博士按图 1-6 中工学门类下的电子信息（0854）、机械（0855）、材料与化工（0856）、资源与环境（0857）、能源动力（0858）、土木水利（0859）、生物与医药（0860）和交通运输（0861）八个专业学位类别招生，按这八个专业学位类别名称授予学位。

也有一种学位叫名誉博士，此时，学位证书上不出现学科与学科门类。例如，2019 年 4 月 26 日，普京被授予清华大学名誉博士学位。从公开的证书上可以看到，证书封面标注"名誉博士学位"，证书内所标注的内容为："根据《中华人民共和国学位条例》规定，清华大学授予弗拉基米尔·弗拉基米罗维奇·普京名誉博士学位（加校长签章和日期）"。

学位授予仪式，如果有的话，往往发生在毕业典礼的同一天。

6.7.3　毕业典礼

研究生毕业典礼是高校的重要仪式之一。这个仪式标志着研究生们完成学业，开始踏上新的职业道路。除了是对毕业的庆祝，通过这个典礼，毕业生们可以得到激励、加强联系、彰显成果，这对他们的未来发展具有不可估量的价值，为毕业生们今后的职业生涯提供支持和帮助。

在研究生毕业典礼上，学校领导、教师、校友甚至学界名人会发表演讲，分享他们的人生经验和对未来的期望。这些话语激励着毕业生们迎接未来的挑战，实现自己的目标。同时，毕业生们也可以通过典礼表达自己的感慨和心情，这有助于他们更好地面对未来的人生。

研究生毕业典礼是一次重要的社交活动，毕业生们可以与同学们和老师们建立更紧密的联系。毕业生们也可以与校友们建立联系，这对于未来的职业发展来说是非常重要的。通过这个典礼，毕业生们也会更加了解自己所在的学校，这有助于他们更好地为母校争光。

在研究生毕业典礼上，优秀的毕业生们会受到表彰，这是对他们在学术上取得成就的肯定。这对于学生们来说是非常重要的，因为他们的努力得到了认可，这也对他们的未来职业发展有着很大的帮助。有时，毕业典礼也是学校展示自己学术成果的机会，吸引更多的学生和教师前来学习和研究。

毕业典礼也许是我们读研生涯的名义终点。朱丽于 2023 年 5 月 8 日刊登在参考消息文化·双语栏目上的文章"Ritual/仪式"指出，如果缺毕业典礼，那么学生时代似乎就差了那个完结的句号。虽然她的文章针对的是一般仪式，但可以把她归纳的关于仪式的说法（图 6-11）用在毕业典礼上。

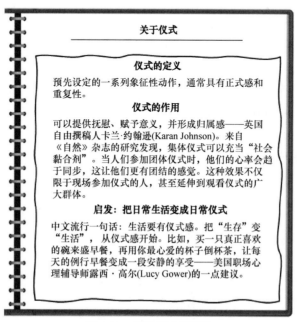

关于仪式

仪式的定义

预先设定的一系列象征性动作，通常具有正式感和重复性。

仪式的作用

可以提供抚慰、赋予意义，并形成归属感——英国自由撰稿人卡兰·约翰逊（Karan Johnson）。来自《自然》杂志的研究发现，集体仪式可以充当"社会黏合剂"。当人们参加团体仪式时，他们的心率会趋于同步，这让他们更有团结的感觉。这种效果不仅限于现场参加仪式的人，甚至延伸到观看仪式的广大群体。

启发：把日常生活变成日常仪式

中文流行一句话：生活要有仪式感。把"生存"变"生活"，从仪式感开始。比如，买一只真正喜欢的碗来盛早餐，再用你最心爱的杯子倒杯茶，让每天的例行早餐变成一段安静的享受——美国职场心理辅导师露西·高尔（Lucy Gower）的一点建议。

图 6-11　关于仪式的说法

参 考 文 献

[1] 廖玮. 物理学思维的艺术. 物理, 2021, 10: 703-709.

[2] Range K, Feuillebois F. Influence of surface roughness on liquid drop impact. Journal of Colloid and Interface Science, 1998, 203(1): 16-30.

第7章 如何营造快乐的学术生涯

本章从快乐的相对性和可能性出发引出有助于研究生快乐地度过学术生涯的四个方面，并进行探讨。这四个方面分别是尽量避免退学与延期毕业，安全与健康地读研，主动创造快乐和理解存在提高效率的途径。对毕业之后的快乐生涯所进行的展望也会增强我们度过研究生学术生涯的信心，因为只有回望过去、直面今天和展望未来，才能将我们的读研生涯撰写成一个完整甚至完美的故事。作为本书的结尾，本章最后回到研究生学术生涯导航这一主题，建议研究生用个人的分析能力，构建出自己不同特征、条件、专业和环境的、个性化和动态化的导航图，辩证地引导自己更顺利地度过研究生学术生涯。

7.1 快乐的相对性与可能性

图 7-1 给出了几类与快乐读研相关的问题。我们不难理解为何要关注影响快乐的各种因素、快乐的影响，以及获得快乐的途径等，但可能会忽视什么是研究生级别的快乐这一问题。一些细微的事情，如品尝美餐或丢了钥匙，可能让我们一时变得更快乐或更不快乐。这种可能发生在任何人身上的短期体验不

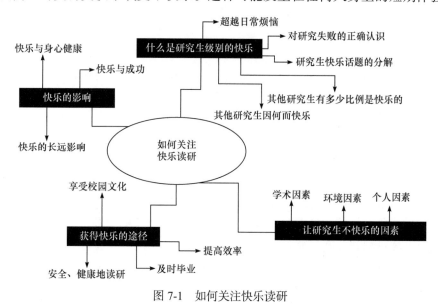

图 7-1 如何关注快乐读研

属于研究生级别的快乐所关注的内容。研究生级别的快乐是与读研本身相关的快乐，即在实现读研阶段目标和最终目标过程中与读研事件相关的快乐，尤其是长期快乐。

为了快乐读研，我们需要认识什么叫研究生级别的快乐，避免延期毕业，注意健康与安全，主动营造快乐的环境，提高工作效率并为毕业后的长期快乐奠定基础。其中，提高工作效率也是主动创造快乐的一种方式。研究生级别的快乐包含了毕业后的快乐。我们将在本章其余部分讨论这些与快乐读研相关的话题，其中与研究生级别的快乐相关的部分概念将在本节剩余部分讨论。

快乐是一种主观体验，因此很难用指标来衡量。如果用满意度来衡量快乐，那么可以看到一些统计数据。《自然》杂志 2019 年发布的博士生调查报告[1]显示，对读博表示满意的博士生比例高达 74%，只有 16%不满意（有42%的人表示满意度与日俱增，45%满意度与日俱减，13%没有变化）（图 7-2）。可能受疫情影响，2022 年发布的调查报告[2]显示，只有60%的博士生表示满意，不满意的为 25%，另外有 68%的硕士生表示满意，不满意的为 15%。

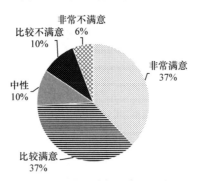

图 7-2　博士生读研满意度调查结果

进一步可以从满意的理由来理解是哪些因素让自己变得快乐。据 2019 年《自然》杂志的调查报告[1]，在给"你最因什么而满意"的单选问题的回复中，迎接智力挑战高达 38%，与趣味性和聪明人共事是 18%，校园/学术环境是13%，创造力驱动是 11%（图 7-3）。

本书前六章是研究生关注的六个大主题，可以依据这六个大主题对研究生级别的快乐进行某种形式的分解，被分解出的六个问题如下：

（1）是否能实现期待中的读研目的。

（2）读研前的准备是否顺利，例如是否找到了合适的导师。

（3）是否顺利开展研究。

（4）是否顺利写出学位论文或者进展顺利。

（5）打交道时是否顺畅。

（6）读研的各个环节是否顺利通过。

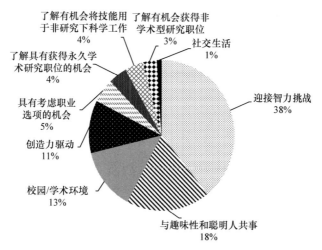

图 7-3　因何对读研满意

报告原文数据加和不为 100%，可能是四舍五入带来的问题

　　如果针对某个问题的答案是肯定的，那么就可以说，我们就那个问题是快乐的。

　　如果进一步细分，可以针对每个主题的不同方面或不同阶段分解出是否顺利。进行这种分解后，我们肯定会找出一部分是让我们快乐的，一部分是让我们不快乐的。当我们在某个阶段遇到困难时，我们可能变得不快乐，但克服困难后，我们可能又快乐起来。因此，快乐与否理当具有周期性，关键在于我们如何理解和体验快乐，以及权衡各种顺利与不顺利对我们的综合影响。

　　《自然》杂志 2019 年发布的博士生调查报告[1]讲述了玛丽娜·科瓦切维奇（Marina Kovačević）的故事，指出她是超时工作、过度劳累和前途未卜的博士生的缩影。调查提到，作为塞尔维亚诺维萨德大学化学系三年级的学生，玛丽娜·科瓦切维奇在没有资金的情况下开始了博士研究，这迫使她不得不兼职调酒和做服务员。两年后，当她在另一家实验室获得资助职位时，她突然从药物化学转向了计算化学。随着额外的兼职、长时间的实验室工作，以及对研究和重点领域的全面改变，科瓦切维奇成为一名过度劳累、前途未卜的博士生。然而，调查报告还指出，她很乐观，她表示，"我想这正是我想要的。我喜欢每天上班。我有很多事情要做，但我没有压力。我无法想象还有什么能给我带来这么多快乐。"

　　可见，在其他人看来可能不快乐的读研经历，在玛丽娜·科瓦切维奇自己看来，依然是快乐的。

　　玛丽安·彼得（Marian Petre）和戈登·鲁格（Gordon Rugg）在他们的专著

中指出[3]，研究生最常发出的哀叹之一是"为什么没有人早点告诉我？"如果早一点被告知的话，会减少许多困惑、沮丧、白费的努力、眼泪和痛苦。也许，本书前六章和本章其余部分涉及的一些事情，就属于那些需要被早点告知的事情。除了像玛丽娜·科瓦切维奇那样虽然很劳累但从主观上认为自己很快乐，或者《自然》杂志调查指出的诸如创造力驱动和迎接智力挑战等因素可以让自己变得满意，我们还是能够做一些事情，让我们变得相对而言更快乐。这些能够做的事情很重要的一部分构成了本书前六章的内容，还有一部分正是本章余下部分所要讨论的，它们分别是：尽量避免退学与延期毕业，安全与健康地读研，主动营造快乐环境和提高效率。不仅如此，快乐读研不应仅当作短期目标来看待，而应当作长期目标，将快乐带到毕业之后，使得我们无论处在什么阶段，都有值得回味的过去、值得庆幸的今天和值得期待的未来。

7.2　尽量避免退学与延期毕业

退学与延期毕业现象虽然在硕士生群体和博士生群体之中都会存在，但本节主要讨论博士生的退学与延期毕业问题。相关讨论对于硕士生也具有参考意义。有关退学比例和修业年限，我们主要使用国外的数据，国内研究生毕业率也许比美国要高，修业年限也许更短，但了解造成退学、实际修业年限偏长和毕业年龄过大的原因对我们确保自己及时毕业有一定的参考意义。

7.2.1　退学现象与可能原因

在人们看来，中途退学是一个令人沮丧的现象，但了解人们给出的中途退学的部分原因可以让我们正确认识这种现象。

以在美国读博为例，琼斯（Jones M）的报告指出，在那些开始攻读博士学位的人中，有33%～70%从未完成学业[4]。

《科学》职业栏目副主编凯蒂·兰金（Katie Langin）采访了 9 位最终主动辞别博士学位计划的前博士研究生，将主动退学的原因归结为三大条：对研究失去兴趣（内因）；追求不同的激情（内因）；对学术界感到沮丧（内因与外因）。相关采访稿以题为 "It's OK to quit your Ph.D" 的文章于 2019 年刊登在 Science Magazine 的 "Advice" 栏目上。文章援引（美国）研究生院理事会（Council of Graduate Schools），大约四分之一的美国理工科博士生在头三年内离开了研究生学习。

在"对研究失去兴趣"的原因中，回访者指出，选择读博一部分是源于正确原因，一部分是源于错误原因，之前推动他们进入研究生阶段的动力已经消失了。对许多人来说，并不是他们对这个课题失去了兴趣，而是他们发现日常的研究活动没有成就感。

在"追求不同的激情"的原因中，放弃博士学位并不是因为不喜欢研究，更多的是关于更愿意用时间做什么，另外对博士项目的不满也会导致新的激情的发现。

在"对学术界感到沮丧"的原因中，回访者指出，在经历了学术圈的文化之后，对学术生涯和获得博士学位不再感兴趣，且最后发现，学术生涯并不适合自己，或者与期望的不一样。

除此之外，还有其他一些原因，如骚扰、歧视、经济困难或其他与个人或职业目标无关的因素。

7.2.2　修业年限统计数据与延期毕业现象

关于博士生的实际修业年限的报道非常多。虽然历史上存在一些不到 20 岁就获得博士学位的特例，但大多数情况下，博士学位获得者的年龄都接近 30 岁，且实际修业年限与国家、学科方向、单位、导师和个人情况有关。

以修业年限与学科方向的相关性为例，2010 年，科恩（Cohen P）发表于《纽约时报》的文章 "The long-haul degree" 指出，法学院的学生三年内就可以拿到毕业证书，医学生每四年就有一个医学博士学位，但对于人文学科的研究生来说，平均要花九年多的时间才能拿到学位。又据 NCSES 的统计数据，获得科学与工程博士学位所需要的时间比其他学科所需要的时间短几年；物理学与地球科学最短，大概 6 年多一点；工程、生命科学、计算机与数学很接近，约 7 年；心理学与社会科学约 8 年；人文科学和艺术学约 9 年；教育学最长，大概需要 12 年。总之，理工科修业年限短一些，人文社科则长一些。

我们也可以看到一些博士毕业年龄的统计数据。NCSES 的博士学位调查数据表明，2016 年美国工程领域的博士生中，1.4%的人在 25 岁时获得博士学位，59.8%的人在 26～30 岁获得博士学位，27.6%的人在 31～35 岁获得博士学位，6.7%的人在 36～40 岁获得博士学位，2.2%的人在 41～45 岁获得博士学位，2.3%的人在 45 岁以上获得博士学位。2016 年美国工程科学博士生获得博士学位的平均年龄为 30 岁。

国内一项针对清华大学航天航空学院 2013～2018 年毕业的博士生的数据的统计[5]表明，55%的博士生在 5 年内取得博士学位；直博生平均需要 5.44 年才能拿到博士学位，普博生需要 4.74 年，硕转博需要 3.22 年。其中，一名学生在 3.5 年内拿到了博士学位。最长的纪录是 8.5 年。直博生取得学位的年龄分布接近对数正态分布，最有可能获得博士学位的年龄是 28 岁，获得博士学位的平均年龄为 27.8 岁。普博生的分布是一个不规则的分布，获得博士学位的平均年龄为 33.16 岁。如果三种类型的博士放在一起考虑，获得博士学位的平均年龄是 29.39 岁。这些数据与美国工程科学的数据较为接近。

7.2.3　学者提出的延期毕业迹象与原因

范鲁伊（van Rooij E）、福克布鲁因斯马（Fokkens-Bruinsma M）和詹森（Jansen E）利用两项博士候选人的数据，观测了博士论文延期的一系列原因[6]。他们的文章指出，如果出现如下迹象，就可能是不得不延期的警告。

① 博士生的研究课题不断发生变化；

② 博士生不愿意与导师沟通；

③ 博士生刻意孤立自己；

④ 博士生不愿意提交工作以接受检查。

他们指出，以下四类因素会影响博士学位完成率和/或学位完成时间：

（1）机构或环境因素：包括研究领域、单位的研究环境、项目可用的资源和设施。

（2）导师与其他帮助：导师指导的性质和质量，包括会面的频率以及从事研究的同事的支持。

（3）博士研究生的特征：包括性别、种族、年龄、是否有子女、婚姻状况、对项目的满意度、学业成绩、对项目的期望等。

（4）博士生的某些个性特征：如耐心、努力工作的意愿、动机和自信等。

对于博士生而言，机构与环境因素、导师和博士生的特征可以当作客观原因，而某些个性特征（如耐心、努力工作的意愿、动机）则属于主观原因。

范德斯舒特（van de Schoot R）等对两千多名获得博士学位的延期毕业者进行了问卷调查，被调查者的平均年龄为 31 岁，问卷内容涉及 10 个事先设定的原因[7]：

① 经历了太多实际挫折，约44%的人回复是；

② 未遵循自己的计划，约31%的人回复是；

③ 得不到足够的指导和帮助，约30%的人回复是；

④ 其他原因，约30%的人回复是；

⑤ 工作计划安排得太紧，约23%的人回复是；

⑥ 导师不断给我施加新观点和新的研究题目，约21%的人回复是；

⑦ 我的研究计划太大了，约19%的人回复是；

⑧ 生病，约15%的人回复是；

⑨ 怀孕，约5%的人回复是；

⑩ 由于教学负担重，我失去了太多时间，约5%的人回复是。

受访者还回答了开放式问题。总结而言，延长毕业的原因有三类：博士论文本身的原因、与导师相关的原因和与自身情况相关的原因。以与论文工作相关的原因为例，博士生需要做额外的工作，如撰写额外论文或统计分析所需时间超过预期，计划不周或计划变更，以及外部环境问题，如等待捐赠材料、等待伦理批准，或如一名受访者所回答的"实验因大楼的翻新而受到影响"。

7.2.4 延期毕业的特殊因素

不列颠哥伦比亚大学研究生院指出："研究型研究生与导师的关系是他们学业成功的最重要因素之一，导师最积极的成果取决于与学生之间相互开放、忠诚和尊重的关系。"

7.2.3 节提到的范鲁伊、福克布鲁因斯马和詹森在他们的文章中也特别指出师生关系的重要性：导师-博士生关系的质量、博士生的归属感、在项目中的自由度、从事与导师研究密切相关的项目这几个因素与研究生的满意度呈正相关，与研究生的退出意愿呈负相关。博士生和导师之间的匹配（match）是至关重要的，无论是在个人关系的匹配上，还是在学术关系的匹配上。后者是指博士生所从事的课题与导师的研究是否密切相关。理工科修业年限短一些，因为研究方向与导师的方向往往一致。人文社科则长一些，因为研究方向与导师的研究方向往往不一致。

各单位对研究生各个培养环节的要求和时间节点有一些规定，但研究生本人无法抱着这些手册规定来指导每天的行动，这会导致不满足一些要求或错过一些节点。以下仅给出可能出现的少数情况，更多介绍见 6.1 节中的七大类陷阱。

研究生未能按培养计划修满学分，或者一些必要课程的学分不满足要求，等毕业时还需要拖上半年以上弥补，导致延期。

研究生未及时开题。如果单位要求至少在答辩前一年完成开题，那么如果在毕业前忘记及时开题，就会导致延期毕业。

博士生未及时开展预答辩。如果要求答辩前三个月完成预答辩，那么忘记提前三个月进行预答辩的学生不能按预期毕业。

7.3 读研过程的安全与健康问题

我们日常生活需要注意安全与健康，与读研相关的安全与健康问题则有更多内涵。

7.3.1 让读研更安全：像涉水一样观察、评估、决定和执行

据丽莎·麦克达里斯（Lisha Mcdarris）于 2023 年发表在 *Popular Science* 上的文章 "How to safely cross a running body of water on foot, knowing your ABC's can save your life in the backcountry"，美国国家户外领导力学校的课程主任兼现场讲

师香农·罗谢尔（Shannon Rochelle）在谈到可能存在险情的水上穿越时，建议采取观察、评估、决定和执行四个步骤。由于这四个步骤的英文单词分别是观察（watch），评估（assess），决定（decide），执行（execute），因此他使用缩写语 WADE 来表示这些步骤。

按照谢罗尔的建议，徒步穿越水域时可能有未知危险，因此需要应用 WADE 方法，花时间扫描周围环境，观察水的流动以及它是如何变化的，试着找出水体最宽和最深的地方。然后，评估穿越是否可行，适合穿越的地方的水应该足够浅，可以轻易涉水，流速足够慢，不会摔倒，远离瀑布等危险，如果在你的位置没有安全的穿越条件，那么就需要在上游或下游寻找。给自己留出足够的时间来充分评估情况，并寻找最佳的替代方案，有时可能是原地踏步或转身。罗谢尔表示，为了减少危险，你可能做出几个不同的决定：现在不必穿越，不必在这里穿越，或者根本不必穿越。然后，就是如何执行了。

读研期间，我们难免遇到各种各样的与学业相关或与生活相关的事情，不少事情就像涉水那样，为了让自己更安全，需要观察、需要评估、需要决策、需要正确的执行，否则就会失败，或者进入无法自拔的逆境。

1. 识别不良信息

我们会有多种途径接触一些不良信息，其一是人与人之间的传递，其二是社交媒体。这里仅仅简单介绍一下社交媒体产生不良信息的情况。

类似于《参考消息》数字报于 2023 年 6 月 5 日刊登的村上春树在"作家笔下的角色从何而来"的文章中所说的，小说需要引入一些负面人物、引入一些不和谐因素的人以增加可读性，可能也是出于这个原因，社交媒体会制造一些含有负能量的信息。惠特森·戈登（Whitson Gordon）2022 年在 *Popular Science* 撰文 "How to banish toxic posts from your social feeds, Popscience" 指出，社交媒体虽然有过最有趣、无忧无虑的时期，但这样的时代过去了，由于压力以及对隐私和在线安全的总体担忧，社交媒体比以往任何时候都更具有害性。戈登还指出，解决这个问题的最快、最有效的方法当然是离开社交媒体，但也会错过这些平台提供的好东西。

社交媒体一些刻意为吸引人设计的信息会导致我们在上面浪费时间且危害身体健康。2022 年 6 月 20 日，《科学美国人》发表了黛西·尤哈斯（Daisy Yuhas）"Why social media makes people unhappy-and simple ways to fix it"的文章，文章援引研究指出，社交平台的设计会让我们上瘾以及分神，并会加剧冲突，让我们会对自己感到不安。社交媒体可能导致自我反思减少和专注能力减弱，可能引起睡眠中断、生活满意度降低和自尊低下，在帮助人们感受到更多的联系和知识的同时也会导致孤独和传播虚假信息。

从社交媒体获取太多信息会挤占用来获取和利用有用信息的空间和时间。与科学相关的知识可能需要在比较单纯的环境中积累，好的科学思维的诞生更像是由量变到质变的过程。如果被无用信息占用了太多思维和精力，那么就产生不了到质变的量变。按照卡尔·T·伯格斯特罗姆（Carl T. Bergstrom）等于 2022 年发表在《科学美国人》上的文章 "To fight misinformation, we need to teach that science is dynamic"，有时可能针对科学知识也会产生有害信息，有时需要借用科学教育手段才能降低有害信息的危害。

2. 避免被欺骗

在校园里我们可能不时听到一些学生被诈骗的消息。以诈骗邮件为例，我们举三个例子：

（1）有人冒充是你单位领导，以关怀你的名义给你写信，先对你嘘寒问暖，待取得信任后再行使诈骗。

（2）将你在单位网上的照片或其他照片通过软件与其他场景进行拼接，虚构出你经历过一些无法公开的事件，以此进行勒索。

（3）以某机关部门的名义给你发送工资调整通知，要你扫附带的二维码。当你扫码时，会要求你输入微信号和登录密码，以此盗取你的账号。

2021 年 3 月，卡门·桑切斯（Carmen Sanchez）和戴维·邓宁（David Dunning）发表了一篇文章[8]，指出了错误推理、错误信念、知识腐败和学习障碍等会产生不利的跳跃思维。《环球科学》在介绍这项工作时，引用了新华社的报道：电信网络诈骗受害者超过六成是"90 后""00 后"的年轻人，这与一般的大众认知相悖。为什么有些年轻人总爱接受"一见钟情"的结论，常常在推理和决策过程中犯错，甚至被诈骗？这可能是一些思维特质，使得人们更容易犯下"看似简单"的思维错误。

我们可能认为是一些上了年纪的人才会成为网络诈骗的受害者，其实，不少年轻人包括研究生也是这种网络诈骗的受害者。

桑切斯和邓宁指出，思维跳跃者更容易受骗，他们的思维方式是具有认知偏差（cognitive bias）的，基于少数证据仓促下结论，容易相信阴谋论和谣言，在需要仔细分析的问题上比其他人犯的错误更多，更容易受到诱惑，更容易陷入自己的思维陷阱，更容易过度自信，更容易高估自己。思维跳跃者采取的是自动化认知加工过程，即采用容易的、自发的和不费力的想法。

相比之下，那些不容易受骗的非思维跳跃者采取认知受控加工过程，包括有意识的、需要主观努力的推理活动，是分析性的、用心的、刻意的。受控加工的思维方式可以帮助人们抵消由更加自动化的加工引入的错误思维和其他偏见，然而，思维跳跃者更有可能跟着感觉走，接受他们"一见钟情"的结论，而没有经过深思熟虑的检验或质疑。

为了减少被诈骗，除了谨慎对待可疑邮件，还可以参加单位提供的网络培训课程。遇到不确定邮件时，可以截图发给安全管理人员以识别是否为诈骗类邮件。

3. 从正规途径获取信息

如果我们想了解一下一名学者的学术水平，一个不错的途径就是获取他的文章，通过拜读文章来了解。

如果我们想了解别人对一个人工作的评价，那么可以从网络上查看他的教材，看看读者们那些自发的评论。

因为我们是研究生，所以我们自然会这样去了解，去获取信息，而不是听信传闻。

如果涉及学术观点，那么更需要从正规出版物获取，需要从专业人士那里了解。

一些脱离科学主流思维的人的观点之所以具有吸引力，往往是因为他们采用了更吸引眼球的方式。

据 Live Science 网站上 2022 年 10 月 18 日斯蒂芬妮·帕帕斯（Stephanie Pappas）关于"地平论"（即认为地球是平坦的）信徒的文章所述，阴谋论者在坚持他们的故事时所展示的自信方式，会为这个故事注入特别的吸引力。帕帕斯举了这样一个例子，著名天体物理学家尼尔·德格拉斯·泰森（Neil deGrasse Tyson）在与说唱歌手小鲍比·雷·西蒙斯（Bobby Ray Simmons Jr.）就"地平论"在推特上发生争执，结果西蒙斯发布了一首名为"Flatline"的曲目抨击天体物理学家。她援引德格拉斯的话说，"如果你面临着以聪明、看似消息灵通的方式提出的少数人的观点，当支持者不偏离他们拥有的这些强烈观点时，他们可能会非常有影响力。我们称之为少数派影响力。"一些观点基于感觉，使用经验主义，表面上看似使用了演绎之类的逻辑，实际上不属于科学方法，而属于一种探究性方法（zetetic method）。

7.3.2　面对习惯的策略：改变、断源、替换

我们拥有各种各样的习惯，例如生活习惯、交流习惯、工作习惯和思维习惯。对于研究生而言，良好的工作习惯和思维习惯显然对我们安全与健康读研有帮助。然而，生活习惯和交流习惯也会影响工作习惯和思维习惯。

我们可以构建自己的习惯模型，看看哪个习惯真正影响了正常工作，然后试图改掉坏习惯。

唐纳文·科菲（Donavyn Coffey）于 2022 年刊登在 Live Science 网站上的文

章 "How do you break a habit？" 援引 2009 年 *European Journal of Social Psychology* 对 96 人的调查结果：每个人需要 18～254 天的时间来养成一个习惯。科菲的文章援引了研究习惯的英国萨里大学心理学副教授本杰明·加德纳（Benjamin Gardner）的改变习惯的三个策略：直接改变习惯，去掉习惯的诱发因素，用更好的习惯替换。

例如，如果认为在看电影时吃爆米花有害于身体，那么第一种策略是不吃了，但这很难做到。第二种策略是不去看电影。第三种策略是改吃符合营养目标的零食代替爆米花。加德纳说，无论你选择哪种策略，关键都是要反复进行。思维习惯比身体习惯更难改变。

克服不好习惯的影响的另一种方式是，养成更多的好习惯。例如，番茄工作法就是一个好的工作习惯。

7.3.3　抑郁与焦虑，预防、应对与救助

存在于研究生中的抑郁和焦虑是一个经常被关注的话题，因为这种现象具有一定的普遍性。对它们的特征和产生的原因尤其是与读研相关的原因有所了解，能为我们自己主动避免抑郁与焦虑以及减轻它们的危害提供想象空间（本节内容仅供思考，不构成医学建议）。

1. 抑郁与焦虑的普遍性

据《自然》杂志 2019 年的调查报告[1]，有 36% 的博士生表示因博士研究带来焦虑或抑郁而寻求过帮助。2022 年的调查报告中，在回答"你是否曾接受过与学习相关的焦虑或抑郁帮助？"时，24% 的硕士生和 36% 的博士生表示是；4% 的硕士生和 4% 的博士生表示需要帮助也寻求了帮助，但没有得到帮助；19% 的硕士生和 16% 的博士生表示需要帮助但尚未寻求帮助；50% 的硕士生和 41% 的博士生回答无；各有 3% 表示不愿意说。总结而言，三分之一的受访者表示，他们已经得到了帮助，以缓解因研究生学业导致的焦虑或抑郁。另有 21% 的人表示需要帮助，但尚未获得帮助。

萨庭斯基（Satinsky E N）等发表在 *Scientific Report* 的文章对博士生抑郁、焦虑和自杀意念的以往研究进行了系统回顾和分析[9]。文章指出，博士生的抑郁和焦虑是管理层担忧的事情。他们从 16 项研究对 23469 名博士生的调查中得出抑郁症症状的患病率估计值为 0.24，从 9 项研究共计 15626 名学生的荟萃分析中，临床显著焦虑症状的患病率估计为 0.17。他们的结论是，抑郁和焦虑在博士生中非常普遍，但数据限制使他们无法获得自杀意念流行率的汇总估计。

2. 了解抑郁与焦虑的特征

按照巴哈尔（Bahar G）2023 年发表在 Live Science 网站上的文章 "Depression: Causes, symptoms and treatments" 给出的描述，抑郁症（depression），或称重度抑郁障碍（major depressive disorder），是一种心理健康状况，其特征是极度悲伤、孤立和绝望，会影响一个人的思维、感觉和功能，最常见的症状是"对日常活动深感悲伤或明显失去兴趣或快乐"，其他症状可能包括：

① 烦躁、激动或不安；

② 无法集中精力、集中注意力或做出决定；

③ 失眠或睡得太多；

④ 食欲和/或体重变化，吃得太多或太少；

⑤ 疲劳和精力不足；

⑥ 无法解释的哭泣咒语；

⑦ 无法解释的身体症状，如头痛或身体疼痛；

⑧ 感到绝望或毫无价值；

⑨ 退出社交环境和正常活动；

⑩ 死亡或自杀的想法。

巴哈尔援引英国医生狄波拉·李（Deborah Lee）博士的话，"当一个人情绪低落、失望和绝望长达数周或数月时，就会被诊断为抑郁症。"

按照露丝·爱德华兹（Ruth Edwards）于 2022 年发表在 verywellhealth 网站上的文章 "An Overview of depression and anxiety"，抑郁症和焦虑症一起发生是很常见的，如果经历过度恐惧和担忧、口干、肌肉紧张、恶心、心律不齐、睡眠困难、谨慎行为、回避行为、惊恐发作等症状六个月或更长时间，则可能患有焦虑症。

巴哈尔的文章援引美国精神病协会（American Psychiatric Association）的指南指出，可能影响一个人是否处于抑郁症高风险因素有自卑、悲观等自尊因素，暴力、忽视、虐待或贫困等环境因素以及遗传因素。

3. 如何避免或面对抑郁

在面对抑郁的问题上，可以借鉴航天太空医疗在极限环境下的救援思路。据谢默斯·蒂埃里（Seamus Thierry）等 2022 年发表在《环球科学》上的文章[10]，为了在太空这个远离医疗机构的独特环境下保护宇航员的健康，各国航天局和医疗机构采取了预防、应对和救助等三级措施来降低风险。

预防措施用于针对那些可控的变量。例如，严格选择身心健康的年轻宇航员，使用环境健康系统对国际空间站内的环境进行密切监控。监控对象包括潜在的微生物污染、空气质量和辐射。发现危险后就会发出警报。

在预防措施的基础上，通过应对措施来减少不可控变量对健康的影响。例如，通过适当运动减少太空环境下的肌肉流失，通过摄入多酚营养维持肌肉量。

预防和应对这两种保护措施是主要措施，但在太空这种危险的环境里，无法完全消除受伤或患病的风险。于是，需要采取第三道防线，配备健康维持系统，以便机组人员能独立地处理各种突发健康状况，进行自主救助。

为了减少研究生抑郁的发病率，降低危害程度，也可以采取预防、应对和救助三级措施，以预防为主。

上面提到的一些引起抑郁的因素中，自卑、悲观和被忽视等容易在研究生群体中发生。做研究没有进展容易产生自卑，当我们看不到希望会产生悲观情绪，没有人搭理可能会产生被忽视的感觉。积极面对科研，7.4 节介绍的主动营造快乐的行动和 7.5 节介绍的提高效率的途径，可能有助于减小发生抑郁的概率。

除了利用本书介绍的知识来帮助顺利度过读研生涯，以自然起到预防类效果，还可以采取一些积极措施，如适当的体育活动和健康的饮食，以应对偶然出现的容易导致抑郁的因素。据露西·戈纳尔（Lucy Gornall）发表在 Live Science 网站上的文章 "Six sources of vitamin D to boost your mood" 援引营养学研究的建议，"足够的维生素 D 水平可以支持我们的情绪，并有助于避免或克服抑郁症"。

4. 如何避免或面对焦虑

前面提到，抑郁症和焦虑症一起发生是很常见的，因此可以参照上述面对抑郁的措施来面对焦虑。另外，如果我们事先没有认识到读研本来会很难，首先会很慢，甚至可能失败，尤其没有认识到后期才有可能有较快进展，就有可能因为进展缓慢而出现焦虑的情形。因此，将在 7.5 节介绍的提高效率的可能途径应该有助于减少这种产生焦虑的额外因素。

还可以参考一些源自心理学研究的建议。

温迪·铃木（Wendy Suzuki）2022 年发表在 *Popular Science* 上的文章 "Understanding your emotions can help you manage your anxiety" 提到了通过情绪调节来管理焦虑的措施。文章介绍了斯坦福大学的心理学教授詹姆斯·J·格罗斯（James J. Gross）的定义：情绪调节是个人影响其情绪的过程，涉及在何时产生情绪以及如何体验和表达情绪，是从有意识、努力和受控监管到无意识、不费力和自动监管的连续过程。

根据格罗斯的情绪调节模型，有五种类型的焦虑管理策略可以帮助管理焦虑和其他负面情绪：情境选择、情境修改、注意力部署、认知改变和响应调节。前四种可以在焦虑发展成极端状态或慢性状态之前中断焦虑，第五种是焦虑（或其他负面情绪）发生后的调节技巧。

（1）情境选择（situation selection）。

通过选择来避免出现你认为会困扰你或加剧你焦虑的情况。例如，如果对参加面试有焦虑，那么选择不去面试。

（2）情境修改（situation modification）。

修改当前的情况，使预期或焦虑变得更可容忍或可承受。例如，如果对即将到来的面试感到焦虑，可以通过电话或视频会议参加面试来改变这种情况。

（3）注意力部署（attention deployment）。

可以将注意力从引发焦虑的情况转移到吸引你注意力的其他事情上。例如，如果幼儿害怕狗，当可怕的狗经过时，家长可以将孩子的注意力集中在一张滑稽的脸上。

（4）认知改变（cognitive change）。

积极地、有意识地重新评估或重塑自己的心态或态度。例如，不再把求职面试看成可怕的事，而是把它重新定义为一个机会，将焦虑的感觉从恐惧和不知所措转变为兴奋和挑战。

（5）响应调节（response modulation）。

尽管采取了措施缓解焦虑，但如果还是产生了焦虑，那么积极地尝试抑制或缓解焦虑情绪。例如，做一些呼吸练习、喝水、喝一杯啤酒或一杯葡萄酒来缓解紧张情绪。深呼吸是最快、最有效的方法之一，可以让整个神经系统平静下来。

对于研究生，可以自己评估引起焦虑的原因，找到以上五种模型中对应的来消除或减轻焦虑。例如，如果是科研失败引起了焦虑，那么通过认知改变来理解失败的意义，例如参考 7.6.4 节介绍的失败与成功在科学研究中的普遍性介绍。

7.3.4　识别冗余信息，避免"信障"现象

我们通过各种直接或间接方式，会接触不少必要信息以外的冗余信息，即那些本来不必要的多余信息。例如，我们打听一名学者时，除了那些可查证的正式信息（工作单位、研究方向、职称、主要贡献），有时会得到一些传闻类信息。这些传闻类信息可能是人们的片面了解或者误解，属于冗余信息。

当我们关注的重点从正式信息转向冗余信息时，那么就会产生"信障"现象，导致获得有用信息出现障碍。这种信障可能引起误解，扭曲关系，导致我们失去机会。信障严重时会产生"信息瘤"效应，即信障的发展对我们自身或他人或环境带来巨大破坏作用，如同毒瘤损害我们身体一样。

若研究生本人更多关注可查证的信息，且对于不方便避开的冗余信息加以判断，那么就难以出现有害于自己的信障现象，尤其不会发展到信息瘤效应那样的程度。反过来，当我们过分接触冗余信息，那么就会被"伪导"现象主导，在我们和该接触的人物之间产生一道"无影墙"，加剧信障作用。

以上现象按理不太可能发生在具有足够辨别能力的研究生身上，但一个研究团队往往还包含研究生以外的人，因此研究生更多会主动帮助避免信障现象。

7.4　主动创造快乐

每人都有寻找快乐的方式，但我们不妨看看别人的经验。有时可以采取一些策略来保持乐观，获前进的动力。我们因为一时不成功而变得不快乐，须不知快乐反而是成功的动力。校园有丰富的让我们更快乐的文化，因此认识和融入校园文化也是创造快乐的一种方式。

7.4.1　他人快乐的经验

2015 年，安迪·格林斯彭（Andy Greenspon）是哈佛大学工程与应用科学学院应用物理学的三年级博士生，他在爱思唯尔连线（Elsevier Connect）上的文章 "10 ways to make your PhD experience easier and more enjoyable" 分享了让读博经历更轻松愉快的 10 种方法。这里摘录一些要点。

1. 博士工作不必孤立，让别人听得到自己

只有自己去孤立自己，读研才会显得孤立。读研期间必须采取主动，不能指望别人知道你是否需要帮助或指导。自己的导师、其他教授、博士后和研究生可以对自己的工作提出想法并给出建议。可以与实验室的伙伴交谈，给其他从事相关项目的人发电子邮件，安排会面，计划想讨论的内容。

2. 了解自己的强项和弱项

任何给定的研究领域都是广阔的，任何一个人的研究都不可避免地会相当狭窄。对于自己的项目，别人不可能比自己了解更多，如同别人更了解他们的项目一样。获得博士学位意味着成为你所在研究领域的专家。通过选修各种科学和非科学课程可以弥补自己的弱项。

3. 知道哪些环境能增强或分散自己的注意力

努力高效地工作而不仅是长时间的工作。在博士背景下工作的好处之一是，自己的时间往往非常灵活，利用这一点对自己有利，因为在长期工作中获得这种机会的可能性不大。有的人和周围的人一起完成工作非常困难，而其他人只有和周围的人一起工作才能提高效率。如果需要在办公室工作，但周围人导致自己很容易分心，那么力求和实验室伙伴在不同的时间工作。

4. 选择合适的课程来补充你的研究

课程学习只是博士项目的一种手段。确保课程能补充计划进行的研究。和以前学过这门课的研究生谈谈，了解上课的教授，以此得到一个认识从事类似研究课题的教授的机会。

5. 定期浏览所在领域的期刊文章，寻找想法和灵感

当想出如何开始一个新项目或解决一个问题时，在最初考虑后，可能要做的第一件事是与你的导师或其他研究生讨论这个问题。然而，不要指望他们有所有的答案，甚至会有任何答案。你不能指望你的导师、教授、博士后或其他研究生知道一切——每年可能会有几十篇与你的领域相关的新文章发表。每周挑个时间看看有没有值得仔细看的东西。

6. 你会犯看似愚蠢的错误——但它们是学习曲线的一部分

当开始在实验室工作时，即使你以前有经验，也不可避免地会学习（甚至开发）新技术、模拟或编写代码，以作为工作的一部分。研究是马拉松，不是短跑。第一次做一件事，可能需要几个小时才能把事情做好。下一次，可能只有一个半小时。然后一个小时。最终，你会发展出肌肉记忆（或模式识别）和直觉，知道什么会导致问题并了解如何前进。学习曲线是指数级的。一开始，你会犯看似愚蠢的错误，但不要害怕。学习的唯一方法就是反复做一件事，你最终会对这些事情产生第六感觉。

7. 观察别人做你需要学习的技术，接着自己试试

如果你的同学掌握了你必须要学的技术，问他们你是否能跟着一起工作，甚至自己做一些步骤。这是一种非常有效的学习方法；简单地被教导如何"使用"一台机器并没有那么有用，因为存在许多与所使用的材料或技术相关的技巧。一旦你看了别人几遍某项技术，你自己试试。每走一步都要花足够的时间和注意力——这将有助于肌肉记忆并牢记技术的微妙之处。一开始，你会犯错误，但随着你使用这种技术的次数增多，错误会越来越少。

8. 保存一本维护良好的实验室笔记本

保存一个注明日期的、详细的、清晰的研究笔记本，如果你需要提醒自己某事或准备写一篇分析、写一篇论文或写学位论文时，可以很容易地翻阅研究记录。一些细节或许有些主观，但是如果有一个参数将来可能会改变，或者只是解释结果的相关信息，那应该把它记录下来。

9. 你的研究会进化

从事了几年的研究将不可避免地演变和改变。不要害怕进入不同的研究领域——可能会有比看起来更多的重叠。如果你真的觉得自己不属于当前的研究小组，就要诚实地告诉你的导师你的感受，以及是否有必要换小组——这将为你和你的导师省去一场长期的斗争。哈佛的许多研究生在 1 年、2 年甚至 3 年后换了小组，尽管他们可能需要更长时间才能毕业，但他们对自己的新小组和研究很满意。

10. 把工作和娱乐分开

永远留出时间享受博士工作以外娱乐。在娱乐时间想工作会让你自己变得痛苦。把工作和娱乐分开。设定一个你能真正遵守的时间表，在你计划的时间内工作，然后放下你的工作。当你让这两者重叠的时候，你的工作和快乐都会受到影响。简而言之，为你的爱好留出时间。这将允许你每周（甚至每天）从研究中后退一步，并从一个新的角度来对待研究。把一些时间留给与博士工作无关的乐趣会把一场看似无休止的挣扎变成向成功的稳步推进，一路上会有不少小小的胜利和快乐！

2018 年，伊丽莎白·佩恩给《科学》的采访稿 "How to write your Ph.D. thesis" 中询问了如何腾出时间和精神空间这一问题，这一问题的答案涉及抽出时间做点别的事情，以下是其中一些回复。

1. 安东·戈洛博罗德科

为了专注于我的写作，我不得不停止我大部分的研究工作，尽管我仍然在做一些不需要大量时间和注意力的小任务，比如启动计算机。

关于工作与生活的平衡，我和妻子有一个非正式的约定，我们尽量不在晚饭后和周末工作。如果没有适当的休息，工作效率就会下降，最终你会感到痛苦。

我不能说这个协议在论文写作期间是被强制执行的，但即使是在最紧张的时候，我们也至少每周出城一次，到附近的公园和自然保护区去散步减压。

2. 卡塔琳娜·海尔

在整个写作过程中，我一直在做一些与工作相关的事情。尤其在开始的时候，我还是一个积极的助教。当助教时与同学们打交道，对我的论文工作来说是一种很好的分散注意力的方式。我的助教工作很有用，我当助教的付出受到别人的欣赏，尤其是在没有回报的写作时间，这是一种激励。

我还同时参与了其他的研究项目、参加了几次国际会议和一个关于公民科学的暑期学校。这些活动不仅让我从论文中得到了很好的休息，也让我意识到我的研究是多么的重要和有趣。

我一直都很活跃，这让我可以保持正能量。去健身房后再回到写作中，我总是能有更清晰的头脑和更健康的感觉。

有时我会试着组织朋友们一起喝咖啡，得到了朋友的陪伴。参观博物馆或尝试一家新餐厅可以帮助我继续前进，也可以给我一个美好的期待。

3. 莎拉·格拉韦姆

大约在博士论文提交前的一年半的时间里，我停止了大部分的现场研究工作，那时我的儿子也刚好出生。

休完产假后，我每天花 6~8 个小时在家写作，孩子趴在我腿上或者睡在我旁边。他 7 个月大可以去托儿所的时候，我开始去附近的咖啡店，这样我就可以在午餐时间去照顾他。

我每天都会用几次"番茄工作法"，我把定时器设置为 45 分钟，这期间除了写作以外什么都不做——没有电子邮件，没有社交媒体，没有其他任务。

如果我想到了我需要做的事情，我就把它写下来，留到以后去做。除了完成写作和作为母亲的工作外，工作与生活中其他方面的平衡对我来说也非常重要。

大多数周末我都不工作，我确保每天都出去锻炼或玩得开心。不去介意不工作带来的负罪感是关键。糟糕的感觉不会让你有任何进展，它只会让你和你爱的人或者和你一起生活的人感到不愉快。

4. 阿诺克·佐莫

在早期，我会离开实验室几天，在外面写作真的很有帮助。我利用了我父母在度假的机会，在他们家待了一周。

我给自己设定了一些切实可行的每天要完成的任务，如果我成功地在设定的最后期限内完成了任务，我就会给自己一点奖励，比如在森林里跑一小段路，或者和一个老朋友晚上去野餐。

那一周我的工作效率很高，我回来之后有积极性地完成剩下的写作和实验。在我回来后，我确保继续做一些有趣的活动，不一定要先完成一些事情，因为我意识到我不应该对自己太苛刻。

例如，在写作间隙跑一圈，可以让我暂时从写作中抽离，这可以帮助我审视自己的论文，产生新的想法。但这些活动往往是自发的——我不想把太多的时间安排在我的日程上，这样我就可以在有思路的情况下持续写作。

7.4.2　在逆境中保持乐观和动力的策略

在面对逆境时需要在乐观与悲观中做出选择。2022 年 12 月 20 日，英国《泰晤士报》在题为"不要相信英国衰落的悲观论调"的文章中援引了被认为是积极心理学之父、1990 年出版的经典著作《学习乐观》的作者马丁·塞利格曼的观点：

> "乐观是一种思维方式，而且可以被学习；悲观主义者倾向于相信糟糕的事件会持续很长时间，会破坏他们所做的一切，且一切都是他们自己的错；而乐观主义者则不同，在面对相同的重创时，他们会以逆向思维思考不幸，倾向于认为失败是暂时的挫折，其原因具有特殊性，而且这不是他们自己的错，环境、厄运或其他人才是造成挫折的原因，乐观的人对失败毫不畏惧，他们会把糟糕的情况视作一种挑战，并更加努力地应对挑战。"

该文作者芬克尔斯坦试图传递这样一种思路：如果我们能保持乐观，我们就更有可能战胜挑战，而盲目悲观只会让我们屈服于现实。塞利格曼还提供了充足的证据，证明乐观主义者在学习和工作中表现得更好，例如乐观主义对赢得总统选举有积极作用。这篇文章暗示，尽管我们当前面临种种困难，但如果我们站在历史纵向维度和全球横向维度来思考就会发现，我们都在进步之中。一些困难是暂时的，不是永久的。因此，我们不要陷入塞利格曼提出的"悲观主义者陷阱"。

在逆境中可以采取一些主动措施来克服困难。作为示例，这里分享埃米莉·埃莉亚（Emily Elia）在莱斯大学"研究生和博士后研究"栏目上发表的文章"Six strategies for staying motivated during the COVID-19 pandemic"总结的在新冠疫情导致社交隔离状态下保持动力的策略。她于 2018 年毕业于阿拉巴马大学，2020 年发表文章时她是政治学二年级的博士生，研究比较政治学。她首先指出，由于社交距离和居家令，许多研究生正在接受这样一个事实，即我们将在相当长的一段时间内在家工作和远程学习。这场大流行不断变化的现实使得许多人极难关注研究和课程，但它也清楚地表明，我们将长期处于这种"新常态"。对于我们大多数人来说，研究生院的责任仍在继续，我们正在努力尽可能地保持在正轨上。接着，她给出了在这段时间内保持动力的一些简单提示。

（1）设定小的每日目标。

设定每日目标可以帮助自己尽可能提高一天的工作效率，但要现实地对待自己设定的目标。例如，完成来日课堂的指定文章，完成论文的初稿，在数据清理方面取得进展。设定可以在一天内可解决的小目标可以帮助您保持正轨。

（2）在一天中留出时间工作和放松。

安排何时工作以及何时放松可以帮助自己在家中保持健康的工作与生活平衡。在家工作的一个优点是，当你工作得很好时，你可以充分拥抱你的生活。选择对自己而言效率最高的时段工作，而不必受办公室时间约束。计划好工作和娱乐的时间表，并尝试在工作日坚持这个时间表，就像正常的工作周一样。

（3）尝试番茄工作法。

在番茄工作法中，优先考虑 25 分钟的突发工作，中间休息 5 分钟。可以通过网络空间虚拟与同事一起工作，以再现正常情况下被做工作的其他人包围带来的工作动力。

（4）安排与朋友的虚拟聚会。

对许多人来说，不花时间与朋友在一起可能会在情感上感到负担。但是，保持社交距离并不意味着您必须完全告别社交生活。通过 Zoom 等网络会议安排与您的朋友进行虚拟聚会。

（5）优先考虑你的心理健康。

当你的头脑充满焦虑时，保持动力几乎是不可能的。照顾好自己可以帮助你更好地管理你的心理健康。尝试每天移动一下，花点时间吃均衡的饭菜，尽量不要在午餐时工作，离开笔记本电脑午休，不要熬夜到凌晨两点，保持正常的睡眠时间表，并致力于每晚至少睡八个小时。让自己有时间享受电视和社交媒体，但尽量减少你花在听大流行新闻上的时间，从信誉良好的消息来源获得信息。同时被不断的新闻报道所包围，这只会加剧焦虑。

（6）可以接受暂时的低效率。

有些日子你可能根本没有太多的专注能力，这是意料之中的。当工作似乎无法完成时，优先考虑当天必须完成的工作：明天的截止日期是什么，晚上之前需要发送哪些电子邮件。完成高优先级的任务，然后让自己在一天中的剩余时间休息。可以考虑降低自己的期望。

文章最后指出，随着这种新常态的到来，每个人都在学习如何最好地适应在家工作，并与朋友和家人隔离。保持动力可能很难，但你可以通过设定切合实际的时间表来帮助自己变得更容易一些。保持动力可以帮助我们重新将注意力从压力变化上转移开来，转向更有希望的未来。

当我们遇到困难时，希望的力量可能发挥作用，因为当我们内心充满成功的希望时，便能维持更健康的身心状态。

7.4.3　奇妙因果关系：快乐可能才是成功的原因，微休息

如果仅以获得学位作为读研成功的标志，且把成功作为快乐幸福的原因，那么，硕士生需要等待两年以上才能快乐，博士生需要等待五年左右才能快乐。如

果以这种逻辑来面对我们读研生涯，那么我们会损失几年的快乐和幸福，显然得不偿失。

1. 快乐可能才是成功的原因

有意思的是，从逻辑上说，有人认为，成功可能不是快乐的原因，而是反过来：

　　"快乐与幸福可能是成功的原因，至少可以说，快乐的人成功的可能性更大，而不是反过来。"

据 2022 年《参考消息数字报》援引阿瑟·布鲁克斯在美国《大西洋月刊》发表的文章的观点，虽然调查研究表明成功与幸福有一定的正相关性，但不能先试图取得成功并以此收获幸福，而应从实现幸福开始。这是因为，提高收入等表明成功的因素往往只能给幸福感带来小幅度提升，而提高幸福和快乐程度则可以大幅度提升成功的可能性。

文章举了一些例子。

布鲁克斯在当高管时发现，大幅度加薪（成功的一种衡量）对幸福感影响很小，而且很短暂。另一项针对近 3.5 万名德国劳动者的调查表明，薪水提升一倍后，工作满意度仅从 6 分增至 6.5 分，且很快降至 6.2 分，即增加 100%的薪水，对满意度的提升只有 3%多一点。

然而，快乐有助于提高成功率。文章引用盖洛普的一项调查显示，在员工幸福感达到99%的部门，其业绩比企业平均水平高73%，公司业绩比行业平均水平高78%。这是一种集体现象。对于个人，英国研究人员测试发现，观看喜剧电影片段可以让数学问题测试者的效率提高12%，且喜剧片越滑稽，效率越高。

布鲁克斯还指出，工作量需要控制，在此基础上，做有意义的事情和拥有使命感可以提高工作中的幸福感。做有意义的事情包括给他人服务。最终，成功与幸福感具有相关性，但为了获得幸福而努力争取成功往往会事倍功半，而努力获得幸福往往会使你更有机会两者兼得。

2. 如何产生快乐，发现惊喜与微休息

既然快乐有助于成功，那么我们可以主动寻找快乐。通过发现或者创造惊喜，便能获得快乐。

据《参考消息数字报》刊登的新加坡《联合早报》2022 年 9 月 26 日的文章，惊喜无处不在，例如草地上突然冒出的小花、枝头刚长出的嫩叶、荷叶上滚动的露珠……。文章指出，只要我们放慢生活的脚步，仔细观察周围的事物，就会发现，惊喜就在身边、在眼前，惊喜无处不在。

当我们查到一篇好文献、听到一个好的报告、遇到一个好方法、获得一项好结果、定位一处小错误、诞生一个好主意……，我们就会有惊喜。

这些惊喜提升了幸福感，反过来促进我们提高效率，带来更多发现，带来更多惊喜。如此循环，形成正反馈，让我们在幸福中创造、在幸福中发现。

研究表明，以科学方式休息也能带来快乐和幸福感。

据《参考消息数字报》于 2023 年 9 月 5 日刊登在其文化周刊栏目封面要览上的文章"'微休息'增加幸福感"援引英国《旁观者》周刊的文章，在高要求活动中有规律地加入 10 分钟左右的"微休息"，可以增加活力、减少疲劳、改善整体幸福感。

又据 Franceinfo 网站 2022 年 9 月 7 日刊登的安妮·勒加尔（Anne le Gall）的文章"Pour travailler mieux, il faut faire des pauses"，要在工作中感到快乐和高效，你必须知道如何停下来。文章援引期刊 *PLos One* 发表的 22 项国际研究指出，花 40 秒到 10 分钟不等在走廊内外行走、在椅子上伸展、默默放松或同事之间交流等快速休息可以改善情绪、减少疲劳感。在发生重大精神活动的情况下，需要每 45～50 分钟左右休息一次。文章还提到，爱因斯坦和达利实践过一种快速午睡技术——尤里卡午睡：坐着入睡，手里拿着一个物体，当这个物体掉到地上时（这是肌肉放松的标志）午睡结束。在睡眠和觉醒之间的边缘，既有思想失控，也有一种形式的清醒，结合在一起，可以创造更多的创造力。

7.4.4　主动享受校园文化，节日、纪念日与仪式典礼

金·安·齐默尔曼（Kim Ann Zimmermann）和卡勒姆·麦凯维（Callum McKelvie）于 2022 年发表在 Live Science 网站的文章援引伦敦巴尼特和索斯盖特学院的人类学家克里斯蒂娜·德罗西（Cristina de Rossi）的观点，文化包括语言、食物、穿着、宗教、婚姻、音乐，也包括我们认为是对是错，我们如何坐在餐桌旁，我们如何迎接来访者，我们如何与亲人相处以及其他一百万件事。齐默尔曼和麦凯维的文章还提到，文化包括艺术、体育和节假日。

校园文化是与校园学习、工作和生活相关的文化。如果正统一点来理解校园文化，那么可以使用埃克尔（Eckel P）等给美国教育委员会（American Council on Education）的定义[11]。埃克尔等为机构定义机构文化，考虑到校园也是机构所在地，因此这一定义也适用校园文化：

　　　"（机构）文化是'无形的黏合剂'，通过提供共同的基础以及对
　　事件和行动的共同解释和理解，将机构联系在一起。机构范围内的感
　　知、思考和感觉模式、共同的理解、集体假设和共同的解释框架是机构
　　文化的组成部分。"（第 22 页）。

校园文化可以分为非学术文化和学术文化两大类。

作为校园非学术文化的一部分，校园有各种体育组织和俱乐部，尤其是有一些特别适合学生的体育活动，兴趣爱好者既可以成为业余爱好者，也可能发展成

为专业运动员。校园饮食既有学生食堂，也有社会上的餐厅。校园艺术活动也会丰富多彩。

我们有各种节日、纪念日、仪式与典礼等（图 7-4）。有的属于学生自己，例如，至少在部分高校，学生自发地过男生节和女生节。在清华大学，男生节设在 11 月 12 日，女生节设在 3 月 7 日。也许在不久的将来，研究生也会庆祝研究生独有的节日。

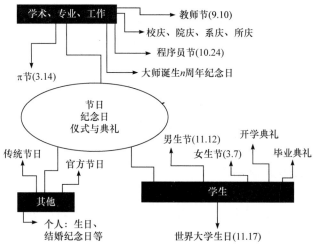

图 7-4　各种节日、纪念日、仪式与典礼

在清华大学航天航空学院建院 80 周年相关的特刊上有一些学生文化活动调查结果[12]。这些调查涉及学院同学们最喜欢的活动和最有价值的活动，结果表明，清华大学的学生节最受欢迎，而社会工作与服务最有价值（图 7-5）。

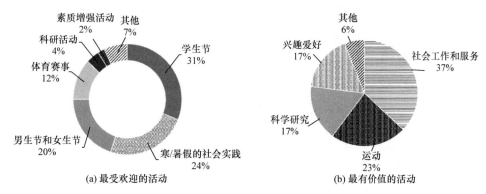

图 7-5　最受欢迎的活动与最有价值的活动

学术文化是最令人向往的校园文化。这种文化可能就酝酿在实验室、单位、学校。这种局部文化具有广泛的渗透力，可能影响到校外甚至国外，可能影响到今后

几十年。学术文化是一种纽带，可以把许多不同文化的人结合在一起，完成共同的研究项目。深入到学术文化中的研究生，在读期间和毕业后，可以很容易利用自己学术文化的特点与世界各地具有共同学术文化爱好的人交流和建立其他联系。

融入校园文化是让读研更快乐的一种途径。为了融入，需要正确地了解和思考什么是所在学校的校园文化。据美国卡尔顿学院网站刊登的朱迪思·拉马利（Judith Ramaley）的报道"Understand your campus culture"，波特兰州立大学名誉校长兼杰出公共服务教授朱迪思·拉马利在"如何理解你的校园文化"的演讲中给出了开始思考校园文化和需要考虑的重要因素的指南：

（1）校园里的新人对学校的第一印象有什么看法？他们首先注意到了什么？他们对自己的所见所闻有什么感觉？

（2）人们如何谈论过去对机构产生重大影响的决策？你的同事（同学）从这些经历中学到了什么，关于事情是如何发生的，以及谁对这些机构塑造决策的影响最大？

（3）社区人士如何谈论你的校园？这些观点与你的校园社区中有经验的成员、新来的人或学生对你的学校的看法相符吗？

（4）你的机构或部门最看重什么？你是如何知道的？

（5）你为什么要做你的项目？你在做什么假设，你自己对从事这项工作感兴趣的核心价值观是什么？

（6）你自己的价值观和期望是否与校园文化的主要元素相一致？如果没有，你可以做些什么来描述你的工作，以符合这种文化？

（7）在这些观察中，有没有关于如何为你想做的工作或扩展或继续这项工作辩护的线索？

7.4.5　演说，一种令人难忘的快乐方式

从研究生入学典礼到毕业典礼，我们会欣赏甚至亲自发表演说。需要注意的是，这里所说的演说（speech），与第 5 章介绍的演讲（talk）不太一样，第 5 章演讲是学术性的，需要满足学术规范。这里讲的演说是非学术性的，虽然作为研究生在发表演说时也会带有浓浓的学术味道。

以下是自己发表演说的可能机会：

① 研究生入学典礼；

② 同学聚会；

③ 作为伴郎或伴娘参加婚礼；

④ 生日聚会与祝寿；

⑤ 各种纪念活动；

⑥ 研究生毕业典礼；

⑦ 毕业前后回各母校参加典礼。

无论是哪种情形，有机会发表演说是令人激动的。演说有即兴演说和受邀演说两大类。即兴演说往往发生在一些非正式场合，准备时间往往不充分。受邀演说一般发生在正式场合，虽然感觉有压力，但好在有足够的时间准备演说稿，甚至可以对照稿件演说。

那么，如何写一篇精彩的演说稿？

按照乔安娜·库特拉拉（Joanna Cutrara）于 2019 年发表在 Grammarly 网站上的文章 "If you want to write a great speech, here's how to do It"，如果演说不好，那么就会产生不好的效果，听众会明显表现没有兴趣，而为了准备演说稿，需要了解你的听众，演说所需的长度、目的或主题，且无论是针对哪种类型的场景，都是如此。我们按乔安娜·库特拉拉的提示并结合一些过往研究生演说存在的现象归纳准备演说稿的几个要点：

（1）清楚自己的演说身份。清楚当时被授予的身份，即演说词与自己的临时身份匹配。例如，作为一名研究生，在毕业典礼演说时，可能不适合去讲本该是老师说的内容，尤其可能需要避免使用院长或系主任的措辞或高度。通俗点说，就是避免越俎代庖。

（2）清楚演说的目的。目的可以是教育、启发、娱乐、争论，演说的目标将决定语气和结构，并导致截然不同的演说风格。

（3）不以自己不熟悉的主题为重点。作为研究生，除了不适合讲自己不熟悉的主题，更忌讳去讲本来属于在场或本单位其他人特长的主题，哪怕只是偶尔提到本属于其他人特长的主题或关键词也可能引起较大的负面影响。

（4）了解自己的听众。演说应该在想法和语言方面为听众量身定制。面对单一性质的听众（例如中学生），我们容易找到演说的想法和语言。然而，对于多种类别的听众（例如，毕业典礼可能需要面对教师、同学和家属），组织想法和语言可能更难一些。

（5）严格控制演说时间。对于受邀演说，一般会给定时长（例如，毕业典礼演说长度可能是 5～10 分钟）。如果你一直关注你的目标长度，你的写作过程会容易得多。对于即兴演说，虽然没有规定时间，但太长的演说会增加失误风险，但如果听众流露出舍不得你结束的表情，那么可以继续即兴演说。

（6）掌握演说稿通用结构，即介绍-主要信息-要点结构。

① 介绍：除非人们都熟悉自己（例如班级演说的对象就熟悉自己），或者由主持人对自己进行了充分介绍，否则需要进行自我介绍，以说明自己是谁，为什么要发表这个演说，演说的主要论点（观点）是什么。需要注意的是，对于自己的荣誉、头衔和能力，不宜自己介绍。以回高中母校面对学弟学妹们的演说为例，自我介绍可以是，"大家好，很高兴回到母校，那个我曾经和你们一样学习

和生活过的地方。我从这里毕业 10 年了，虽然从上大学到后来读研有了新的天地，但我时刻不忘我的母校，你们正在生活和学习的地方……。在读研期间，我从事……研究，简言之，就是……的研究……"

② 主要信息，即演说中所要表达的想法是什么。大部分演说应该花在以简单、有条理的方式展示你的论点和支持材料上。漫无边际的演说则会失去听众。不要试图分享自己所知道的所有东西，挑两到五个关键点来说。一次坚持一个论点，在你继续下一个之前完成这个想法的演说，并且建立清晰、合乎逻辑的从想法到想法的过渡。例如，"接下来我要介绍一个相似的话题"，或者"接下来我想和你们分享一个完全不一样的话题"，或者"下一个话题可能超出咱们的想象"，或者"我因为还有一些时间，不想失去补充一个话题的机会"。

③ 要点。这是总结和结尾的地方，目的是让听众记住点什么。尽可能将大创意浓缩成几个令人难忘的单词或短语，以便听众记住它们，为它们所打动，甚至把最动人的短语作为演说的结束语。例如，"我有一个梦想"，又如，"不要问你的单位能为你做什么，而要问你能为你的单位做什么"，再如"对艺术的欣赏激发了我们的创作灵感"。

乔安娜·库特拉拉的两个例子如下。

第一个例子是关于自己研究发现的演说。介绍：解释研究的关键问题或疑问。主要信息：描述研究过程，然后描述三个关键发现。要点：提出结论及其影响，然后是你前进的下一步。

第二个例子是作为伴娘在你最好的朋友的婚礼上发表演说。简介：解释你是谁以及你是如何认识新娘的。主要信息：讲述三个有趣而温馨的故事，讲述你与她长达数十年的友谊，以及你对新郎的第一印象。要点：阐述新娘和新郎对彼此的爱是多么令人惊叹，他们注定要在一起，以及你如何知道他们的爱会持续一生。

（7）修改、修改、再修改，练习、练习、再练习。这和其他稿件是一样的。通过编辑和润色所写的内容，直到你有一个有凝聚力的演说初稿。通过练习，可以找到口语与书面语言之间的裂痕，帮助改进稿件。通过练习，可以预先感知演说效果。通过练习，可以控制时间和节奏。

除了以上几个要点，还可以思考是否能做到言之有物、言之有据、言之有趣、言之有序和言之有度。这与第 1 章讨论学问时提到的概念有相似之处，但也有一些差别。

言之有物可以是指有具体的想法，尤其是听众想不到的内容或观点。

言之有据是指论点有根据，有证据。通俗点说，就是演说内容给人印象很有道理。

言之有趣可以是指那些引起听众好奇的内容，例如一个独一无二的想法，或者一起令人惊叹的事件，或者一个悖论。我们的大脑很擅长记住故事，偶尔讲述不为人知的轶事时最好有具体的时间、地点、人物等。

言之有序是指内容安排顺序合理，上下文关系清晰，有逻辑，衔接完整。千万不能先罗列几个论点，最后给忘记了其中一部分。

言之有度是指，不要说超越自己身份的话，不要拖时间，不要说误导听众的话，不发泄负面情绪，不附带伤害别人，不带歧视性语言，尤其注意开玩笑时是否出现歧视性语言。毕业生尤其不能借回母校演说机会发泄对过去在校期间的不满。

7.5　提高效率的可能途径

效率低下肯定让我们变得更不快乐。提高效率是任何工作都需要关注的重要方面，读研尤其如此。工作习惯会影响效率，对此我们可以从一些日常生活与效率相关的例子得到启发。有效安排长期计划也有利于提高效率，比如说合理利用初始启动效应。效率由低到高也存在自然发展过程，度过效率低下的阶段往往能迎来末端加速阶段。

7.5.1　来自日常生活的启发

研究生学术生涯也许可以用出行类比。为了提高出行效率，需要做好找准目的地和选好交通方式等前期准备，在出行过程中依据路况调整、尽力避免在高速公路上走错出口等。在一条畅通无阻的路上远距离行车，那么需要选择性能优良的交通工具，合理调节行车速度，适当休息。如果在城市内出行，降低我们出行效率的一大因素是堵点。有效避开堵点可以极大幅度提高出行效率。

研究生学术生涯也许可以用找人类比。研究就是寻找问题、寻找方法、寻找答案。我们来看看一个找人的例子[12]：某人进校园找他的侄儿，采取逢人便看便问的方式，结果在拥有数万人的校园，平均而言他需要 15 天才可能遇见他的侄儿。与此同时，一位作家去某校园找她表弟的女儿，为此她先了解表弟女儿在哪个系、哪个年级、哪个班，进校后很快就找到了那个系，从该系教务打听到了表弟女儿的宿舍，从进校园开始一小时左右便找到了表弟的女儿。平均而言，比第一种找人方式节省了大量的时间。

我们都知道在日常工作过程中适当穿插休息能提高效率。著名的番茄工作法甚至给了具体的建议，例如每工作 25 分钟休息 5 分钟。据《环球科学》转载的"把科学带回家"的文章"专家建议 8 小时工作制中需包含 3 小时'摸鱼'时间"，人们使用一款效率应用程序 DeskTime 进行调查，发现效率最高的 10%的员工平均工作 52 分钟就会休息 17 分钟。每个周期的长短和相对比例的大小也许与工作性质和个人情况有关，我们自己通过适当体验就可能找到最适合自己的番茄工作法。

以上例子说明，我们是有办法提高我们办任何事情的效率的，关键是我们是否有提高效率的意愿和行动。

7.5.2　找对人的价值

我们可能有这样的日常生活经历，热心回答自己的问题的人，不一定是了解情况的人，或者热心帮忙的人，不一定是能帮上忙的人。在读研阶段遇到问题需要向人请教或者请人帮忙时，发生类似情况不一定令人感觉奇怪，有时也不会太在意。但是，对于重要事情，尤其影响自己前程的事情，还是应尽量找到正确的人来帮助自己，因为在重大事情上，找对人和找错人会产生深远的正反两个方面的影响。

然而，对于重要事情，找对人可并不那么容易，因为重要事情能帮上忙的人本身很稀缺，并且这样的人并不一定轻易让人看出他就是能帮忙的人。即使存在可请教的人，可帮忙的人，也可能出现这种情况：要么我们自己不知道谁是对的人，要么对方不知道你需要帮什么。

虽然如此，还是有一些原则可以参考。

对于日常事务类问题，如果是按人的分工去找人，找对人的可能性更大。例如，如果你需要处理一个财务问题，那当然请教财务管理人员，你不能去问分管教务的老师此类问题。如果遇到一个关于学位的问题，当然需要请教管理学位的老师，你不能向财务管理人员请教此类问题。

对于学术类问题，按专业特长找人，不能去询问管理人员。首先需要明确自己的问题属于哪个专业的问题，接着在有相应专长的人里找咨询对象。如果没有途径了解谁有相关学术问题的专长，可以通过检索文献寻找。如果不确定找的人是否能解答自己的问题，可以写信说明自己的问题是什么，并询问是否在其专长范围内，如果是，能否解答自己的问题。

对于技能类问题，可以找有专长的学弟学妹、学长学姐。

对于私密性问题，应找身边值得信任的人和有指定功能的组织机构，通过他们寻找更合适帮忙的人。

对于其他问题，也可以找到相应的理由来帮助我们找到更合适的人。

最后，还可以依据结果，或自己的理性思考，来判断前面找过的人是否是对的，或者是最好的。如果期待更好的结果，可以进一步找更合适的人。

7.5.3　开展新计划的初日启动效应

我们很难指望我们的读研经历能以叙事形式贯穿于整个读研过程，每人的情况可能是，整个读研由充满传奇的故事组成，例如诞生一个伟大的主意的过程可能就是这样一个故事。

各种故事的开始可能离不开一个有效的目标驱动或者有一个能得以贯彻的决

策。做出这种决策的日期可能对决策的实施尤其是长期目标的实现非常重要。各种日历日期的初日可能是一个有里程碑效应的日期。

1 月 1 日便是这样一个初日。这一天做出的决策称为新年决策（New Year's resolution），可用于根除坏习惯，建立新的更健康的习惯。

按照戴恒晨（Hengchen Dai）、凯瑟琳·L·米克曼（Katherine L. Milkman）和杰森·里斯（Jason Riis）于 2014 年发表在管理科学 *Management Science* 上的研究论文 "The fresh start effect: Temporal landmarks motivate aspirational"，初日是一种时间里程碑（temporal landmark），往往带来有利于长远目标实现的"初日启动效应"（fresh start effect）。除了元旦，上述里程碑时间（初日）可以是生日、节日，甚至是一周或一个月的开始。这样的日期有助于将自己对时间的感知分为"之前"和"之后"，并将之前的失败视为过去自我的责任。

初日启动效应与目标的类型有关。罗·马奇（Lou Mudge）发表在 Live Science 网站上的文章 "Do New Year's resolutions really work? January might be a good time to set a new goal" 指出：新年决心成功的关键可能还在于确立新的目标，而不是打破坏习惯。马奇援引了 2020 年发表在 *PLoS One* 上的一项研究，该研究发现：那些接受新挑战的人比那些试图从生活中去除一些东西的人更有可能成功。

对于研究生而言，除了把元旦、月初、周一等当作长期或短期目标的初日，也可以选择大年初一、入学第一天、新学期第一天等当作初日。阅读一篇文章，准备选题报告，撰写论文某章等可以适当选择初日作为起始日期，这样便于记忆和规划，与日历时间进行匹配。

7.5.4　能力的自然提升与末端加速效应

在效率提升的过程中，我们的能力也会自然增长。能力的提升反过来也会提升效率。两者相互促进就会形成正反馈。

能力的提升其实可以分为两个方面，第一是完成一项工作的速度，第二是处理一个问题的深度和质量。

完成一项工作的速度一般有一个自然提升的过程。以阅读文献为例，随着阅读文献数量越来越多，对于大多数文献的结构和形式，拥有的共性知识和写作思路等就成了自己的已有经验或知识，余下的文献只需要重点关注其中新的内容，所以随着时间的推移，阅读文献的速度会越来越快。假设读研期间需要读懂的论文有 100 篇。第一年，我们艰难地阅读了其中的 10 篇，还剩下 90 篇。第二年可能完成 20 篇阅读，此时还剩下 70 篇。第三年可能完成 40 篇阅读，还剩下 30 篇。第四年很快就完成了剩余论文的阅读。

随着工作数量的积累以及速度的提升，我们就有时间和条件追求深度和质量。例如，当积累了文献数量并提升阅读文献的速度后，我们不仅能归纳和总结文献，而且能综合不同文献并对文献的价值进行评价，启发出新的问题和新的思路。

　　考虑到上述原因，在读研期间，我们往往会经历这样一个过程，首先工作比较慢，但随着时间的推移，效率会越来越高。维莫德纳特（Wimaudenaert）在他创建的科学实习网站 Science Preneurship 上分享的文章 "Six lessons for PhD students" 指出了他和玛若琳（Marjolein）在读博期间体验的信心/动力演化曲线。图 7-6 将该曲线以及对每个阶段的说明结合在了一起。可见，一开始我们可能有困难，但度过第一阶段后，经过生存和进步，最后可能会迎来加速冲刺的阶段。这就是末端加速效应。

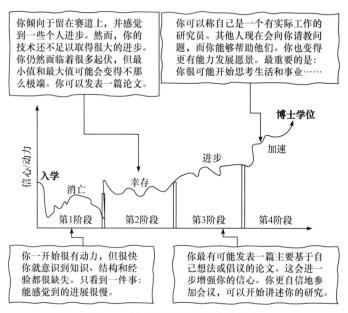

图 7-6　博士之旅四阶段成长曲线

　　能力的上述提升可以用本福德定律[13]得到启发。本福德定律描述一组自然出现的、横跨几个量级的数字中首位数字分别为 1，2，…，9 的概率。自然数字可以是河流长度、河道面积、人口数量、选票数量、疫情数据等。首位数字是指一个数最左边的数字。例如，125 的首位数字是 1，321 的首位数字是 3，9888 的首位数字是 9。

　　按我们的直觉，自然出现的数字应该满足加法规律，在等距空间概率相等，即首位数字由 1 到 2，由 2 到 3，…，由 8 到 9 的概率应当相等。但反直觉的是，许多数字很有可能满足本福德定律。该定律指出，首位数字为 1 的概率最大，约为 30%，其他依次减小，首位数字为 9 的概率最低，不到 5%。有趣的是，西蒙·纽科姆（Simon Newcomb）[14]早于本福德发现这一规律。图 7-7 比较了两人的发现，可以看出，他们的结果是一致的。巴黎高师数学家米卡埃尔·洛奈

（Mickaël Launay）在他的专著[15]中，将这种现象表示为世界满足乘法规律。乘法规律是在等倍数空间概率相等，即由首位数字由 1 到 2（首位数字是 1 的概率是 30.1%）、由 2 到 4（首位是 2 和 3 的概率分别是 17.61% 和 12.49%，两者之和也是 30.1%）、由 4 到 8（首位是 4、5、6 和 7 的概率分别是 9.69%、7.92%、6.69% 和 5.80% 合起来也是 30.1%）的概率相等。

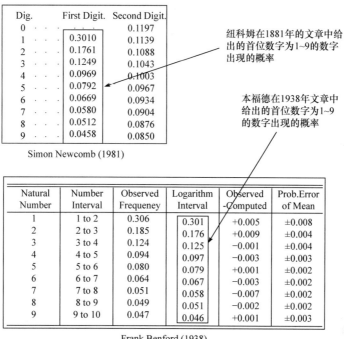

图 7-7　满足本福德定律的首位数字分布

　　我们能力的提升表面上与本福德定律无关，但可以从本福德定律成立的近似原因来理解相关性。原来，所有符合本福德定律的自然发生的数字都应该是由小到大累积起来的（河流长度、城市人口数量、选票数量等都经历了一个由小到大的过程）。以城市人口为例，一个城市的人口数量不是天生就那么多，而是长年累月慢慢涨起来的。先考虑某一座城市，假定早期其人口是 10 万，那么由 10 万涨到 20 万需要增长 100%，这需要很多年，由 20 万到 30 万只需要增长 50%，需要的时间短些。如此类推，由 90 万到 100 万，只需要增长 11%，很快。但到了100 万后，增长至 200 万，又需要增长 100%，……又由于各个城市是从不同时期开始发展起来的，因此，同一时期的不同城市的规模差异可以与一座城市规模的历史差异进行类比，因而同一时期人口数量为 10 万～20 万、100 万～200 万这种首位数字为 1 的城市的数量比其他区间的多，首位数字为 2 的比首位数字为 3的多……

假设技能也可以用数字衡量，例如假设现在是 100 分。由 100 到 200 需要增长 100%，而由 200 到 300 只需要增长 50%。如此类推，由 900 到 1000 仅需要增长 11% 左右。于是，作为起点已经有 100 分的自己，且能力再提高 100 需要 100 天的话，在那个基础上再提高 100 可能只需要 50 天左右，总能力到了 900 分后，再上升 100 至 1000，就只需要 11 天左右了。

实际的能力增长不可能严格符合这样的定量规律，但至少这些类比可以让我们看到能力成长的原因和希望。

7.5.5　开会的艺术：提高效率，珍惜时间

在读研期间，我们会接触各种学术交流会和各种其他会议。有几种会议被认为效率低下的：

- · 其他人在讲与他们相关的东西，与我毫无关系，但是，我需要陪听。
- · 有人邀请了学术讲座，我去听纯粹是被迫凑人数。
- · 会议正常活动结束了，但一个个接着讲话。

Range 网站题为 "The manager's guide to meeting efficiency" 的文章指出，人们参加会议的频率大致是每月 62 次，其中超过一半是在浪费时间。文章还指出，人们普遍害怕开会，效率低下的会议耗尽了大家的精力，使大家无法集中注意力，且可能引发更大的问题：倦怠、错失目标和创新能力下降等。虽然如此，会议本身并不是恶棍，效率低下的会议和无用的会议才是。

由于以上原因，如何提高会议效率也是学者们关注的话题。例如，英国伦敦大学学院医学院的基龙·科希（Kiron Koshy）等提出了高效召开会议的指导性原则[16]。

1. 开会之前

确定结构和目的：目标是什么，谁需要参加，是否需要外部扬声器，需要多少时间，什么准备工作会有所帮助，你的角色是什么。

提前沟通：制定书面议程，提前发送议程和支撑材料，设定出席率的期望，告诉人们召开会议的原因，确保提前预订适当的房间，如果需要特殊物品（例如视听设施）请确保提前安排好。

2. 会议召开

准时开始，指派一名记笔记员和计时员，再次提醒人们召开会议的原因，适当地介绍参会者，对讨论议题进行管理，避免跑题，控制发言长度，督促积极互动，坚持按议程开会，明确会后安排，及时结束会议。

3. 会议之后

向与会者和缺席者发送简短说明，以及进一步的行动项目，对会议进行总

结，明确哪些有效，哪些无效，并记下这些以备下次使用。

总之，据基龙·科希的结论，大多数会议都可以改进。首先，询问是否有必要开会。然后按照会议前、会议中和会议后设定步骤，按步骤操作，以充分利用和珍惜自己和同事的时间。

7.6　展望：把快乐带到毕业之后

未来的职业生涯会与研究生学历发生紧密联系。快乐的读研生涯给快乐的未来职业创造了条件，但一些启示可以让我们的未来更幸福。

7.6.1　未来职业生涯与研究生学历的联系

我们在毕业的那一年称为应届毕业生。在找工作时，应届生有一定的优势，因为许多用人单位的职位会向应届生倾斜，所在院校也会给应届生求职提供渠道和协助。步入工作以后，我们就不再是学生，迎来的是一片新天地。虽然如此，未来职业生涯与在校研究生经历会有着千丝万缕的联系。

顺利度过读研生涯，获得梦寐以求的研究生学位，无疑将给我们步入工作后带来美好的回忆、持久的骄傲和一往直前的动力。这些回忆、骄傲和动力是毕业之后获得幸福感的重要因素。

据罗·马奇（Lou Mudge）于 2023 年发表在 Live Science 网站的文章 "Why are some people more motivated than others?"，英国伦敦大学学院行为科学与健康心理学家、名誉教授罗伯特·韦斯特（Robert West）告诉趣味科学网："有很多事情可以激励我们，这些可以从中体验（如快乐、舒适、兴奋或饥饿）到更抽象的欲望，如目的或控制。社会激励因素还包括爱、权力、归属感和认可。"

获得研究生学位，使得我们拥有了从事高技术工作、高级别管理工作和科学研究的权力，有了步入高层次人才圈子的归属感，并能得到社会的认可，这些当然不仅带来持久的骄傲，更构成了我们一往直前的驱动力。我们在读研期间积累的可转移技能是我们有能力面对未来工作挑战的基础。

虽然如此，走向社会就走向了更广阔的天地。我们虽然在读研期间积累了坚实宽广的基础知识和系统深入的专门知识，但工作后要面对的行业或事业比我们想象的要更广阔。

7.6.2　为什么毕业又是新的起点

为什么毕业又是新的起点？以走向高校学术界为例，除了面对科研，还有许多其他事情要做。归纳起来有三大类事情：人才培养、研究工作和服务工作（图7-8）。

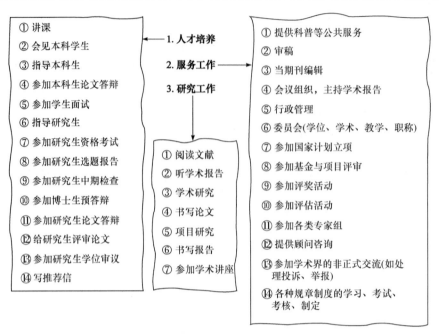

图 7-8　教师面对的部分工作

　　你可能成为讲师、副教授，甚至成为教授。你可能非常著名，也可能还默默无闻。随着地位的提升，落到自己身上的事情会越来越多。每一件事情的出现有多频繁，是否会落到自己头上，取决于自己的知名度、积极程度和剩余精力。不是所有事情都同时出现，但经常会同时出现很多事情。每一件事情有多烦琐，取决于我们如何对待。

　　下面举几个牵扯许多精力的例子。

　　（1）上课。

　　上课不仅仅是课堂上的事情。上课之前要备课，上课之后要改作业/答疑，更难的是写教材。

　　（2）指导研究生。

　　指导研究生可能每天花几个小时，要么是面对面，要么是在线或离线交流指导。如果一名导师平均每天花一半时间指导研究生，这很正常。导师还得对研究生学位论文承担责任。需要教会研究生写作、做学问、制作 PPT……大多数导师并不仅仅是指导，而是和学生一起做同样的工作（计算、分析、推导、作图、查文献……）。

　　（3）学位论文评审。

　　给研究生评审论文也是耗时耗精力的工作。大多数博士论文有一百多页，需要指出问题的重要性、创新点和价值、需要评估不足和给出建议等。

（4）审稿。

给期刊审稿需要看懂论文。稿件有的质量很差，有的逻辑很复杂，有的内容很深奥，有的写得极难理解。不仅需要看懂论文，还需要指出优点与不足，需要将审稿意见写得很专业。我们知道，哪怕是写得极好的教科书，看懂并理解二十多页的内容，都非常困难，何况是写得不好甚至不一定正确的几十页初稿。

（5）编辑工作。

期刊编辑可以是主编、副主编、编委。处理稿件时，需要完成稿件分配，确定并邀请审稿人，写出决议书，应对作者投诉。

其他事物可能也有类似的烦琐之处。

难怪，我们刚毕业走上学术岗位时，还只能算初出茅庐的学者。

每一件事情牵扯多少精力，取决于我们是否亲力而为。

需要指出的是，参与各种活动并不是越多越好。例如，在参加与本人职务职责和专业领域无关的咨询、评审、评价、评估、推荐等活动时，需要遵守主管部门的条例规定。

7.6.3　给未来职业生涯的一点启示，导师与母校的终身价值

天文学家和畅销书作者亚伯拉罕·勒布（Abraham Loeb）曾是哈佛大学天文系系主任，他常在《科学美国人》上发表博文，其中于 2019 年 12 月 2 日发表的题为"Essential advice for fledgling scientists among other things, practice humility"的文章是对初出茅庐的科学家的基本建议。这些建议对毕业后走向任何职业生涯的研究生都可能有参考意义。图 7-9 摘录的部分建议也许对我们的未来有所启示，可能有助于我们拥有快乐甚至幸福的未来。

一个不可忽视的因素可能会持续影响我们未来的职业生涯，那就是我们的导师。导师在读研期间对自己的作用已经在自己的感谢信中交代了，但许多人会忽视毕业后导师对自己的七个方面的作用：

（1）导师可能给自己具体工作和人生道路提供持续指导。

（2）凡是需要推荐信的时候，原导师的推荐信可能最具有说服力，我们永远不知道何时需要推荐信。

（3）导师是自己回访母校、回味校园文化的桥梁。

（4）原导师拥有广阔的关系网，这些可以为自己拓展关系提供方便。

（5）导师拥有的学术研究实力，可以为自己解决问题提供额外协助。

（6）导师有可能是自己身份和地位的罩子，尤其是自己还处在社会更认可自己的导师的那段时期。

（7）研究生毕业后所认识的人会关注研究生的导师是谁，那些与导师关系密

切的毕业生会让人高度认可其感恩心，因此事业走向更大成功的可能性更大。

　　因此，导师有图 7-10 所示的七个方面的可能作用，在离校后长期维护与导师关系的毕业生显然能有效利用这些作用。

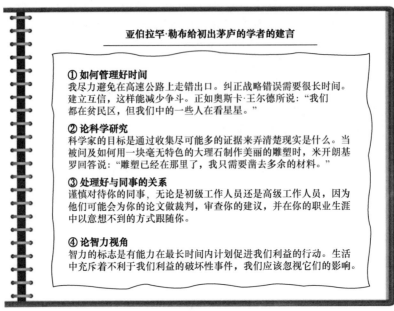

图 7-9　对初出茅庐的科学家的基本建议

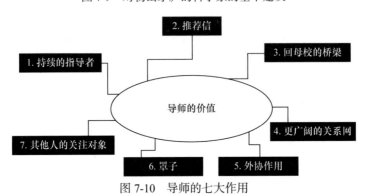

图 7-10　导师的七大作用

　　导师只是母校力量的一个方面，毕业后，维持与母校的关系和联系也非常重要。大学是我们许多人建立深厚、终身联系的地方，据皇冠学院（Crown College）于 2018 年 3 月 16 日发表的文章 "6 ways to stay connected with your college Alma Mater after graduation"，五种方式有助于维持与母校的联系：有意培养大学友谊，关注学院的新闻，不时回访校园，与校友经常会面，主动提出辅导在读学生，与教授重新建立联系。

按照安娜·戈拉（Anna Gora）于 2023 年发表在 Live Science 网站的文章 "What is the key to happiness?" 所述，社会关系、心理健康（感恩等）、电子媒体、收入、与自然的交道等因素都会影响快乐。而据文章援引的心理治疗师萨姆·贾哈拉（Sam Jahara）的观点：幸福通常与快乐、安逸和感恩联系在一起，自我同情（面对失败和个人缺点时对自己的积极和关心态度）和感恩（感激的状态）是培养对自我、他人和我们周围世界的积极看法的方式，因此自我同情和感恩的人更快乐（图 7-11）。上面提到的维持与导师和母校的联系显然可以巩固影响我们快乐和幸福的一些因素，包括社会关系和心理健康。

莫里斯·达菲 (Maurice Duffy)	萨姆·贾哈拉 (Sam Jahara)
① 幸福与生活满意度不同。 ② 当我们描述幸福时，我们是在说我们的精神状态是幸福的。 ③ 当我们描述生活满意度时，我们是在对我们所控制的事情做出价值判断，以及我们是否认为它对我们有利或有害，或使我们变得更好或更糟。	① 幸福通常与快乐、安逸和感恩联系在一起，一个人保持幸福状态的能力还取决于他们如何应对压力和逆境。 ② 练习自我同情和感恩的人可能会更快乐，自我同情和感恩是培养对自我、他人和我们周围世界的积极看法的方式。 ③ 我们的负面偏见会导致我们产生自我挫败的想法和对世界的悲观看法。 ④ 幸福的人通常对自己的生活有积极的看法，无论是过去还是现在，无论是在什么不利的环境下，他们都会展望未来。

图 7-11 关于幸福（取自安娜·戈拉的文章）

戈拉还援引 2016 年发表在《当代心理学观点》杂志上的一篇评论，指出不同文化之间幸福的含义和重要性是不同的，有的人倾向于用快乐来定义幸福，并将幸福视为一种普遍积极的事情。如果我们也是这样体会幸福的含义，那么，快乐地读研，并把快乐带到毕业之后，带给我们的将是幸福的职业生涯。

7.6.4 从过去到今天到未来，失败与成功，杰出人才

我们到了每个阶段，都可以回溯我们的过去，审视我们的今天，展望我们的未来。学长们的过去可能就是我们的今天。学子们的今天可能就是我们的未来。读研生涯的结束让我们变得更成熟，它标志着正式教育的结束。读研生涯给我们提供了成功与失败的经历，这些经历让我们在未来面对成功与失败时更坚韧。因为有了读研的经历和资历，我们在未来有机会成为杰出人才，无论是留在学术界，还是走向社会其他职位。

1. 读研生涯的结束

与研究生学长们学术生涯相关的一些事件已经被人们写入网络世界，因此那

些从网络上搜寻原始文本并按某种逻辑拼接内容的人工智能工具（ChatGPT）可以生成图 7-12 所示的"如何度过研究生学术生涯"和图 7-13 所示的"博士论文写作之路"。不管这些是完全真实经历的反映还是包含了一些虚构成分，我们自己的读研生涯至少同样令人惊叹，我们撰写学位论文的过程至少同样充满挑战和令人难忘。

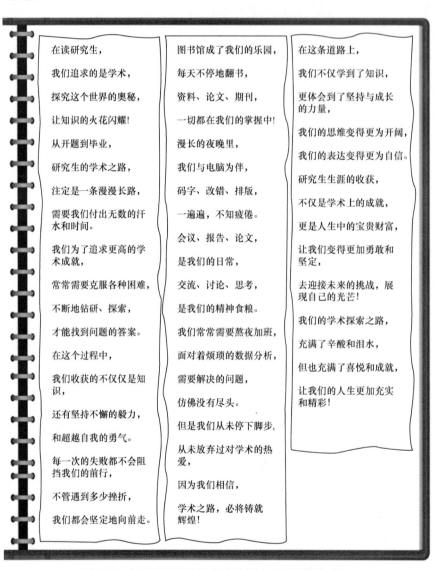

图 7-12　如何度过研究生学术生涯（人工智能生成）

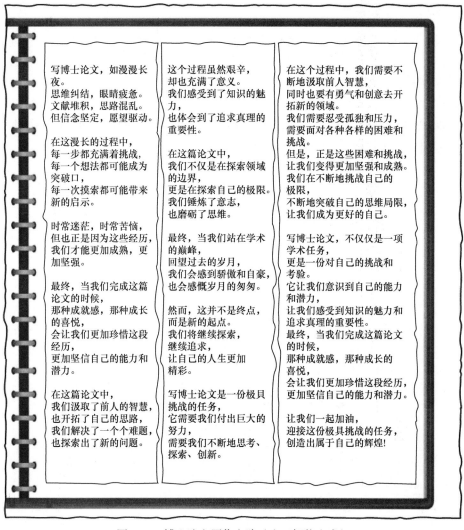

图 7-13　博士论文写作之路（人工智能生成）

《自然》杂志在题为"The past, present and future of the PhD thesis"的文章[17]中指出，完成一篇论文不仅在科学上，而且在教育和个人方面都代表着（一个人的）成熟。它标志着一个智力里程碑的结束——从一个在导师指导下的学生到一个提出自己的问题的个人。这标志着正式教育的结束，毕业进入人生的新阶段。对许多人来说，这也意味着他们完全离开科学研究。通常，博士在读的那些年份会与重大个人事件的时间点不谋而合，当朋友、伴侣和同事将终生陪伴在我们身边时，我们在情感上变得成熟。其实，这些话也部分适合硕士生。

2. 失败与成功

我们在读研过程中所经历的，将为我们的未来点亮灯塔。举例而言，在读研过程中，我们可能经历过许多失败。作为研究生，我们学会了如何面对临时失败，我们已经熟悉失败是科学研究过程中的常见环节。我们终于明白，失败与成功是任何科学研究的两面镜，不仅研究生如此，资深科学家也是如此。

2017 年，国际媒体对当年科学研究的突破性发现以及科学研究的成与败有不少感想。图 7-14 摘录了部分媒体感言。

被《科学》评为"突破性发现2017"——中子星相撞引发的引力波和电磁波几乎被同时探测到。引力波与电磁波几乎同时到达这一事实，让一大波试图假定二者速度不一样——来弥合广义相对论和量子场论在解释诸如暗能量等问题时存在的重大差异——以建立统一理论的科学家成为下一个爱因斯坦的梦想烟消云散。

可见，一部分科学家的成功，就意味着另外一部分科学家的失败。如果失败，就如同大浪中的泡沫瞬间破碎，不会留下任何痕迹。如果失败了，要么继续新的征程，要么让梦想永久破碎。

如果选择前者，那么又是十年的煎熬：试探、失误、混淆、错误的论文、华而不实的主意以及胡乱的构思。而经历这一切，成功者依旧寥寥，大多数又会成为失败者。

一项项划时代的重大发现——如之前的希格斯粒子、引力波以及中子星相撞——代表了一个个的历史性转折点。这些表面上看似以往谜团或者困惑的终结，其实紧接着又成为上升到更高台阶的起点。

正因为如此，我们需要马不停蹄、勇往直前、永不停息。这本身就是生命的价值：生生不息。我们在未知世界的海洋中划行，我们会遭遇阻挠：晕船、翻水、失落、挫折。是求知欲给了我们克服重重险阻的推进力，让我们继往开来，续写我们的里程。

中子星相撞，这种重大的、高度不确定的事件，被守望太空的引力波探测器和天文望远镜等捕获，验证了一系列卓越非凡的理论和前所未有的技术，让人们不禁感叹：大自然及其所隐含的重大规律和能揭示这些规律的划时代技术，就是一幅幅杰作。它们是美轮美奂的艺术品。

图 7-14　2017 年突破性发现媒体感言汇总

一些失败可能来自于错误的观点。然而，错误观点并不总是阻碍科学的发展。2022 年 10 月 7 日，《环球科学》以此为主题发表了一篇题为"今年物理诺奖成果的发现，离不开这些'一无是处'的错误"文章，列举了一些物理学和生物学的例子，在这些例子中，聪明的科学家都提出了错误的观点。然而，正是这些非同凡响的错误推动着各个基础学科大步向前，这些科学发现使庞大的经费投入涌向大量的研究计划，诸多新产业如雨后春笋一般冒出来，重塑着我们所生活的世界。有时，科学研究的一些错误观点反而会触及世界的本质，反过来推动更深入的研究，带来重大突破。

《环球科学》的这篇文章还指出，由于科学研究的不确定性，评估科学家的贡献永远不可能像统计体育比赛那么一清二楚。评估科学家的贡献之所以很困难，部分原因是，随着时间的推移，科学家会不断从错误中寻找启示，从而重新定义某个错误对于科学的价值。他们虽然失败了，却依然推动了科学的发展。有些错误甚至会在研究中扮演创造性的角色，它会让科学家以出其不意的方式开辟出新的天地。

《环球科学》的这篇文章期待我们在绞尽脑汁希望得到正确结论的同时稍做歇息，欣赏并赞美一下推动科学进步的重要错误。

但愿，我们在过去、在今天或在未来能留下的，就像美轮美奂的艺术品那样，是被人津津乐道的作品，或属于发人深省的理论，或属于具有颠覆性的技术。

3. 未来与成就

等到我们走向工作，以读研阶段积累的知识和能力为社会做贡献时，我们的价值已经不局限于自身职业生涯的快乐，而是会给全社会带来进步，给他人创造快乐。

如果我们步入高校，我们可能开展博士后工作，可能成为讲师、副教授、教授，甚至非常有名的教授，为教育、人才培养和科学研究做出重要贡献。

博士后将获得独立开辟研究方向的机遇和能力，具有胜任学术职位的能力。

如果能成为讲师或助理教授，那么将有机会在某研究方向取得引起国际同行注意的成果，对所在领域的主要问题有独特的见解且这种见解为同行所知，具有独立承担一般课程的能力，具备指导硕士生的能力和协助指导博士生的能力，具有给国际著名期刊审稿的能力。

如果能晋升为副教授，那么将有机会在某研究方向取得重大成果，被国际同行跟进或能用于解决重大实际应用问题，可能会有独特的想法，具有卓越非凡的洞察力和原创能力，具有极强的创造力，具有独立指导博士生的能力，具有承担核心课程能力，可在国际期刊担任副主编职务，能担任协会或国际会议秘书长一职，在学术界保持较高活跃度和知名度。

如果有幸被聘为正教授，那么将有机会至少开辟一个新的领域并产生深远影响，在相关行业具有极高的知名度，培养的博士生有人在学术界担任副教授或以上职务，能够在顶级期刊担任副主编或以上职务，可担任各种协会任何职务，具有领导大型项目研究的能力，具有开创新课程的能力，撰写的专著或教材具有广泛的读者，具有承担多项职能的能力。

研究生毕业后有可能成为非常杰出的教授，也有可能成为未来的大师，如果能提出全新的思想并创造可导致新的学科创立的知识。如果能成为大师，那么在全科范围内将有很高的知名度，创造的学科体系会以自己的姓名冠名。在高龄时被人称为先生，会有在世界范围内的为自己主办的纪念活动，成为数百年后为人铭记的历史人物。以加菲尔德（Garfield E）对罗伯特·K·默顿（Robert K. Merton）的题为"默顿——巨人的之一"的致敬[18]为例，人们发文怀念大师时，会首先对大师的价值与影响力进行概述，接下来介绍大师的行为、贡献、简历、荣誉、任职、他人评价、与自己的关系、自己对他的评价等。

埃文·汤普森（Evan Thompson）在 The BestSchools 网站上的文章 "The hierarchy of professors, explained" 对美国高校各种级别的教师的能力和水平进行了介绍。中国的教师也有相应的对应级别。我们看看最后几个级别的教授的影响力。

正教授（full professor）：正教授是学院、大学或大专院校的最高学术头衔。教授们是有成就和公认的学者，通常被认为是他们感兴趣领域的专家。他们教授高水平的本科课程和研究生课程。他们也可能在自己的部门或学校担任领导职务，他们通常在自己的领域进行研究。

讲席教授（endowed professor）：讲席教授是指其职位由捐赠给学院、信托基金或其他金融机构的资金支付的教授。这个头衔是一种很高的荣誉，因为它通常只由杰出或高级别的教师担任。讲席教授的具体职位通常以捐赠者的名字命名，这对捐赠者和拥有该头衔的教授来说都是一种永久的敬意。因此，讲席教授在教学、研究和领导方面的学术影响力通常被认为是更高的标准。

杰出教授（distinguished professor）：杰出教授有时是授予大学、学院或系的顶级终身教授的头衔。这一荣誉授予了在其研究领域具有领导地位的备受尊敬的教授。杰出教授是通过提名程序选出的，他们通常会获得额外的薪水和研究经费。候选人通常由一个委员会选出，然后由学校院长或校长等管理人员批准。

名誉退休教授（professor emeritus）：荣誉退休教授是一位被授予荣誉称号的退休教授。尽管一些退休教授在退休后继续兼职工作，但许多人根本就不再积极工作。在一些机构，所有以良好声誉退休的教授都成为荣誉退休教授。其他学校需要特殊法案或投票。通常，教授不分性别都会获得"荣誉退休教授"的头衔，但一些组织会授予退休女教师"荣誉退休教授"。

期待我们毕业后能成为讲师、副教授、教授甚至杰出教授，在某个学科领域做出开创性贡献，如果我们继续留在学术界的话。尤其有可能成为世界著名的科学家。

与留在学术界可以通过持久的努力把一个方向做得很深甚至开创出新的方向不同，如果我们进入工业界并成为某个行业的工程师，我们可以通过综合应用各个学科的知识和贡献并加入独特的创造，设计出能超越时代的产品。

以工程师参与设计的大桥为例，1937 年建成的位于旧金山金门海峡的金门大桥和 2004 年建成的位于法国南部山区塔恩河谷的米洛高架桥都是地标性建筑，是建筑史上的奇迹。中央电视台财经频道在栏目《精品财经记录——古今大比拼》第四集对两座桥极具创造力的结构与美学设计、难以预料的施工难度和超出想象的实用效果进行了报道。下面是将记录下来的一些片段进行的拼接。

两座大桥不仅解决了在极其复杂的地理环境上的施工难度问题，而且在结构设计上极具创新性和突破性，一方面将久经考验的结构类型发挥到了极致，另一方面又引入了全新的理论、非凡的技术和精妙绝伦的艺术造型，使得桥梁在各个方面都实现了超越（图 7-15）。

金门大桥的设计者是桥梁工程师约瑟夫·施特劳（Joseph Strauss）和查尔

连接旧金山北部马林半岛的金门海峡跨度极大，工程师通过悬索桥设计，解决了巨大跨度问题。由于桥身重量巨大，跨度极大的悬索桥具有一定的自稳定性。在大风中，空气流动给桥体施加的力容易造成桥体危险的扭曲和扭转。桥墩被设计成非刚性的，因此可以在风中摆动，兼顾稳定和灵活，避免垮塌。大桥在风中可以摆动8米，满载时桥面下沉5米。通过加固和添加减震结构进行了抗震改造，例如通过建造巨大的锚定，将横梁采用蜂巢结构，提高了抗震能力。

桥梁外形优雅、令人印象深刻。金门大桥被打造成当时世界上最大的装饰艺术雕塑，这得益于一战战胜国经济繁荣后从巴黎兴起的装饰艺术。当时这种装饰艺术征服了整个世界。优雅的造型、清晰的几何形状、优质的材料、感性的元素和强烈的色彩是这些装饰艺术的基本特征。典型的装饰元素包括拱门、台阶、棱角、锯齿状线条。建筑工程师艾尔文·莫罗在像梯子一样升向天空的桥塔中融入了这些元素，加上微型覆层，共同构成了这座传奇的装饰大桥。桥的颜色采用国际橙，与旧金山丘陵的色调融为一体，同时又与天空和海洋的蓝色形成鲜明对比，使得金门大桥具有独特的美感，雄壮而优雅，如同一件艺术珍品。

金门大桥

结构设计　　　　　　　　　　**美学设计**

高架桥需要采用宽大而坚固的桥墩才能承受巨大重量，桥面在高温下会膨胀，所以桥墩又必须足够柔韧。工程师们的解决方案极其巧妙，将桥面以下的桥墩的上端做成"Y"字形，在保证底部足够坚固的同时，上端不失柔韧。这让人联想起音叉，在技术和美学上都极其巧妙。米洛高架桥处在主风向上，需要经受瞬间强风的激烈冲击。工程师通过圆角边缘设计和其他特殊设计来改善空气动力学性能，降低强风影响。例如，工程师在桥墩和大桥朝下的那一面之间留出1.2米的间隙，从而在缝隙之间产生高速气流，按空气动力学原理(伯努利原理)，这会在那里引起负压，以此产生维持桥面稳定的下压力。

与金门大桥雄壮的外形不同，米洛高架桥在远处看来像蝴蝶一样精致轻盈。桥墩在桥面以上的部分采用倒"Y"字形，因此大桥实现了最大的关于桥面的对称性，使得大桥既像摩天大楼一样高耸入云，又像帆船的桅杆一样优美。在夜光下，桥墩和桥面交相辉映，如同镜像一般。浅色让白天的米洛高架桥与天空融为一体，透明与轻盈，且与周围风景完美融合。

米洛高架桥

图 7-15　金门大桥与米洛高架桥的结构设计与美学设计

斯·A·埃利斯（Charles A. Ellis）。位于法国南部山区塔恩河谷的米洛高架桥由英国建筑师诺曼·福斯特（Norman Foster）和法国工程师米歇尔·维洛热（Michel Virlogeux）合作设计。

工程师完成的金门大桥与米洛大桥的设计精妙绝伦，还有许多这里没有介绍的其他重大工程的设计同样卓越、同样令人叹为观止。这些令人浮想联翩的杰作激励我们去设计超越时代甚至流芳百世的作品，尤其是具有前沿性、创新性、引领性、开创性、突破性或颠覆性的作品，如果我们也能成为工程师或发明家的话。就像discover 网站于 2022 年 6 月 10 日的文章 "Why didn't Oppenheimer ever win a Nobel Prize?" 提到的，原子弹的发明更具有创造性而不是科学性那样，作为工程师，我们更需要创造性。

7.7　给我们快乐的学术生涯制作导航图

我们用七大章探讨了研究生的标准、读研前的准备、如何做研究、学位论文写作、学术交流与交道、如何面对读研的各个阶段，以及如何更开心地读研等七个主题。我们看到我们在起步时离标准有多大的距离，我们也看到我们跨越各个培养环节时有多少可能的陷阱，以及在整个读研过程中我们将遇到多少困难。但是，就像图 7-16 所示的那样，随着时间的推进，我们读研生涯理当见证：

（1）我们能达到的标准越来越高。

（2）我们的信心与快乐指数最终会加速上扬。

（3）我们完成的科学研究越来越多、带来的新知识越来越重要。

（4）我们跨越的陷阱越来越多，剩下的培养环节越来越少。

（5）我们学术交道与交流的经验越来越丰富。

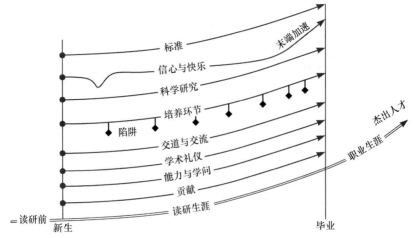

图 7-16　研究生学术生涯动态增长过程

（6）我们越来越懂得展示学术礼仪。

（7）我们的科研能力越来越强、学问越来越深、贡献越来越大。

本书的本来目的是帮助研究生更顺利地跨越研究生学术生涯的各个阶段。为了更有效地实现此目的，用本书内容构建研究生学术生涯导航图也许有一定帮助作用。

构建导航图的一种自然方式是，将本书七大章各大节提纲的关键词放在一幅图上。图 7-17 就是这样一张这样的导航图，其中第 1 条没有展开，第 7 条给了更多细节。

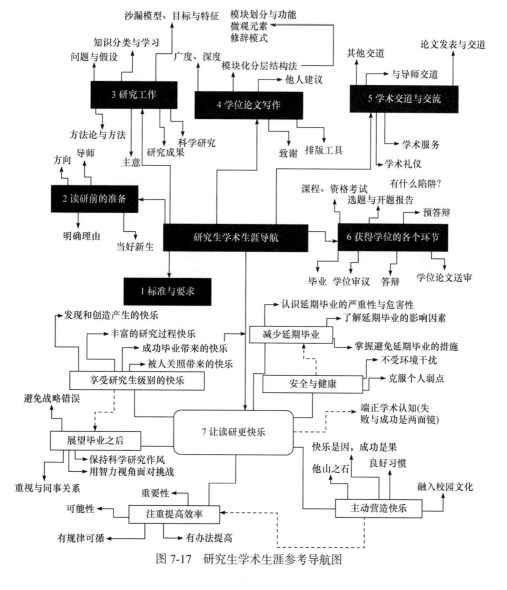

图 7-17 研究生学术生涯参考导航图

图 7-17 并不完善，但可以作为构建自己导航图的出发点。我们可以用个人的分析能力建立各大节点的内部逻辑和各节点之间的关系（类似于图 7-17 中第 7 条那样），构建出有利于拥有不同特征、条件、专业和环境的自己的个性化和动态化导航图，结合本书各部分对应于图 7-17 的具体内容，或部分替换为经过自己思考得更好的内容，辩证地引导自己更顺利地度过研究生学术生涯。

经过自己思考和完善的导航图，也许有助于让读研生涯的过去、现在和未来都与快乐相伴。在这种愿景的驱动下，我们应该能够克服所有坎坷，将研究生学术生涯这一平凡甚至艰难的过程转变成一次卓越非凡和快乐的发现之旅。就像《科学美国人》上的题为 "The secrets of award-winning science" 的文章在分享卡夫利奖获得者秘密时提到的：

> "有备而来、积极心态、创新驱动和坚韧不拔，再加上好奇、激情和一些运气，将科学研究的平凡过程转变为一次卓越非凡的发现之旅。"

但愿所有研究生都有值得回味的过去、值得庆幸的今天和值得期待的未来。

参 考 文 献

[1] Chris W. PhD poll reveals fear and joy, contentment and anguish. Nature, 2019, 575: 403-406.

[2] Chris W. Stress and uncertainty drag down student satisfaction. Nature, 2022, 610: 805-808.

[3] Marian P, Gordon R. The Unwritten Rules of PhD Research. London: Open University Press, 2004.

[4] Jones M. Issues in doctoral studies-forty years of journal discussion: Where have we been and where are we going? International Journal of Doctoral Studies, 2013, 8(6): 83-104.

[5] Lu J, Gao Y L, Wang X J, et al. 80 years education of aerospace science and technology in Tsinghua University. Chinese Journal of Aeronautics, 2018, 31(9): 1797-1804.

[6] van Rooij E, Fokkens-Bruinsma M, Jansen E. Factors that influence, PhD candidates'success: The importance of PhD project characteristics. Studies in Continuing Education, 2019, 43(12): 10.

[7] van de Schoot R, Yerkes M A, Mouw J M, et al. What took them so long? Explaining PhD delays among doctoral candidates. PLoS ONE, 2013, 8(7): e68839.

[8] Sanchez C, Dunning D. Jumping to conclusions: Implications for reasoning errors, false belief, knowledge corruption, and impeded learning. Journal of Personality and Social Psychology, 2021, 120(3): 789-815.

[9] Satinsky E N, Kimura T, Kiang M V, et al. Systematic review and meta-analysis of depression, anxiety, and suicidal ideation among Ph. D. students. Scientific Report, 2021, 11: 14370.

[10] Seamus T, Matthieu K, Adrianos G, et al. 太空医疗：极限环境下如何救援. 环球科学, 2022, 13: 58-67.

[11] Eckel P, Madeleine F G, Hill B,et al.On Change III: Taking Charge of Change-A Primer for Colleges and Universities.Washington D.C.: American Council on Education, 1999.

[12] 吴子牛. 运动的旋律与变化的世界. 北京: 清华大学出版社, 2016.

[13] Frank B. The law of anomalous numbers. Proceedings of the American Philosophical Society,

1938, 78(4): 551-572.

[14] Simon N. Note on the frequency of use of the different digits in natural numbers. American Journal of Mathematics, 1881, 4(1): 39-40.

[15] 米卡埃尔·洛奈. 数学的雨伞下: 理解世界的乐趣. 欧瑜, 译. 北京: 人民邮电出版社, 2023.

[16] Kiron K. How to hold an effective meeting. International Journal of Surgery Oncology, 2017, 2: e22.

[17] Nature. The past, present and future of the PhD thesis. Nature, 2016, 535: 7.

[18] Garfield E. Merton R K: Among giants. Current Contents, 1977, 28: 5-8.